#シェアしたがる心理

#SNSの情報環境を読み解く7つの視

#天野 彬

【目次】

CHAPTER 3

新しいトレンドとしての「消える」「盛る」「ライブ」

CHAPTER 4 情報との出会いは「ググる」から「#タグる」へ

CHAPTER 6

SNSを活用したケーススタディ（キャンペーン事例の分析）

CHAPTER 7
結論に代えて：SNSの情報環境のこれまでとこれから

あとがき

参考資料一覧

はじめに：本書の構成、そして「7つの視点」について

SNSは私たちの情報行動、ライフスタイル、そして価値観までも一変させてしまった。そのSNS上でのコミュニケーションが写真や動画中心になってきている。本書は、それをビジュアルコミュニケーションの実践と捉えつつ、ユーザーの情報行動がどう変わっているのか、そして「シェア」がいかに重要になってきているのかを筆者が携わった調査結果をベースに論じるものだ。いわば筆者なりの、**メディア研究＋消費者行動論の最新のアップデートの試み**という位置付けである。SNSというものの長年の一ユーザーとして、そして一人のメディアリサーチャーとして、そうした変化の現時点におけるスケッチを試みることでそのインパクトのほどを測りたいと思う。

本書は以下のような課題感を持つ方にオススメしたい。

☑**SNSの現在の動向や今後に向けたトピックスを知りたい**
☑**同時に、時間的な耐久性のある考え方のフレームを身につけたい**

☑若年層を中心とした、新しい情報行動のかたちについて把握したい
☑どのSNSとどのように向き合い運用していけばいいのか知りたい
☑WhatやHowの水準に加えて、Whyの水準でのなぜそれが流行っているのか、の領分まで理解したい
☑なぜシェアされるのか、シェアの本質とは何かという切り口からの考察を読みたい
☑マーケティングはもちろんだが、より社会学的な、メディアリサーチ的な視点で考えるための視座を得たい
☑理論と紐づけたキャンペーンのケーススタディを学びたい

本書はビジュアルコミュニケーションについての書籍だから、この言葉をはじめに定義しておく必要がある。一般的には文字やサイン、標識のようなものも含む広義の意味にわたるが、本書ではこの言葉を**「スマートフォンのアプリケーションを通じた「写真や動画などによる意思疎通のやりとり」**と定義的に捉えている。

ある説によれば、文字に比べ、写真は7倍もの情報を伝えられるという。視覚中心の情報のやりとりを行う現在のウェブにおいては、通信環境の向上と共にこうした伝達方法（＝

ビジュアルコミュニケーション）が選択されるのは自然なことだと言えるかもしれない。

さらに、もう一つの視点として、本書が注目するのは「発信する生活者」としてのスマホユーザーの姿だ。コンテンツとしての写真や動画を見るといったものだけでなく、スマホを片手に自分の写真や動画を撮ってはシェアする——そんなユーザー同士のコミュニケーションをここでは念頭に置いている。繁華街を歩けば、オシャレなカフェに立ち寄れば、観光地に赴けば、そんな生活者の姿であふれている。現代では、**誰もがシェアするような瞬間を探しながら生きている**といっても過言ではないのだ。

コミュニケーションには意志や目的が伴う。もちろん意図せざる結果を招くこともつきものだが、やはりそこには事前に想定された目的などがある。後段ではSNSの場によっていかにユーザーが写真や動画を出し分けているのか、そこにそうした「コード」（見えざるルール、規則）の違いを内面化しているのか展開していくことになるが、それはとりもなおさず、いまではそのようなやりとりがコミュニケーションとして機能しているからだ。まさにビジュアルコミュニケーションの時代なのである。

本書のタイトルにもなっている「シェアしたがる心理」とは、まさにこの論点を深掘りしていくために冠せられたものである。そして、そのシェアを促すようなSNS上の情報環境の特性を7つのポイントを中心として考察していく。そのポイントの一つとしても挙げられている**「ググるからタグるへ」**は特別に大切なキーワードという位置づけだ。第4章で詳細が展開されるが、情報行動のかたちがいわゆる検索エンジンで探すことだけでなく、ハッシュタグをユーザー同士でつけてシェアしたコンテンツをSNSの中で探すように変化していることを示している。ハッシュタグをつけてコンテンツをシェアすること、そして「手繰る」ように情報を集めていくことという二つの言葉をかけた造語が「タグる」。SNSにおけるシェア文化を考えるうえで欠かせない視点となる。

なお本書はSNSを扱うというテーマながら、その機能や使い方、あるいはそのサービスに関する基礎的なデータを逐一詳細に紹介していくようなかたちはとらない。ユーザー数などきわめてベーシックなもの、あるいは論旨の上で欠かせないものについては触れていくが、それ以外の細かな点については必要に応じて各自で検索するなどの補遺をお願いしたいと思う。

またここでもう一つ補足しておきたいのは、いわゆる「バズ／バイラルコンテンツ（それはパブリッシャーやブランドの発信する記事だったり動画だったり、広告的なコンテンツだったりを指す）」というものは、本書で中心的に扱うテーマではない。ここで目指されているのは、

ユーザーが発信するもの＝シェアされるものがいかにして広まり、それが価値あるものとして受け取られていくことになるのかという一連のプロセスの解明である。なお、いわゆるパブリッシャーやブランドが発信したコンテンツがユーザーによって広げられていくこと（フェイスブック（Facebook）における「シェア」やツイッター（Twitter）における「リツイート」）は、再シェア（Re-Share）と呼ばれ区別されている。

もちろん、そのようなコンテンツをどのようにつくりこむかはパブリッシャーやブランドの視点にとっては重要であるが、ここではむしろ情報洪水（Information Flood）の時代において、**発信する生活者をどうパブリッシャーやブランドのコミュニケーション戦略に役立てていくべきなのか？**――その視点の補強としての意味合いが強い。そういった発信する生活者の力をどう使うかは、今後さらに重要性を増していくのは間違いなく、それをもたらしているビジュアルコミュニケーションという潮流、そしてそれがもたらす誰もが発信者となる時代における「シェアしたがる心理」というものをより深い深度で考える材料を提供したいと思う。

7つの視点は、以下のようにまとめられる。本書は、この7つの視点と章立てとを対応させるマニュアルのような仕立てとはなっておらず、大きな文脈の中で視点を埋め込むようなかたちで構成している。帯の裏に7つの視点を記載しているので、適宜参照してほしい。なお、本書では章ごとにサマリーを最後に付している。そこから読むと「?」なところはあるかもしれないが、章本文をさらったあとで読み返すと、抽出されたポイントをしっかり咀嚼《そしゃく》できるはずだ。

視点①:SNSのビジュアルコミュニケーションシフト
視点②:体験のシェアとSNS映えの重視
視点③:なぜいま「消える」動画が求められるのか?
視点④:動画フィルターに至るまでの日本の「盛り」文化を紐とく
視点⑤:ライブ動画のSNSシフトに注目
視点⑥:「ググる」から「タグる」へと拡張する情報行動
視点⑦:シェアしたがる心理とそれが生み出す「シミュラークル」

このような考える視点をもとに、本書では現在のビジュアル中心となったユーザー間のコミュニケーションのかたちを分析していく。その際、筆者として意識しているのは「Ｗｈｙ」の視点である。例えば、いまインスタグラム（Instagram）がきてるので使いましょうというのは「Ｗｈａｔ」の水準、どのようにキャンペーンプランニングに活かすべきかといった視点は「Ｈｏｗ」の水準。その一方で、そもそもそのような変化が起こっているのはなぜか？に肉薄する「Ｗｈｙ」の水準というものがあり、そのためにも、マーケティングの視点はもちろん、社会学やメディア哲学、デジタルビジネス…といった諸領域を越境するような視点で本書は知見を構成している。さまざまな分野の用語が飛び交うが、それはこのような狙いを定めているためという理解を共有しておきたい。「一時的な流行」を追いかけるだけでなく、より普遍的な（長く使える）思考のフレームを提案したいと思う。なお、少々議論が入り組む箇所もあるので、キーワードや重要な一文（ラップ風に言えばパンチライン！）は太字で強調している。適宜、読み進める上での目印となれば幸いである。

ビジュアルコミュニケーションへのシフトの中で、どのようにアプリの使い分けが再編されつつあるのか？そのようなアプリの使い分けの実践のもと、ビジュアルコミュニケーションの担い手である若年層の女性たち主導で加工文化＝盛ることはどういった変化を遂げているのか？いまなぜ「写真や動画が消える」ことや「ライブで配信する」ことがユーザーベネフィットになっているのか？検索行動のかたちの変化を言い表す「タグる」とは何なのか？ＳＮＳ映えはいかに強く広い影響を持ちうるのか？そして、それに伴ってあらわれてくるシミュラークルという現象を私たちはどう捉えるべきなのか？そのような情報環境を前提に私たちはどのような打ち手を講じていくべきなのか？――順を追って、そうした論点ごとにここから章を立てて考察を展開していく。

CHAPTER 1

スマホの普及とビジュアルコミュニケーション時代の到来

1-1 ハロウィンはなぜ流行したのか？
――スマホの普及が変えた文化のかたち

スマホの普及で誰もが写真や動画を撮る時代に

若年層においてはスマホ保有がほぼ当たり前の状況となり、つねに人とつながりあいコミュニケーションをとりあうネットワーク時代の環境が整った。ここ数年で急速にスマホが普及しており、総務省平成28年版情報通信白書によれば、20代のスマートフォン利用率は87・0％となっている。[1]

同じサービスを消費する人数が増えるほどにそこから得られる便益が増加する「**ネットワーク効果／ネットワーク外部性**」という考え方がある。例えば電話機、ファクシミリ、メールサービス、P2Pのファイル交換サービス…これらのようなコミュニケーション系サー

1　http://www.soumu.go.jp/johotsusintokei/whitepaper/ja/h28/html/nc132110.html

ビス全般に当てはまる。例えば、電話機を持っていたとしてもかける相手がいなければ何の意味もないだろう（インテリアとして使いたい！という個別の趣味的な判断は措いておく）。コンタクトする相手の数が増えるほど、そのツールを使う意義は高まっていく。もちろん、いま議論の対象となっているSNSにおいても同様である。ユーザーの数が増加しつながればつながるほど、ユーザーの便益は上がり、そこでつながることの価値が増していく。この考え方に基づけば、いまや量的な拡大を続けるスマホユーザーたちのコミュニケーション環境は質的変化を迎え、その結果としてSNSのネクストフェーズを顕在化させつつあると私たちは見立てている

そうした時代において、よりユーザーの発信志向は強くなるとともに、その発信活動に対する敷居もどんどん下がってきた。現に、情報発信や日々のログの残し方も、文字で記述せずに写真で記録するような、日記型からアルバム型への移行が見られる。その日何を感じたか、などの自分の内面を記述することはせず、行動のログをビジュアルで示して、自分らしさを表現するというかたちが目立ってきている。

かつては、「特別なイベントの記録」であった写真や動画は、いまや「感情や状況を人と共有するコミュニケーションの道具」になっていると言える。いま世界でもっとも写真

をストックしているのはフェイスブックで、既に数千億枚に達していると言われている。これもユーザーがいかに気軽に写真を撮ってシェアするようになったのかを示唆している。また、後段でも触れるように、そのようなビジュアルコミュニケーションを促しやすい設計思想に基づいたアプリもユーザーからの支持を若年層中心に集めており、例えばインスタグラムやスナップチャット（Snapchat）などはその筆頭だと思われる。

こうした視点は、電通総研メディアイノベーション研究部で実施した若年層スマホユーザーの写真・動画アプリの使用実態を調査したリサーチ結果とも合致する。ユーザーインタビューの結果からも、Ｅｍｏｊｉ、インスタントメッセンジャー上でやりとりされるスタンプ、そして写真のメッセージ利用（自分の見ている風景や状況などを撮影し、いまの気持ちや伝えたいメッセージを共有すること）など…いまのスマホユーザーは、ますますビジュアル要素を通じたコミュニケーションによって自分の気持ちや場の雰囲気などを伝えるようになっていることが明らかになった。

また、スマホで写真を撮るとき、その対象となるのは「風景」や「対象物」のようなものだけでなく、「自分」も含まれることがポイントとなる。それをセルフィー（Selfie、自撮り写真）と呼ぶが、いまはいかに綺麗なセルフィーを撮れるかどうかも大切。例えば、英国のモバイルアクセサリーショップ Mobile Fun が制作した ＬＥＤ付き自撮り専用 iPhone ケース〝LuMee〟は暗い場所でもセルフィーが綺麗に撮れるよう内側にライトがとりつけられたスマホケースで、２０１６年の流行アイテムとして海外で採り上げられていた。こうしたプロダクトが熱狂的に支持されるという時代精神が象徴的に映し出されている。

ある調査によれば、日本人はインカメラを使う割合が海外に比べて少ないというが（最もインカメラをよく活用してセルフィーを撮るのはインド人だと言われる）、撮られなれた世代――もっと言ってしまえば、撮られなければ気が済まない世代――の出現によって、こうしたプロダクトのニーズが高まっていくだろうと考えられる。なぜ日本人は内側に向けるのではなく、外側に向けられたカメラで撮影することをより好むか、これは文化論的にも非常に興味深い論点である。また最近では、後段で紹介するようなスノー（Snow）というアプリで盛ることも市民権を得てきており、光で綺麗に撮るよりもナチュラルに加工してしまうことを求める機運もあるようだ。

日本国内でも、２０１７年にとある女性誌が綺麗に自撮りできるライトを付録につけたところ、その号が完売するという反響をもたらしたこともあった。雑誌の中で盛れる撮り方を紹介し、実際にそうした盛りを実現できるキットを提供するというソリューション的な売り方の上手さは確かにあったものの、こうしたテーマ自体への根強いニーズがそこにあることがこのような事例からもうかがい知れる。

誰もがスマホで写真や動画を撮影する時代のこうしたトレンドをマーケティング活動に活かす――そうした目論見のための「Pay Your Selfie」というモバイルアプリサービスも存在している。名前の通り、自分のセルフィーをマーケティングデータとして活用してもらうために販売できるサービスだ。アメリカでサービスインされたアプリで、2015年9月の公開以来、10万人のユーザーを獲得し、投稿された写真は50万となった。[2] 仕組みは、ブランドからリクエストが届いた写真を投稿すると1ドルを得ることができて、特定の商品と一緒ではない自撮り写真は20〜30セントを得られるというもの。現代ならではの新しい定性的なリサーチ、特にエスノグラフィー的な特性を持った目新しい手法として注目を浴びている。

2 情報は2016年5月段階のもの。以下の記事を参照。
http://www.adweek.com/digital/mobile-app-pays-you-your-selfies-while-giving-custom-data-brands-171548/

一つこのサービスの面白い点として、報酬が20ドルに達すると、小切手を受け取るか、指定の慈善団体へ寄付するかを選ぶことができるというものがある。これは、このサービスのユーザーの最大シェアを、ソーシャルグッドへの意識が高いミレニアル世代が占めていることとも関係しているだろう。**自撮りをして社会貢献**する時代なのだ！

では、このアプリによって実際にどんなインサイトが収集できるのか。例えば歯ブラシメーカーがこのPay Your Selfieを活用してユーザーに歯を磨いているシーンのセルフィーを募ったところ、実はユーザーの多くは（利き手ではないと思われる）左手で磨いていることが分かったという。これは実際に使用している日常のシーンにまで迫らなくては分からないことだし、アンケート調査でユーザー自身がうまく答えられることかも分からない。大抵、こうしたことは無意識のうちに行われているからだ。この歯ブラシメーカーは、「ユーザーは利き手では磨かない」ことを前提とした商品設計のヒントを得ることができたのだという。

撮るということ、それを通じたビジュアルコミュニケーションを気軽に行うことは、既に「文化」と呼びうるものになっている。そうした生活者の動向を知ることは、メディアリサーチでもありながら、それを超えた深みのあるカルチュラル・プローブの域にも達しているのだと筆者は考えている。

ハロウィンの流行とＳＮＳの関連性

近年ではハロウィンで仮装する若者の姿が目立つようになった。男性も女性も思い思いのコスチュームを身にまとうが、やはりひときわ目を惹くのは華やかな女性の出で立ちかもしれない。**イベント当日の街には非日常の空間が広がり、特に渋谷や六本木などでは誰もが「普段とは違う自分」を楽しんでいる。**

このハロウィンが国民的行事になったような感覚は、必ずしも「肌感覚」によるものだけではない。日本記念日協会の発表するデータによれば、ハロウィンにまつわる推計市場規模は約１３４５億円（２０１６年＝バレンタインを上回った年）となり、既に日本国内で定着して久しいバレンタインデーの経済効果を上回ったという。その規模もさることながら、巨大化するスピードにも目を見張るものがある。ではなぜここまでハロウィンは流行し一気に国民的イベントとしての地位を築いたのか。

その一端にも、ビジュアルコミュニケーションの力が関わっている。非日常の空間や、非日常の「私（たち）」を残すことが誰でも手軽にできるようになったためだ。そしてそれをシェアすることで、SNS映えする（SNSでいいね！が沢山もらえる）ようなポストを投稿できるようになったからだ。そしてこれはハロウィンだけに限らない。最近では、カラーランと呼ばれるイベントもSNSを起点に盛り上がりを見せた。カラーランは定義上「マラソンイベント」であるものの、そこにタイムを競うようなガチ感はなく、みんなで写真を撮りながら楽しむような、そんな時間の過ごし方が期待されている。こうしたコンセプトに近いイベントは数多く開催されており、ガチで泳ぐのではなくゆるくみんなで写真を撮ることを楽しむナイトプールなどを含む「SNS映え」するリアルイベントも隆盛を極めている。本書の7つの視点のうち、①に該当するものとして後段でまた言及しよう（p.31参照）。

こうした現象群をめぐって、起業家・情報学研究者のドミニク・チェン氏（早稲田大学文学学術院・表象メディア論系准教授／株式会社ディヴィデュアル共同創業者）はウェブ電通報での私たちとの対談企画で以下のように語っている。発言を引用しよう。

「盛り」とイベント事、つまり「祭り」はかなり相関しますよね。盛らないと祭りにならないですから。ハロウィンはもともと家族内や近隣コミュニティーから発していることもあり、クローズ、あるいはセミクローズなところでも「盛り」を開示してるかもしれませんが、仮装という盛り方が公共空間で爆発するさまを最も躍動感を失わずにとらえられるのが、ビジュアルコミュニケーションなのかな、と。

（…）

ハロウィンはそもそもバレンタインとは別種の欲求にジャストミートしていますね。参加できる社会属性がもっと多様ですし、ライフイベントとして分類できるのでフェイスブックというオフィシャル感のある場でも許容されるし、インスタグラムみたいな空間ではセクシーなハロウィンのコスプレも、アダルトでかっこいいとか、おしゃれという評価になる。大人の欲望、家族持ちの欲望、そして平和で草食な女子・男子のお祭りニーズをよりよく統合できている。

非日常の場で普段とは違う自分をどう出すかという変身願望、あとは、いかに自分の生活が充実しているかという「リア充」アピールも絡みあいながら、ハロウィンのお祭り騒ぎは生み出されている。変身願望という**「盛り」＝ビジュアルの部分**と、みんなで楽しみたいという**「祭り」＝ソーシャルの部分**――その二つのニーズが一番良い具合にミックスされたのがハロウィンというイベントの真髄であるかもしれない。

祭りという一つの「言い訳できる機会」をてこにして、普段とは違う自分に変身するということ。翻ってみればそのこと自体は「祭り」が持っている伝統的な社会的機能に違いない。しかし、現代版ハロウィンが異なるのは、ユーザーが普段よりも自分をどうより良く演出するか――すなわち、どう「盛る」かという視点が強くなっていることであるように思われる。第3章でも触れるように、女性の「盛り」の歴史はプリクラから加工アプリへと継承され、さらに現代は自分を「盛る」（見栄えがするように飾る）こととソーシャルに「盛る」（みんなからのいいね！を稼ぐ）こととを結び付けて考えるべき状況にもなっているのだから。

本節では、特筆的な事例であるハロウィンを挙げながら、ここから議論を深めていくべき視点を確認した（なお、1―3でも体験のシェアという視点から再度このハロウィンに関する議論を深掘りしている。p.71参照）。次節では、SNSがビジュアルコミュニケーションへとシフトしているという現代の情報環境／文化環境にフォーカスして議論を展開していく。

1-2 視点①：SNSのビジュアルコミュニケーションシフト

情報テクノロジーとユーザーニーズの共進化

本書のテーマとなっているビジュアルコミュニケーションについて、その仮説を手短に述べれば「スマートフォンの普及がユーザーのコミュニケーションのかたちを変え、情報のシェアのあり方を変え、その拡散やトレンド伝播のあり方が変化した」ということになる。その前段となるスマートフォンの普及について、興味深いチャートをここに引用したい。

これは各種のプロダクト、工業製品がどういったスピードで普及していったのかを示すチャートである。ここから分かるのは、それまで最も急速に普及したプロダクトであった「バービー人形」が60年かかった10億台発売という大台をiPhoneは2016年、つまり2007年の初代発売より9年で達成してしまったことである。つまり、**スマート**

図表① 歴代プロダクトの普及スピード比較

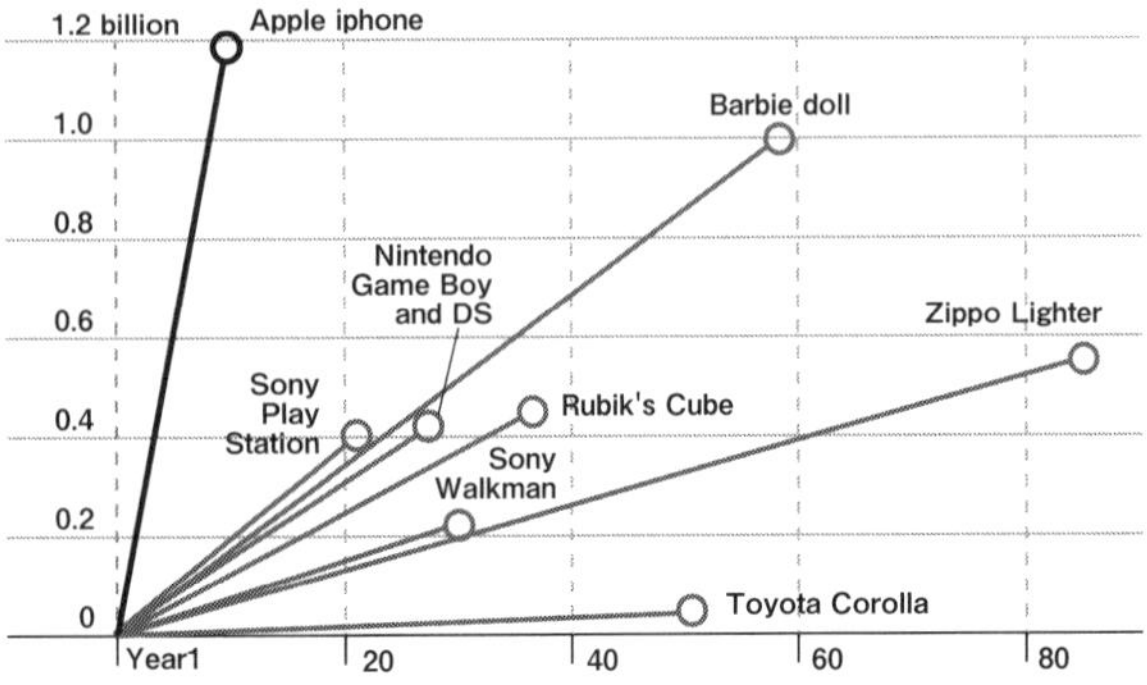

https://www.wsj.com/articles/among-the-iphones-biggest-transformations-apple-itself-1497951003
THE WALL STREET JOURNAL.

フォンの代名詞ともなっているiPhoneは、歴史上もっとも速く世界中に普及した工業製品であったのだ。スマートフォンは私たちの生活を急速に変えていったような感覚を持つが、それはこのようなデータ上でも明確に立証されている。

　そして、そのようなiPhone等に代表される各種スマートフォンの普及は、デジタルカメラの市場を大きく奪ったことが知られている。かつてデジタルカメラの台頭はカメラ市場を大きく豊かなものにしたが、スマートフォンの普及は一般的な傾向としてそうした市場を奪い尽くしてしまったと言ってよいだろう。本書のテーマとは異なるが、こうした動きはクリステンセンが述

図表② ユーザーニーズと情報テクノロジーの共進化

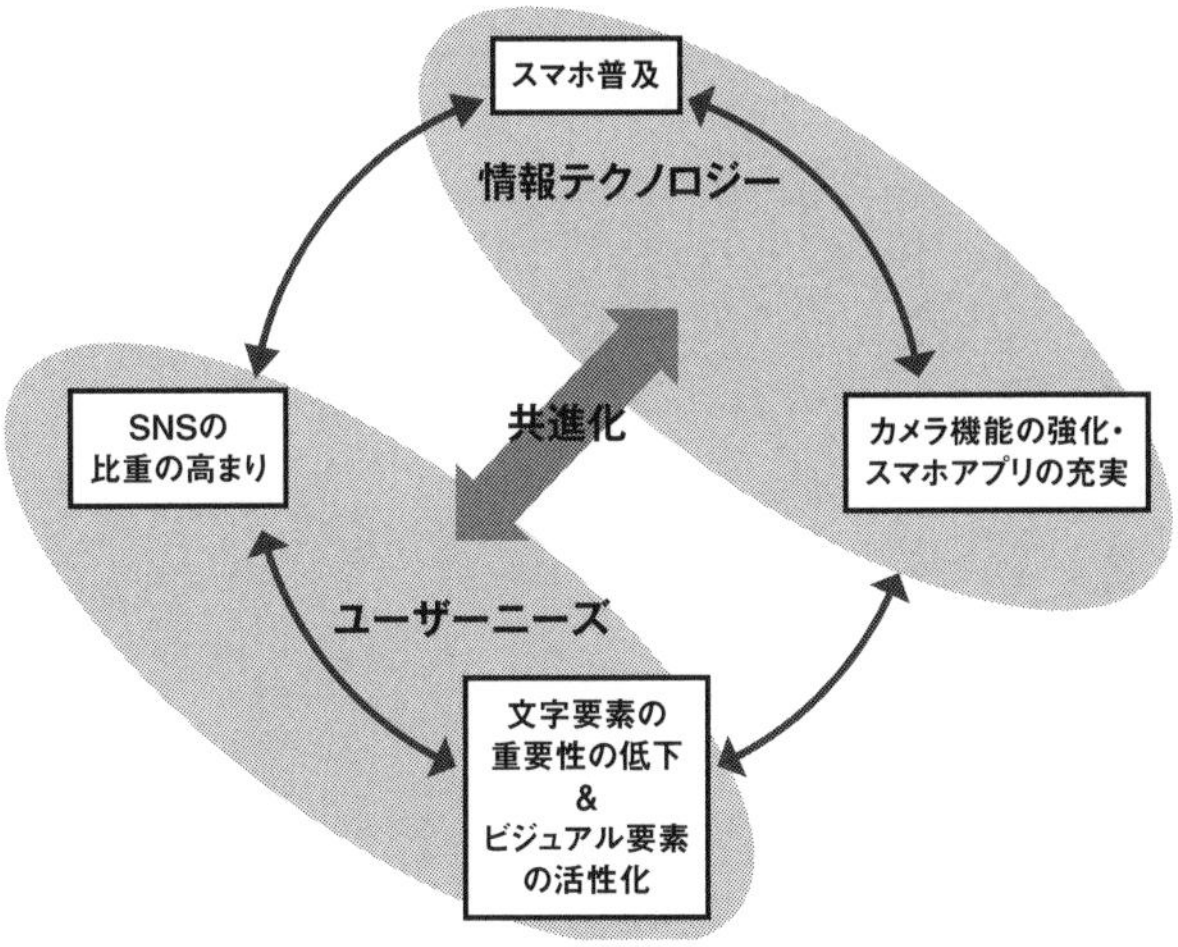

べるイノベーションのジレンマに属するような、一つのケースとして解釈されうるものだ。

さらにこのような潮流は、スマホの普及とそれに付随するカメラ、そしてカメラ関連の撮影や保存、シェア、加工のためのアプリの発展と共に語られなければならない。そうした若者のコミュニケーション様式の変化は、さしあたって上のようなかたちで図式化できると考えている。

この図は、「情報テクノロジー」の変化と「ユーザーニーズ」の変化が相互に強めあうような循環的モデルを示している。ここでフォーカスしている情報テクノロジー側の変化としては、いままで述べてきたようなスマホの普及と、まずもって主要な機能たるカメラ機能が挙げられる。各種スマホメーカーにとっては、そのカメラ機能をいかにブラッシュアップするかが競争力に直結するような大事な要素になっている。そしてそれにまつわるスマホアプリの充実も見逃せない点で、詳しいアプリの解説はこのあと行うが、アプリのダウンロード数やユーザーの利用率などの指標を見ると、撮影や加工に関連するものが上位に食い込んでくるのが常態化している。

例えばＡｐｐｌｅも今年に入って新カメラアプリ「Clips」をローンチし、ビデオ、画像、音楽を組み合わせることでソーシャルビデオを簡単に制作できるようなサービスをユーザーに提供している。おなじみのiMessageはもちろん、あらゆるＳＮＳともシームレスに共有する利便性も確保されている。さらに、昨今のビジュアルコミュニケーションにおいて特に若年層ユーザーに重視されるフィルター、タイトル、スタンプ機能なども利用できるようにケアされている。インスタグラムやスナップチャットなどに事業領域を思うがままにはさせないという意気込みの感じられる取り組みだ。このことは企業戦略上、iPhoneというみんなに愛されるプロダクトを販売するだけでなく、そこで使われるサービスにも力を入れなければならないということを意味している。

そしてユーザーニーズの変化も、こうした動きに呼応して変化しつつある。一つはSNSの比重の高まり、そして二つ目に文字要素の重要性の低下とビジュアル要素の活性化である。これは写真や動画といったものがもちろん主眼になるが、筆者はここに最近のEmoji（絵文字）文化も含まれるのではないかと思っている（これは次項で述べたい）。**そうしたスマホの普及や、それに付随するカメラの技術的スペックの向上、アプリの充実といった情報テクノロジー側の発展と、感覚的で手軽なビジュアル要素を活用しSNSでシェアしたいというユーザーニーズとが相関的に共進化**していく構造の中で活性化したものと考えられる。

『メディア表象』（石田・吉見編 2015年、東京大学出版会）の中では、「携帯電話はシフター（Shifter）である」というテーゼが提起されている。そこでは、発話者の「いま・ここ・わたし」をシフトするものとして、携帯電話／スマートフォンが機能していると説明されており、まさに、いま・ここ・わたしを手軽にシェアするビジュアルコミュニケーションこそが、自分にまつわるより解像度が高い情報をシェアし、相手とのより親密な関係性を築くための手段として希求されていることが分かる。

そのようなユーザーニーズがテクノロジー側の変化を求め、テクノロジー側がそうした機能を提供することによってユーザー側の行動が変わっていきニーズが満足しつつ強化される…こうした循環でビジュアルコミュニケーションという行動様式は確立されていったと捉えられる。このようなモデルのもと、私たちは**ビジュアルコミュニケーションは短期的には収束しないようなトレンドとして定義できる**と考えているのだ。

Ｅｍｏｊｉは新しい文字？
言文一致ならぬ絵文一致へ

Ｅｍｏｊｉは、写真や動画といった大テーマからはそれるものの、ビジュアルコミュニケーションという点では欠かせぬピースであり、少々迂遠的ながらも触れておく価値は高い。現にスタンプやＥｍｏｊｉといったビジュアルを活用してやりとりする情報行動は、日本はもちろん海外でも定着を見せている。その理由を掘り下げることで、こうしたコミュニケーションシフトの動向の一端について垣間見られると思う。後段では企業のマーケティング事例も採り上げる。

日本においては絵文字の歴史は古く（誕生は１９９８年前後といわれている）、ガラケー／

フィーチャーフォンの時代から日々のコミュニケーションツールとして広く使われていた。また、そうした「絵」を使ったコミュニケーションとして、2ちゃんねるでのアスキーアートを思い出す向きもあるだろう。海外でも並行して「Emoticon（エモティコン）」――例えば「:-)」などが使われていたが、近年では「Ｅｍｏｊｉ」の利用が優勢となっている。

そんなＥｍｏｊｉは、**実は海外では、「大人が分からない」コミュニケーションツールの筆頭**として扱われている。使い方からその面白さに至るまで大人には分かりづらく10代～20代にもっぱら利用されているスナップチャット同様に、Ｅｍｏｊｉも若年層のためのものだと思われていることをWired誌は図表③のようなかたちで指摘している。[3] 年齢と理解の度合いが綺麗に反比例しているのだ！

こうした流行の象徴的な事例として、広告コミュニケーションやマーケティングに携わる人にとってはおなじみの２０１５年のカンヌライオンズ 国際クリエイティビティ・フェスティバルにおいて、最高の評価にあたるチタニウム部門グランプリをドミノ・ピザの「Emoji Ordering」が獲得したことが挙げられる。これは**ツイッター上でピザのＥｍｏｊｉをドミノ・ピザのアカウントに送付するとなんとそれだけで注文できてしま**

3　wired @ インスタグラム　https://www. インスタグラム .com/p/9rlNOUIWkj/?taken-by=wired

図表③ Emojiリテラシーの世代間格差

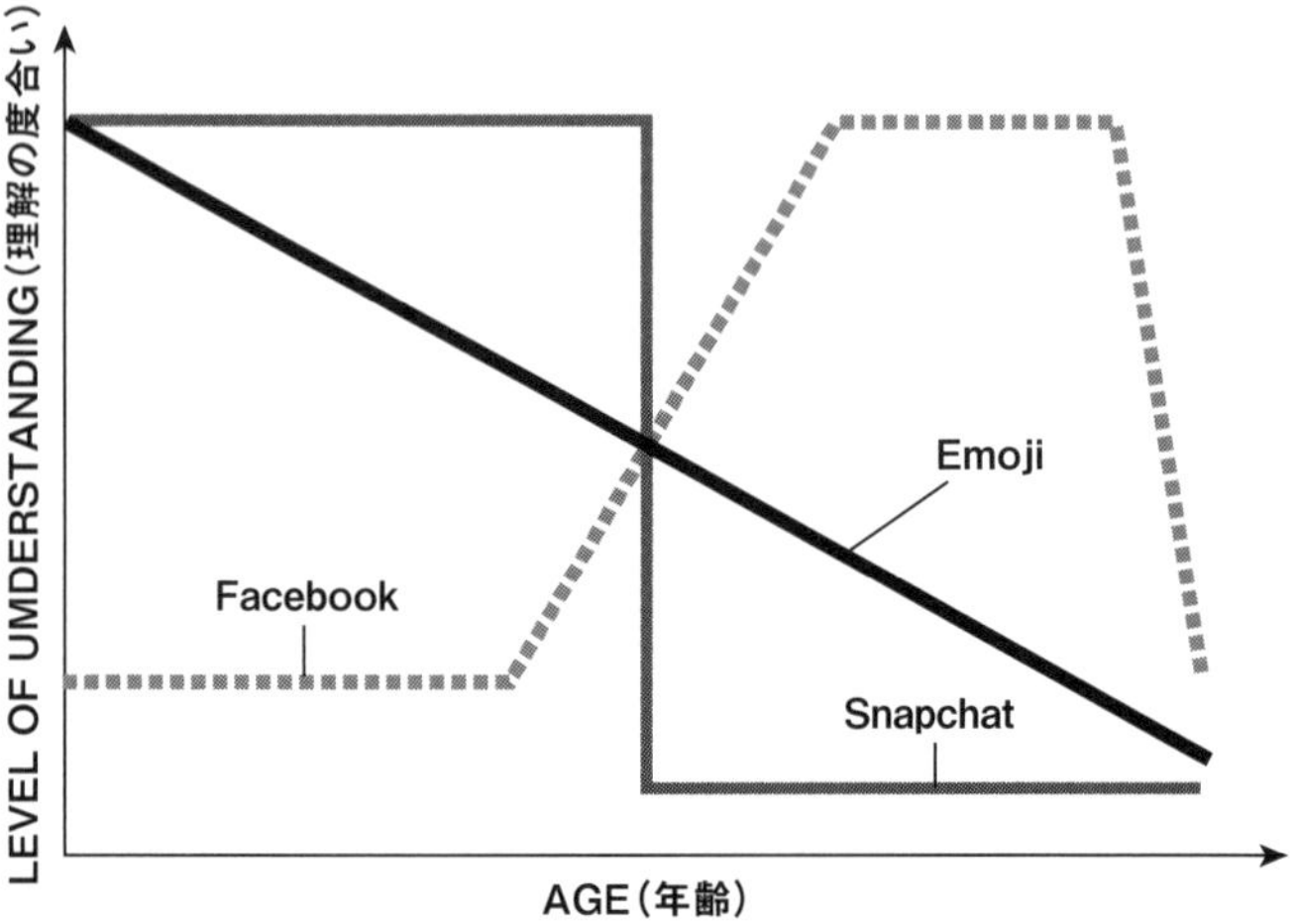

という仕組みで、若年層のコミュニケーションプラットフォーム上で、彼ら／彼女らにとって親しみやすいＥｍｏｊｉというツールを用いて売り場のチャンネルを増やしたというアイデアが評価されたのだった。

このような動きの中で海外を中心にＥｍｏｊｉ活用のキャンペーンが急増しており、例えばユニリーバのダヴは、縮れ毛の女性のためのDove Quench製品のプロモーション活動の一環として、カールへアーが描かれた「Love Your Curls」絵文字を公開。米国では約４人に３人が絵文字を用いているのに、これまでは真っすぐな髪の絵文字しかなかったというインサイト視点のキャンペーンを展開。いわば社会のマイノリティーをＥｍｏｊｉというツールを使って代理的に表象する効果を担ったといえる。

また、ＭＴＶは12月1日の世界エイズデーに向けて、コンドーム絵文字広告を実施。バナナ、ドーナッツ、ナス、モモ…などの隠喩的な絵文字たちがコンドーム使用を促すというものだ。これも、ターゲットとなる若年層相手に言葉でとうとうと啓発するのではなく、Ｅｍｏｊｉという日常的に使われるコミュニケーションツールの中にメッセージを溶け込ませることで意識の醸成を図ろうとしているものだ。

このように、**若年層と接点を生むためにＥｍｏｊｉを活用するコミュニケーションの形が浸透**し始めている。そして、ビジュアルコミュニケーションのカルチャーをうまく活かしながら、そこにブランドがユーザーとの接点を生み出していこうとするこうした趨勢は、3－3でも扱いたいと思う（p.160参照）。

なお、それはブランド側のみならず、ソーシャルメディア側にも波及しており、例えばフェイスブックは、記事へのリアクションツールとしてのＥｍｏｊｉを導入。フェイスブックといえば「いいね！」、「いいね！」といえばフェイスブックだったが、「すごいね」や「かなしいね」など、いまやいいね！だけでは伝えきれないコミュニケーションの機微をユーザー間でインタラクションできるようになっている。Ｅｍｏｊｉの力によって私たちのソーシャルなつながりを育むコミュニケーション表現にもバリエーションが生まれるようになっているのだ。

では、これだけ流行している要因としてはいったいどんな仮説を想定できるだろうか。3点に分けて考察してみよう。

まず第一に、**Ｅｍｏｊｉには文章を読んだり組み立てたり…といったリテラシーは求められないということ**。コミュニケーションの敷居を下げて間口を広げる効果を有するという点では、今後こうしたコミュニケーションの担い手は増えていくことが予想される。現に、アメリカで流行している理由に、多言語・多文化な社会環境の中でリテラシーの高低にかかわらないコミュニケーションを担保できるというメリットが挙げられている。Ｅｍｏｊｉそのものの持っている機能性に着目した視点だ。

第二に、**Ｅｍｏｊｉはフラットで、その結果として親しみのあるコミュニケーション手段が実現できる**ということ。どんな言語にも多かれ少なかれ敬意表現が埋め込まれており、関係性の上下を潜在的に示してしまうことがあるが、現代は多くのユーザーがスマートフォンを所有し、ソーシャルメディア上で共通のコミュニケーション・プラットフォームに乗って日々やりとりしている現状を鑑みるに、フラットに通じる新しいコミュニケーションの手段が要請されていると考えることもできる。そのような背景を踏まえて、歴史上ここまで世代間の情報圏が重なり合っている時代はなかったと指摘するマーケターもいるほどだ。先ほど指摘したように現代ではまだ若者中心のＥｍｏｊｉも、次第に多世代間で使われるようになる余地を強く秘めている。

最後に三点目として、ピザからカーリーヘア、そしてコンドームに至るまで**あらゆる対象をカジュアルにコミュニケーションツール化できるその使い勝手の良さ**を挙げることができる。これは、Ｅｍｏｊｉをコミュニケーションの手段とする送り手、ブランドなどに着目した視点だ。ビジュアルを通じたコミュニケーションでエンゲージメントを生活者と図っていくこと、そしてそうした仕組みをつくることがコミュニケーションビジネス上のポイントになっていくのは間違いない。冒頭のドミノ・ピザ「Emoji Ordering」はそのような可能性を示唆するとしてカンヌで表彰されたのだった。またここから、日本で流行しているＬＩＮＥなどのメッセンジャーアプリ、さまざまなブランドがコミュニケーションツール化された「スタンプ」に比較の視点が向くのも自然の成り行きだ。根本的な変化は同根のものであり、私たちは言葉による説明よりも、直接それを見せたりやりとりしたりする方が響くようなビジュアルコミュニケーションの情報世界に既に慣れ始めていることを示唆する。

以上の議論をラップアップすることで、スマホユーザーにとってはＥｍｏｊｉというビジュアルを通したコミュニケーションが、これまでは言葉を介してやりとりされていた領域を侵食し始めている側面が指摘できる。かつてしゃべり言葉と書き言葉とを一致させた明治時代の「言文一致」にヒントを得るならば、これは**絵と言葉が等価に使われていく**

「絵文一致」という現象として捉えられるのではないだろうか。

この仮説に関する補助線的な話題を紹介すると、Oxford Dictionaries が選ぶ Word of the Year 2015 に選ばれたのは、実はこの「Ｅｍｏｊｉ」であった（ちなみに、２０１３年に同賞に選ばれたのは、自撮りを意味する「selfie」だった）。ところが、ウェブ上ではこの「Ｗｏｒｄ」を選ぶ賞にＥｍｏｊｉが選出されたという結果を受けて、賛否両論が噴出したのだった。ポジティブ派の意見としては、「確かに今年はＥｍｏｊｉがよく使われていたよね」や「楽しいからいいじゃん」といったもの。一方のネガティブ派からは、根本的に「そもそも文字じゃないじゃん」というツッコミが入れられていた。確かにそうした意見にうなずける面はありつつも、筆者はこれを「文字」として捉える視点が私たちに学びをもたらすような気がしている。どういうことだろうか？

明治時代に、二葉亭四迷が先導ししゃべり言葉と書き言葉を一致させた「言文一致」の動きがあり、そこを起点に、新たな文化的ムーブメントを形成していったという歴史が日本にはある。それまで分離していた書き言葉と話し言葉とを同様に扱うようにしたことで、リテラシーのハードルが下がり、文学作品の受け手も、そしてそれに引っ張られるように書き手(発信者)の数も増加していったのだった。ここから着想を得るとすれば、いま起こっている現象は、絵と文字とが一致していくという意味で「絵文一致」と呼べるような、新しいコミュニケーションの統合のかたちと新たな発信者の姿ではないかと思える。「いま渋谷にいるよ」とテキストで送る代わりに、「駅前で撮ったセルフィーをシェアする」ということ。悲しい気持ちを伝える際、そうテキストで送るのではなくＥｍｏｊｉで伝えるということ。楽しかった思い出を文章でまとめるのではなく、写真や動画のかたちでシェアすること。こうしたことが今後もより頻繁に起こっていき、文字が果たしていたコミュニケーション上の機能をビジュアル的なやりとりが置き換えていく。

言文一致の事例から分かることは、**コミュニケーションツールの発明は、新しい発信者と文化を開拓する**ということだった。私たちは、本書を通じて、いま起こりつつある「絵文一致」という新しいコミュニケーションのかたちを把握するというプロセスを解き明かし体験していく。

現在ではEmoji検索（言葉の代わりにEmojiを検索のクエリに打ち込んで情報を探すこと）やEmojiのパスワード利用といった広範な活用事例もあらわれつつある。このようなニュースに触れると、本格的な絵文一致が進んでいるのだなと感じさせられる！Emojiはより私たちのビジュアルカルチャーを担うものとしての存在感を強めていくはずだ。今後の中長期的なスパンを見据えるならば、言葉に頼らないコミュニケーションに託された欲望やニーズを読み解き、豊饒なマーケティングインサイトをくみ出すことの重要性が今よりさらに高進していくだろう。

ビジュアルコミュニケーションアプリへのシフト

ここで、本節の主題であるSNSのビジュアルシフトというアジェンダについて触れよう。

電通では、首都圏大学に通う、トレンドに敏感なオピニオンリーダー的な存在の現役女子大学生約100名で構成された組織「ハレ女委員会」を設立・運営しており、価値観や消費活動に関するリサーチを行っている。その中でスマホ利用に関する過去5年のアンケート調査データを経年で比較すると、リテラルコミュニケーション（LC）時代からビジュアルコミュニケーション（VC）時代へのシフトを示す顕著な結果があらわれた。

結果のみ簡潔なかたちで示すと、ミクシィ（mixi）は2011年段階で利用率がトップであったが、その後は下降してゆき、2012〜2013年の段階でツイッターやフェイスブックなどに利用率のトップを譲ることとなる。ツイッターは手軽に写真をシェアできて、それが拡散されやすい特性を持っている。フェイスブックもイベントなどの写真をストックすることに向いている。さまざまな機能も拡充されており、2015年にリリースされたモーメント機能はその筆頭として位置づけられる。多くのユーザーが抱えるペイン（課題）へのペインキラー（解決策）――つまり、写真を撮ってそれをシェアするまではいいものの、整理するのは面倒だという悩みへの解決策をうまく提供して、フェイスブック上でのビジュアルコミュニケーションを活性化させることに成功した（ペインとは、ユーザーが持っている苦痛や問題意識。それを解決するサービスの機能をペインキラーと呼ぶ)。

さらに2014〜2015年にかけては、インスタグラムが利用率を一気に上げていった点も特筆に値する。このような時代の流れの中で、ミクシィはいわば日記文化を根付かせたSNSの嚆矢的存在であるが、使われるサービスとしてはよりビジュアルコミュニケーション方面の色彩が鮮明化していったことが分かる。ただし、これは乗り換えというよりも使い分けという視点で捉えることをここでは推奨しておきたい。

また、この時期に起こっていたこととして見逃せないのが、スマートフォンの普及率の上昇である。総務省「情報通信白書」のデータに依拠してみると、若年層ではこの時期にスマホ保有率が6割を超えていったが、そこに先ほどのサービス利用のトレンド変化がちょうど符合する。まさに、**コミュニケーションを図るためのデバイスが、ラップトップ/デスクトップからスマホに移行**していった分岐点であったと捉えられる。

スマホの普及は、その世代の多くがカメラと高度なネットワーク接続端末をつねに持ち歩くようになったことを意味している。SNS上でも、文字中心のコミュニケーションが減少し、ビジュアル中心のコミュニケーションが盛んになっていく、一つの変曲点となった。いわば、スマホの普及率の上昇という量的な変化が、私たちのコミュニケーションのモードのビジュアル中心へのシフトという質的な変化を生み出したのだ。特に若年女性についてはフェイスブック、ツイッターなどユーザー数の多い基底的なSNSももちろんアカウントを所持し使っているが、使う時間や熱意を見ると、インスタグラムやスノーなどビジュアルコミュニケーションのためのアプリにどんどんシフトしてきている。

歴史的に見れば、デスクトップ、初期のパーソナルコンピューター（PC）やインターネットの文化は男性中心的な側面もあった。利用のハードルやリテラシーがまだ高く、技術者を中心に限られた人々だけがウェブにアクセスしていた。そこで花開いたものの一つがBBS文化であり、90年代から2000年代前半にかけて、2ちゃんねるといった場は強い存在感を持っていた。そこでのやりとりがコンテンツにまで昇華され、かつてサブカルチャーと見られていたネットの世界の出来事が、出版や映画といったメインカルチャーへと底上げされた例として私たちは「電車男」（書籍出版は2004年）を想起することができる。「電車男」は、2ちゃんねるのスレッド上などで展開された、モテないオタクの主人公が電車で出会った運命の女性との距離を縮めていくラブストーリー。これもある種の男性視点からの理想的な——もしかすると、少々ご都合主義的な——プロットが特徴的だった。

その後、2000年代の中頃から後半にかけては「Web2.0」と呼ばれる思潮が勃興し、ウェブサイトを一からつくらなくても、誰もがブログなどの手軽に始められるサービスを通じてオピニオンを世界に発信できるようになっていった。海外では、2002年にローンチされはじめて100万人を突破した記念碑的なSNSであるフレンドスター(Friendster)や、マイスペース(Myspace)のような音楽や映像などを通じて自分を発信するウェブサービスも流行していた。これはまさに**「個人」単位の情報の広がりをもたらすという意味においてSNSの原型的なもの**だった。そのような流れの中で、2006年の米TIME誌が選ぶPerson of the Yearが「You.」であったことも、こうした情報社会の動きを明確に捉えたものだったと考えられる。この号のTIME誌表紙には「You control the Information Age.」と記載されていたのだ。

なお、Web2.0はインターネットの父として知られるティム・オライリーが提唱したユーザー発信のムーブメントを指している。企業や官公庁など組織のウェブサイトや巨大なポータルサイトなどを通じた一方向的な情報の発信形態がメインだった時期を経て、情報の発信者と受信者が固定化されなくなり、ウェブの世界がさらに双方向的なものになっていくというコンセプトである。現在ではもうこの「Web2.0」という言葉自体は使われなくなったが、それをインターネットが社会や文化に与えたインパクトの変曲点として認め、そこからの変化を描く思考法や、ビジョンのようなものは筆者も共有している（第6章の結論部にはそうした思考が反映されている（p.356参照)。

Web2.0のムーブメントの盛り上がりに合わせて、一部の識者を中心に、人々が情報発信に乗り出しユーザーのディスカッションが重ね合わされることで市民的な議論が成熟し、社会的なリテラシーや民度が上がっていくことで健全な社会が築かれるのではないかという理想が描かれた。無数のブログがつながりあい、言論の社会的ネットワークが生成されていくというビジョンは、ブロゴスフィア（Blogosphere、ブログ圏）という用語が語られていたことからも分かる。しかしながら、post-truthという言葉が先ほど紹介したOxford Dictionariesの2016年の一語に選ばれ、フェイクニュースの問題を解決する有効な決定打を打てずにいる現在において、言論を通じて人々が結びつき正しい理解を獲得していくというそのビジョンは、いまだ到達できていない未完の理想であるかもしれない。

それに対して、「デバイスシフト」後の私たちは、男性も女性も、そして最近では高齢層も含めて、老若男女がスマホを通じて接続する世界に生きている。ウェブブラウザからアプリへ。そして、**キーボードで文字を打つ代わりに、私たちはカメラを向けて目の前の現象を切り取り、記録し、加工して遊びながら、シェアするようになっている**（近年ではパソコンが使えない若年層がいると報道されるほど）。ウェブ上のコミュニケーションはすっかりその姿を変えてしまったのだ。このようなビジュアルコミュニケーションの普及を捉えるにあたっては、スマホが私たちとコンピューターとのインタラクションのかたちをいかに変えたのかに着目することが有益となる。どういったUI（ユーザーインターフェイス。アプリとユーザーの間の情報のやりとりを可能にする仕組み／デザイン）のもとでどんなUX（ユーザーエクスペリエンス）を得るのかということが、ユーザー間のコミュニケーションのあり方を強く規定する要素でもあるためだ。

振り返れば、ラップトップやデスクトップなどのPCの時代においては、GUIの設計思想のもとボタン、ラベル、ナビゲーションが配置され、ユーザーはマウスを扱ってコンピューターを操作していた。それに対して現在、スマートフォンではマルチタッチディスプレイとジェスチャー操作によって、コンピューターに指令をダイレクトにインプットするようになっている。いわば私たちの指そのものがポインティングデバイスになっていると表現しても過言ではないような、コンピューターとユーザーとの直感的なインタラクションが可能になっている。このようにハードルが下がったということが、いましがた述べたような発信者の拡大という議論にもつながってくる。

そのようなインタラクションのあり方の変化は、スマホ上のアプリやＵＩ設計に関するデザインのトレンドをフラットデザイン[4]へとシフトさせた。情報設計の観点からも写真や動画などビジュアル要素の重要性が増していることが指摘されている。そして写真／動画アプリそのものにおいても、ヘッダーやフッターを廃す（ないしは目立たない形で配置する）ことでより感覚的なＵＩとそれに基づくスピーディーなＵＸが達成されるようになっている。**ユーザーとツールとの接面が変わることでコミュニケーションのかたちそのもののトランスフォーメーションが加速されている**と言えるだろう。

4　端的に言うと、リアリティを追求せず、情報量を減らしたスッキリとしたデザインのこと。テクスチャ（表面の質感）や、マテリアル（物質の質感）、そしてディティール（細部）、奥行き（実寸感や重なり）などを排したものが相当する。

図表④ 主なビジュアルコミュニケーションアプリの現在利用率

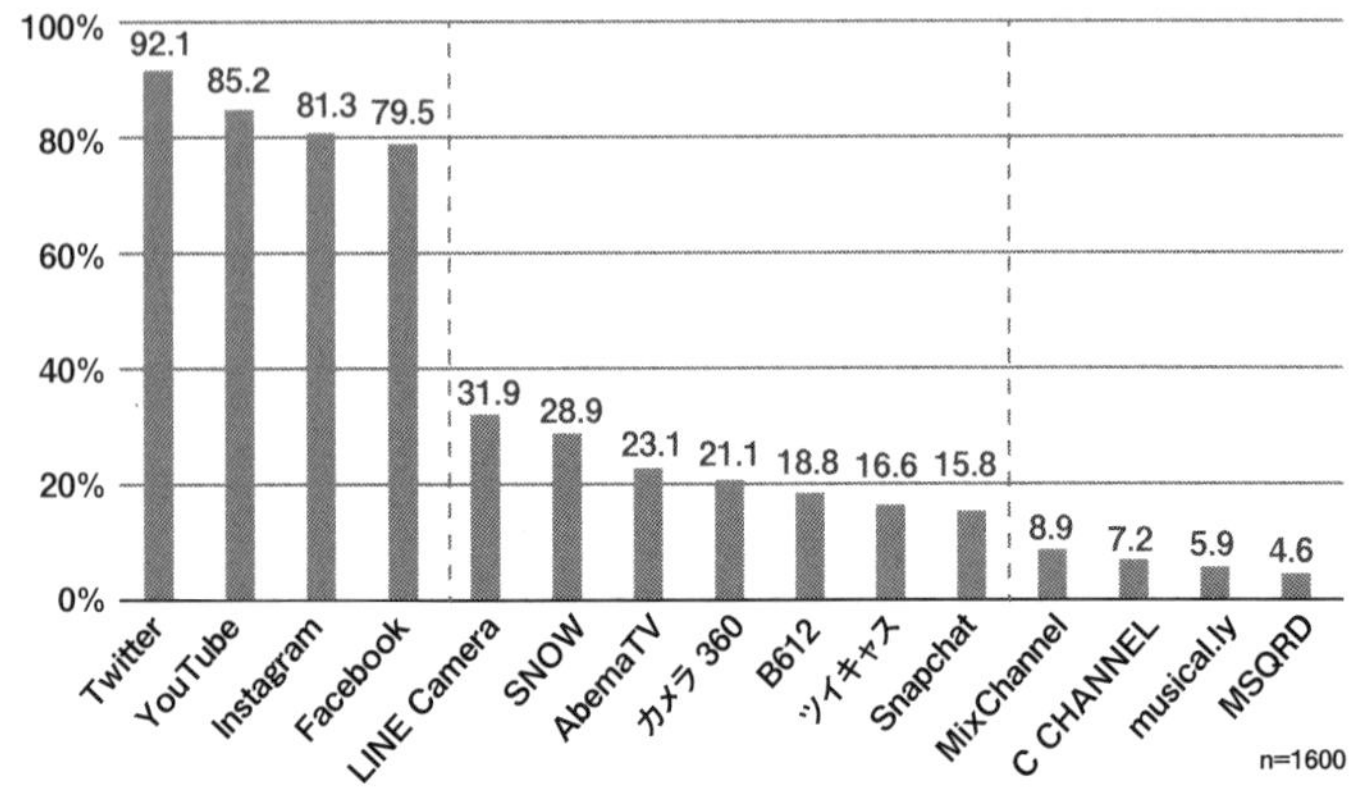

電通総研メディアイノベーション研究部「若年層のビジュアルコミュニケーション調査」
2016年10月実施:15-34歳男女1600ss対象

いまどのようなアプリが、どんな理由で使われているのか

いまどのようなアプリがどんな理由で使われているのか、私たちの調査データを参照してみよう。２０１６年10月の調査で、全国の15〜34歳１６００サンプルへの聴取という条件である。なお、調査概要については巻末の「調査概要について」にまとめているので、ここでは以上のような記述にとどめておく（p.364参照）。

いま若年層を中心に支持を集めている代表的なビジュアルコミュニケーションアプリの利用率はチャートのようになった。ここでの利用率は一週間あたりの利用者の割

合を指している。一般にＷＡＵ（Weekly Active Users）の指標で語られるものだ。割合の高さから、３つのほどの山のかたまりができていることが見てとれる。そのブロックを分かりやすく呼びかえると、**第1ブロックは「誰もが使っているアプリ群」、第2ブロックは「感度が高めな人々が使っているアプリ群」、第3ブロックは「とがっている先端層が使っているアプリ群」**と捉えることができそうだ。

第1ブロックに属するインスタグラムやフェイスブック、ツイッター、ユーチューブ（YouTube）は、おおむね誰もが使っている、ビジュアルコミュニケーションアプリと言ってよいだろう。どれもメジャーなＳＮＳとして、ここで特に説明を付け加える必要はなさそうに思える。なお、最近の若者のフェイスブック離れがささやかれることもあるが、まだ高い利用率をキープし頼られる存在である。

第2ブロックでは、新手のメッセンジャーアプリや加工アプリが目立つ。このブロックに、スナップチャット、スノーなどがあらわれてくる。詳しくは1－5で触れることになるが、スナップチャットは「送信するテキストや写真／動画が自動的に消滅するインスタント・メッセンジャーのアプリ」で、その消えてしまう特性は**エフェメラル（Ephemeral＝はかない、すぐに消える）**と呼ばれており、現代的なユーザーベネフィットのかたちとして注目されている。メッセージを送ることはもちろん、「ストーリー機能」では24時間が経つと消えてしまうような写真や動画を一般ユーザーにもシェアできるというSNS的な特性もあわせもつ。この「消える」特性については第2章において詳述する。

スナップチャットは北米を中心に世界中にユーザーが存在しており、MAU（Monthly Active Users）は2億人と言われている。アプリを起動すると、すぐに写真を撮る画面が立ち上がるのが特徴で、これはアプリがその名に掲げるような、写真や動画を撮ってコミュニケーションすることをUI自身が促しているのだと解釈できる。

そして、スノーも同様の機能を兼ね備えながら、アジア圏を中心に非常に広く使われるようになっているアプリだ。特にセルフィーを撮るときにリアルタイムでかわいく顔を加工してくれる＝盛ってくれる機能が人気である。後段で説明するが、これは**「動画フィルター」「マスク」**などと呼ばれており、ビジュアルコミュニケーション文化において非常に重要な位置価を占める（p.126参照）。その他、カメラ360やB612、ラインカメラ（LINE Camera）といった加工用途のアプリの利用率が高いのも、日本のビジュアルコミュニケーションにおける特性の一つだと考えられる。これらは**「盛る」文化**を主導するアプリ群である。

図表⑤ 利用経験があるサービス（15-19歳女性）

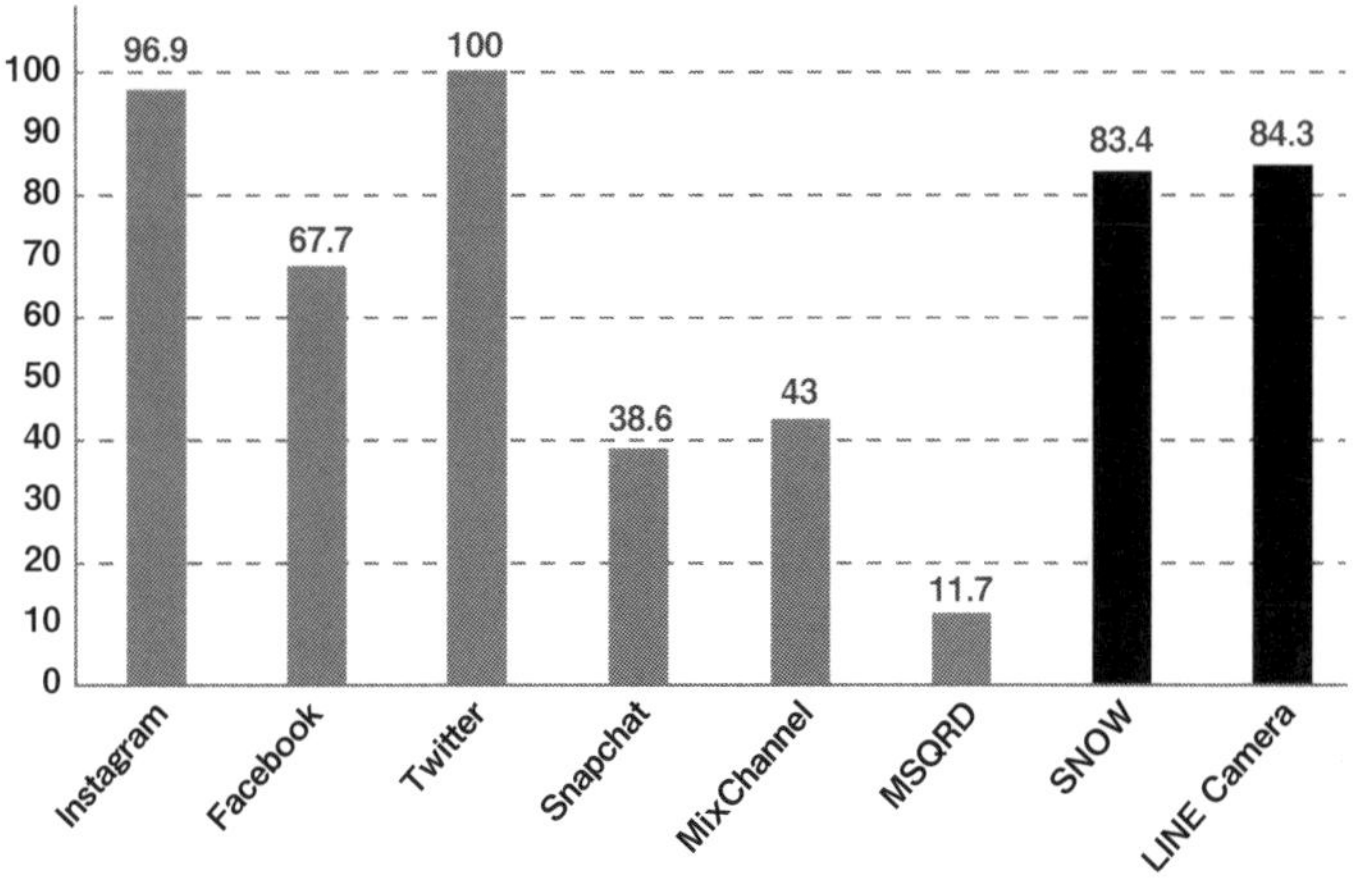

この点に関しては明確な世代差が生まれることも特徴だ。調査対象者の15〜34歳全体に対するスコアと、同じ設問への回答を15〜19歳の女性に限定したときのスコア（図表⑤）を比較して分かるのは、スナップチャットの利用率やミックスチャンネル（MixChannel）の利用率などが向上する点に加えて、スノーやラインカメラの利用率がどちらも80％を超える驚異的なスコアを記録し、全体平均をダブルスコア以上で上回ってしまうことだ（全体スコアはスノーが31・9％、ラインカメラが28・9％）。この2つのアプリの主な機能は「盛る」こと。驚くべきことに、まさに**若年層のビジュアルコミュニケーションと加工とを切り離して**

図表⑥ ユーザー視点でのアプリ特性

	良いところ、気に入ってるところはどこか	どのような動画を期待して使用するか
Instagram	憧れのユーザーの投稿が見られるところ 動画撮影機能 加工編集機能（フィルターやスタンプ等）	友人知人がアップロードした動画 自分の興味関心のある動画
Facebook	シェアできる友人・知人が多いところ アプリの使いやすさ	友人知人がアップロードした動画 世の中で起きているニュース動画
Twitter	シェアできる友人・知人が多いところ リアルタイムで投稿者の状況が分かるところ	人と話題のネタにできそうな動画 流行っているバイラル動画 自分の興味関心のある動画
Snapchat	動画撮影機能 加工編集機能（フィルターやスタンプ等）	偶然出会う面白い動画
Mix Channel	動画撮影機能 アプリの使いやすさ	自分の興味関心のある動画
YouTube	投稿されているコンテンツの良さ 憧れのユーザーの投稿が見られるところ	自分の興味関心のある動画 偶然出会う面白い動画
C CHANNEL	投稿されているコンテンツの良さ	自分に合った商品やサービスの広告

考えることができないという主張の裏付けとなるようなデータとなっている。

第3ブロックは、感度が高くやや尖った層が使っていると思われるアプリ群。ある一定のコミュニティに深く刺さっているタイプで、ミックスチャンネルは中高生を中心に利用されている動画シェアのアプリ、musical.lyはリップシンク（口パク）動画をシェアするためのアプリだ。この特異なビジュアルコミュニケーションのためのツールについては後段で触れよう。

ここまではアプリの利用率のデータを紹介しながら考察を進めてきたが、そのような定量的なデータから定性的なデータに切り替えて、代表的なビジュアルコミュニケーションのサービスアプリがどのように使い分けられているのか、ユーザーへのヒアリングから得たファインディングスをまとめてみた。この図表⑥を議論の参照項としたい。表の中では、ユーザーが各アプリの良いところ・気に入っているところをどう認識しているのか、それぞれにおいてどのような動画を期待して見ているか、そしてそのサービス内で流れる動画広告についてどう思うかについて、それぞれ聴取した結果が記されている。

まず、インスタグラムやスナップチャットなどいま若年層の間で流行しているSNSにおいては、その良さとして「動画撮影機能」や「加工編集機能」が挙げられるという特徴に気づく。自らも発信者になれること、そしてそれを後押ししてくれることが求められる要件であると解釈できる。また動画投稿プラットフォームとして若年層に人気のミックスチャンネルもまた動画撮影機能への評価が高いことは注目に値する。**動画のつくりやすさ、いいね！の押しやすさ**（**ポジティブな評価をしやすい仕組み**）**などユーザー自身がコンテンツを投稿するためのサービス設計が巧みになされている**ことがポイントである。動画＋コミュニケーションの機能を提供するアプリは、ユーザーからの投稿をいかに促すかが重要である。

次に、期待されている点については、まず流行っているバイラル動画（ユーザーのシェア

／再シェアによって盛り上がり流行しているような動画）が期待されている度合いはツイッターが特筆に値する。**拡散メディアとしての位置づけが明確**であると言える。その他、フェイスブックは世の中で起きているニュース動画が見られるという点が期待されているのも興味深い。アメリカでは一足早くこうした使われ方が深く根付いており、２０１６年の大統領選挙戦では、フェイスブックがニュースソースとして大きな役割を果たしたと言われている。さらに既存放送局もライブ動画をフェイスブック内で流すなどの動きも見られるようになった。また一方でインスタグラムに期待されているのは、自分の興味関心のある動画、友人知人がアップロードした動画などである。**インスタグラムは写真はもちろん、いまや動画をシェアするプラットフォームという色彩が強くなっている**ことのあらわれと解釈できるだろう。**写真はとっておきの一枚、動画はより手軽な日常のシーンをシェアするものという住みわけ**も進んでいる。

新しい発信者の系譜、あるいは新海誠の直感について

ビジュアルコミュニケーションが活性化した背景を語る上では、もう一つ、ある文化的な側面にも触れておく必要がある。それは、つねに**「新しい発信者」としてあらわれる女性ユーザーの存在**であり、そこで築かれるカルチャーのあり方だ。

１９９０年代半ば、インスタントカメラの登場は、それまで初心者には操作が難しかったカメラを身近な存在に変え、写真を撮り合い、見せ合い、交換し合うという文化のベースを生んだ。時を同じくして１９９５年、初代プリクラが誕生すると、次第に写真に直接手書きのメッセージやイラストを書いたり、切ってコラージュを楽しんだりと加工する流れが生まれる。やがて２０００年より続々と登場したカメラ付き携帯電話の「写メール」で、いつでもどこでも人と写真を送り合える環境が整うと、スタンプや絵文字などを活用した「盛ってシェア」する情報行動は加速度的に定着していった。特にその担い手であったのは、いまもこのトレンドをリードし続ける若い女性であり、スマホが普及した現代においても女性ユーザーに支持される加工アプリの充実や人気の高まりがそれを顕著にあら

わしている。**写真は彼女たちの自己表現欲や変身願望、あるいは自己承認欲などを満たすもの**としても親しまれ、その点においてビジュアルコミュニケーションはこうした変わらないマインドにも支えられながら発展してきた。

例えば、このインスタントカメラの時代にも、その担い手として女性が注目されており、写真家の蜷川実花さんなどはその時期にそうしたツールや感性を我がものとした表現者としてスポットライトを浴びたことが知られている。

2016年最大のヒットとなり海外でも人気を博している『君の名は。』を生みだした、アニメーション作家・映画監督の新海誠さんは、あるインタビューの中で日常の風景の楽しさを捉えるという感受性から、90年代のスナップ文化を眺めていたと話していた（なお、『君の名は。』については5-4でも触れる伏線となっている点を付記したい。p.286参照）。その当時は、政治や社会が安定していく一方で、高度成長やバブルを経て経済成長は停滞方向へ向かう、平和だが退屈な、――社会学者・宮台真司の言葉を借りれば「終わりなき日常」と呼びうるような――社会の空気があったように思われる。そういった中で、**日常の中の見過ごされがちな楽しさや美しさをすくいとること、何気なく続いていってしまう日常の中で素敵だと信じられるものを自分から見つけ出していくこと、日々出会うさまざまなものに意味**

を見出すこと、そしてそれをきっかけとした自分の気持ちを写真に託すということ。そのような繊細な感性と想像力の持ち主がこの分野を駆動していった。ビジュアルコミュニケーションにはそのような下地がある。このあとバブル世代とミレニアル世代との比較考察を行うが、ここまで述べてきた議論のエッセンスはミレニアル世代的な感性と呼応するものであると先に述べておきたい。

なお、最近の社会学の研究によれば日本の若者は未来に対しては悲観的であり、それゆえに現代への幸福感や満足感を高く持っているのだという。本稿では深入りすることができないが、**「いま」へのフォーカスとこのようなビジュアルコミュニケーション文化とは密接に絡み合っているの**だ。

変わるUI／UXと活性化する スマホ世代のビジュアルコミュニケーション

ここではデバイスやアプリのUI／UXが私たちのコミュニケーションにどのような変化をもたらすのか、あるいはいかにそれを規定するのか、を考えてみたい。

図表⑦「動画onスマホ」のこれからを捉えるために

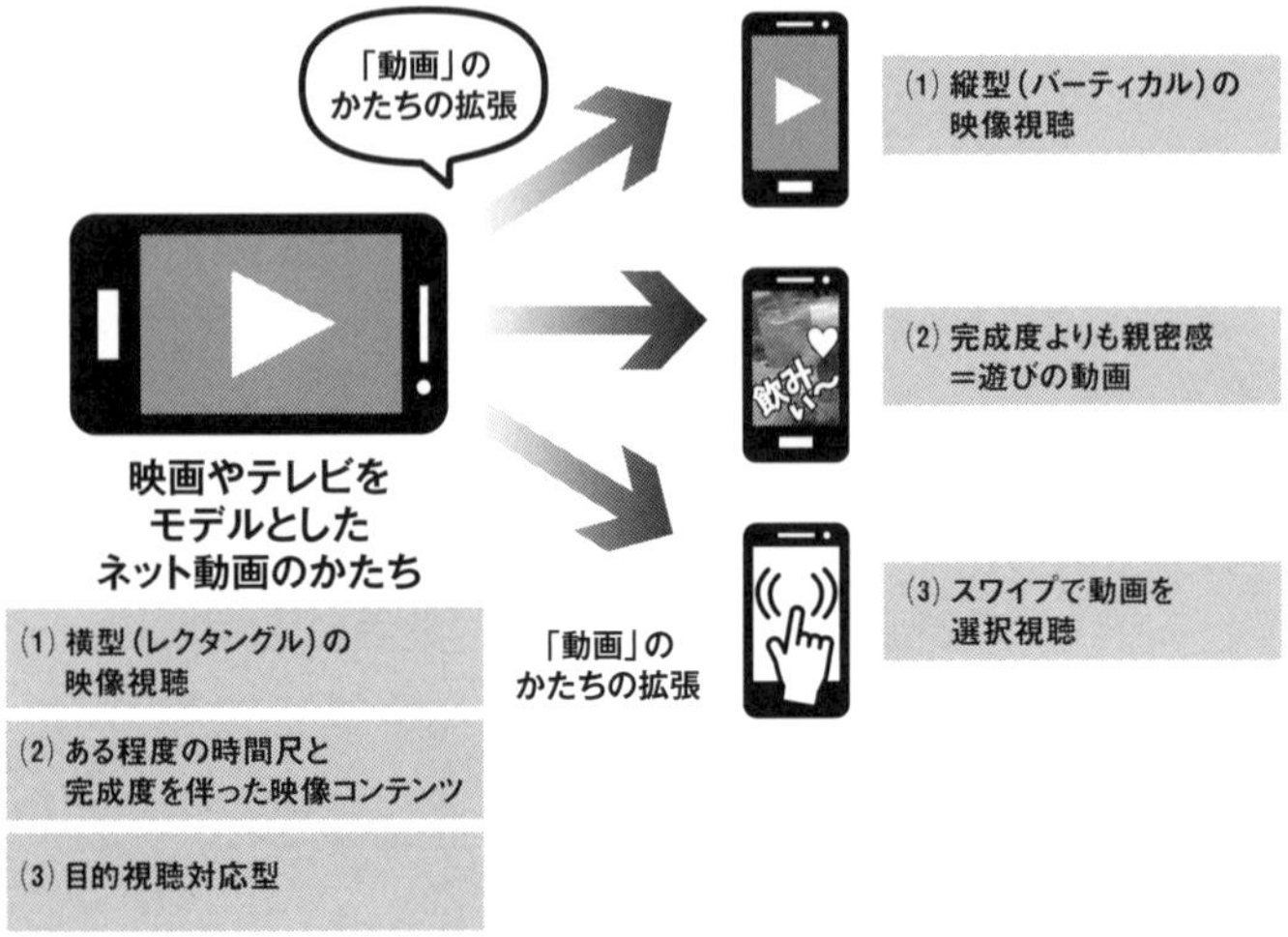

図表⑦は、デバイスシフトによって求められる動画のかたち自体も変化し始めているそのトレンドを大きく3つの視点から捉えたものだ。私たちは「動画」といったときに図表左側のようなものをイメージするが、スマホにおける動画はそうしたかたちをどんどん拡張している。

「縦型（バーティカル）の映像視聴」について一例を挙げると、動画の見方がSNSやキュレーションサービスからの導線の中で消費されるようなものになっているので、普段通り縦のままで見ることが増えている。横型のワイド画面を見るというテレビや映画をモデルとした動画視聴のかたちからの拡張がここに表れている。

2つ目の「完成度よりも親密感＝遊びの動画」という視点に沿うアプリとして、本節でも触れた利用率のデータで若年層からの利用が目立ったミックスチャンネルをピックアップすることができる。このアプリも手軽に縦型の動画をシェアできるという特性を持ちつつ、使ってみると分かる通り、**そこでシェアされている動画に期待されているのは、完成度そのものというより、親密感、動画をきっかけとしたコミュニケーションの可能性である**ように思われる。なんらかのインタラクションを生むことを送り手側が求めていると示しうる、コンテンツの底流に流れるスタンス。それが、こういったプラットフォームで流通する動画の特性だ。

ブレイクダウンすると、まず従来的な意味での動画のクオリティにはこだわらないということ。これまで「動画をつくる」というと、ビデオカメラやラップトップ／デスクトップと共に高度な編集用ソフトをそろえ、お金と時間、技術と気合いをかけてつくることを指していた。しかし、いまいまでは撮影から加工、パブリッシュに至るまで、すべての工程をスマートフォン一つで完結してしまえる。そうした変化の中で、投稿されるコンテンツの趣きも、「動画をつくる」というよりも、「写真を重ね合わせてムービーをつくる」ないし「ムービーを加工してみました」という印象が強いものとなる。言い換えながら繰り返すと、**動画を撮影して編集するというよりも、写真を撮ったり加工したり…といった日常的なビジュアルコミュニケーションの延長線上にあるものとして動画が生み出されるというニュアンス**に近い。ここでは私たちが一般に想起する動画のクオリティとは異なるものを念頭に置かなければならない。

そしてもう1つ挙げられるのが、投稿されるコンテンツの中身についての特性だ。ここも従来的な意味での「完成度」にこだわると本質を見誤ってしまう。すなわち、カメラにおさめるにあたってのハードルが高くないもの、言い換えると、ミックスチャンネルのメインの投稿ユーザー層である高校生にとって親和性のあるテーマが多いということが特徴となっている。例えば、放課後の時間帯、そこで遊んでいる時間などが動画のテーマとして多く用いられており、日常のセルフィー的な、あるいは友達みんなで撮りに行くプリクラ的な、そんなコンテンツのトンマナに気づく。[5]

これは、動画投稿サイトの王道テーマである「ダンス」にフォーカスするとより顕著にその特性を観察できる。ユーチューブやニコニコ動画で一大ジャンルとなっているダンス動画は、日本では「踊ってみた」という文化に結実し、勢いのあるUGC（User Generated Contents: ユーザー生成コンテンツ）[6]領域を形成している。そこでは、楽曲に合わせて、全身で、時にはコスプレをしながら完コピしてかっこよく踊るという基本的なスタンスが貫かれており、完成度が重要になっていることが分かる。

しかし一方で、ミックスチャンネルで流行っている「ツインズ（双子のように二人並んで同じ振りつけで踊る。文字通りの双子というよりも、仲の良い友達同士のことが多い）ダンス」はバ

5　ミックスチャンネルはいっとき「高校生がキスする動画をアップロードしている」といったことで有名になった経緯がある。多くはそういった特性が、（主にサービスを実際には使っていない人々から）驚きをもって受け止められていたが、それは切り取られた一つの側面でしかない。むしろカップルにとっての日常を同世代のユーザーたちが承認し合うようなコミュニティが醸成されている点にこそ注目すべきだと筆者は考えている。一般的に、バーティカル・メディアという用語は、あるテーマ（例えば旅行など）に特化したコンテンツ配信を行うメディアのあり方を指す。情報洪水の時代に、知りたいことをピンポイントで深掘りして知ることができる情報源としての貴重性があると注目されている。その発想を借りると、ミックスチャンネルの特性は、ユーザー同士のつながりが高度にセグメント化されているような、そうしたタイプのバーティカル・メディアだと言えるのではないか。それが特有のコンテンツやそれに起因したコミュニケーション、そしてコミュニティの生成へとつながっている。

6　SNSはユーザー同士のシェアやコミュニケーションによって成立するので必然的にUGCを活用することが必須要件となるが、UGCを扱うものがすべてSNSになるわけではない。例えばWikipediaはユーザーが記事を作成し編集し合うという意味で間違いなくUGCを活用しているサービスだが、ユーザー同士がつながりあっているというわけではない。SNSよりも、広い範囲を指すメディアリサーチの概念だと言えるだろう。

ストアップの構図で上半身中心の振り付けであることが多い。ガチ感というよりもこうしたゆるくてかわいい感覚、上手さというよりは踊っている人の楽しさやチームプレイが重要であるということなどが伝わってくる。そしてそのような動画が多くの「Like」やコメントを集める人気動画となる。このようなツインズ的なフォーマットは、それまでダンスとあまり縁がなかったユーザーでも参入しやすく、投稿するユーザー数を底上げすることにもつながっているだろう。それは、UGCを活用する戦略として正しい。

そのような「完成度」の点では、musical.lyというアプリも同様だ。このアプリはいわゆるリップシンク動画の共有プラットフォームで、音楽に合わせて気軽に口パクで楽しそうに遊ぶ動画をシェアできるというものだ。私見では、もっぱら「楽しんでいる気分」をシェアするような——もはやコンテンツですらない——、そんなプラットフォームとなっている。

このmusical.lyもミックスチャンネルと同様に、動画をつくりシェアするためのハードルが低いことに特徴がある。アプリ/サービス自体のビジネスモデルがUGCに依存しているなら、動画作成は数分ではなく極端に言えば数秒程度で完了できるようなものが望ましい。ユーザーには、「どのアプリを使うのか」に関する膨大な選択肢がある。それ

図表⑧ミックスチャンネルのUI

ぞれがユーザーからのアテンションと時間のシェアを競い合う中、**素晴らしい体験を生み出しシェアするのに必要な時間をいかに短縮するかが勝負の鍵を握る**のだ。

実際にミックスチャンネルを見てみると画面の下部、タップしやすい部分に「つくる」がセットされていて、ユーザー自身による情報の発信がUIの上でも促されていることが分かる。見るだけでなくつくって参加することが期待されており、そのハードルを低くするための工夫がこのようになされている。またミックスチャンネルでは、「Like」ボタンは何回でも押せる設定になっている点も付け加えておきたい。**つくることとみんなで肯定／承認することの連鎖**がうまく起こるようになっており、若年層の表現や承認に関する欲求を共に満たすサービスになっていて、そしてそれをＵＩの側面からも実現している。このように両者は自然と発信を促すようなＵＩになっており、そのＵＸがスマホネイティブ世代の体感に非常にフィットしていること、そしてそうしたＵＩ／ＵＸになじむようなコンテンツをデザインできていることが特筆されるべき点だと考えられる。

musical.ly が動画制作のハードルを下げてユーザーにシェアを促すために工夫しているのは、そこに**「制限」と「誘導」**を作用させていることだ。musical.ly は「好きな曲を口パクで歌ってみよう」といったシンプルなお題をユーザーに提示する。それは、アプリを起動したユーザーが自由すぎて何をしていいのか分からなくなるということが決してないようにするための、上等な制限と誘導のタクティクスでもある。何をしたらいいのかを明確に示し、それが手間なく楽しくて共有しやすいコンテンツになるような環境を提供している。ここに、ユーザーがはまる仕組みが隠されている。

このように、ビジュアルコミュニケーションのプラットフォームとなるアプリの多くは、新しいタイプの動画を制作するためのツール的な位置づけとしてユーザーから認知されるケースが目立つ。ここまで述べてきたミックスチャンネルも musical.ly も、そして初期はインスタグラムもスナップチャットも、いままでとは違う写真や動画をつくってシェアできるツールとして、すなわち**これまでにないビジュアルコミュニケーションをユーザーにもたらすものとして、ポジションを確立していった**。そして次第に、制作の場から、コンテンツを提供する場や人とつながる場へと変化していく。**成功するプラットフォームは、新たな「つくれることの価値」、そして「つくることの面白さ」をユーザーに提供しつつ、次第にコンテンツ発見システム、もしくはソーシャルグラフを通じたユーザー間のシェア網の整備という新たなベネフィットを担うようになる**のだ。

図表⑦最後の「スワイプで動画を選択視聴」については、インスタグラムであればストーリーズ、スナップチャットであれば同様にしてストーリーズやディスカバー(Discover)が該当する——このディスカバーは、ニュースやファッションなどのパブリッシャーが24時間で消えるニュースを配信するというもの。独特のビジュアライズを施されたフォーマットが、通常のサイトではなくこのディスカバー上でニュースを見たいという気持ちにさせてくれる(ぜひ試してみてほしい)。**もともと見たいものを想定して検索、そしてダイレクトにコンテンツへ辿りつくというよりは、コンテンツに出会いながら選択していくという感覚**に近く、ユーザー体験としては雑誌をさーっと流し読みするようなものに近い。

メニューや検索から選ぶのではないこうした直感的なやり方は、スマホへのデバイスシフトと深く結びついたものである。

1-3 視点②：体験のシェアとSNS映えの重視

我シェアする、ゆえに我あり

前節ではSNSのビジュアルコミュニケーションへのシフトとシェアの関連性について概観してきたが、シェアという問題について考える時、心理学者のシェリー・タークルの研究はマストで踏まえておかなければならないものの一つだ。シェリー・タークルは、ハーバード大学で社会学/心理学の博士号を取得し、マサチューセッツ工科大学（日本ではMITの略称で知られる）で教授を務め、デジタルテクノロジーによって人々の意識や価値観にどういった影響が与えられるのかを先駆的にリサーチしてきた。2012年に彼女がTEDというカンファレンスで「つながっていても孤独？」と題したスピーチを行ったとき、このような印象的なフレーズで現代の若者を中心としたSNSヘビーユーザーの心理を言いあらわしたのだった。

I share, therefore I am.
（我シェアする、ゆえに我あり）

この言い回しは、17世紀の哲学者デカルトが述べた「我思う、ゆえに我あり」という名言のもじりとなっている。デカルトは、あらゆる懐疑を重ねていったとしても、疑っても疑いきれない存在として最後には思考する主体としての自分だけは確かに残ることをこの箴言によって言いあらわそうとした。主体の主体たりうる要件は、私たち一人ひとりの「考える」という行為のうちに宿るのだと。転じて、シェリー・タークルは、現代人はシェアすることによって自分がかたちづくられるということを主張している。ここでは、**主体を確定する要件は、何を考えるのかということではなく、何をシェアしているのか**によるのだと指摘されているのだ。**どんなポストのログが蓄積されているのか、それによってユーザーはその人らしさを獲得し、再帰的にそのあり方を確認する**ようになっていることを示す。

「写真が撮れないならコスプレやパーティをする意味がない」。これは、原宿可愛研（電通ギャルラボ＆ＪＯＬ）のハロウィンに関する調査（10代女子２０５名対象、２０１３年10月実施）

で、実に約70％もの10代女性から得られた回答である。誰もが小中学生のときに、校長先生や担任の先生から「家に帰るまでが遠足です」と言われたことがあるかもしれない。それに倣えば、**「SNSでシェアするまでがイベントです」**と言い換えられるだろう。実際に体験したことをオンライン上でもシェアし、そこに他の人からのいいね！などがつけばさらにその体験の価値は高まる。

これをあえて対比的に述べると以下のように言うことができるだろう。

×「思い出に写真を撮る」

↓

○「写真映えする思い出をつくる」（それをSNSで人に見せたい）

これを筆者は**「インサイトの逆転」**と呼んでいる。SNS映えを意識して消費行動を行うことは、これまでの考え方で分析すれば「間違っている」ないしは「転倒している」という評価になるが、シェリー・タークル的な考え方のもとでは論理的な瑕疵がない現象と位置づけられる。確かにさまざまな調査でも、そういった「シェアするために～をした」

という話は頻出するようになっているし、むしろ加速度的に増えている。いましがた確認したように、**シェアしたもの／ことが私たち一人ひとりのアイデンティティを構成しているからだ。**

有名インスタグラマー・タレントのGENKINGさんは、「しくじり先生 俺みたいになるな!!（2017年5月28日放送）」というテレビ番組に出演し、自身がインスタグラムを使う中でシェアというものが持つ魔力に取りつかれてしまった経験＝しくじりについて語っていた。これがかなり明け透けで、表現も直接的で分かりやすかったので紹介させてほしい。御本人の言い方をそのまま使うと、もともと「田舎者」だったこともあって、都会的なライフスタイルや華やかな暮らしに憧れを強く持っていたそうだ。東京でも派手目なナイトライフを送るなど、かなりパリピ的な生活を送っていたと。そんな中で、海外のセレブリティが使っているという理由でインスタグラムをいち早く使うようになり、その面白さにどんどんはまっていった。

しかし、そこからボタンの掛け違えが始まってしまう。最大の原因は、GENKINGさんはひたすらお金をかけた写真でいいね！を稼ぐようになってしまったこと。高価なアクセサリーやバッグ、洋服を身にまとった写真でいいね！される快楽から抜け出せなくなってしまったのだ。ただ、もともとそんな贅沢三昧もしていられないのに、高価なものをたくさん買ってしまったため家計は火の車に。そこでどうしたかと言うと…インスタグラムに載せると、服はすぐに売る。インスタグラムに載せるために飛行機はビジネスクラスに乗るが、それは行きだけで帰りはエコノミークラスに乗って帰る…などの歪んだ弥縫《びほう》策に走り、最終的に借金も膨らみ、自分の気持ちも満たされずみじめな気持ちになっていくという失敗体験に陥ってしまったのだった。もちろん今ではそのような過度なインスタ映え中毒のような状態からは脱したそうだが、いいね！をもらえること、そしてそれによって有名になっていくことの快感は脱しがたいものがあると力説していた。

GENKINGさんは、SNSをやる理由は自慢に他ならないんだと喝破する。当人にそんなつもりはなくとも、ビジュアルコミュニケーションは体験を切り取りシェアすることを促す性質を持っているので、どうしても提示的なコミュニケーションとなりがちではある。つまり「アピールしている要素」は多かれ少なかれ出てしまう。

その中での高度なやり口として、自慢には見えないような自慢というものもあり、それを間接自慢と呼んで紹介していた。例えば、ドライブの途中で撮った綺麗な風景です、というポストであっても、端っこをよく見ると自分は高級車に乗っているということをほのめかしていたり、レストランで食事しているシーンをシェアしていると見せかけて、実際には見切れながら奥に写っている彼氏と一緒に食事しているという事実をアピールしていたり…被写体そのものではないところに、間接自慢のネタを仕込んでおくということもよく見られるようになっている（この問題については5－1でも再度俎上に載せる。p.247参照）。

自慢はそれが承認されることによってこそ中毒的な快感を生む。その快感は私たち一人ひとりのアイデンティティを刺激するのだ。

ここまで見てきたように、いまやシェアと切っても切れないような情報空間の中に身を置きながら、**私たちのシェアしたがる心理には、SNSでのいいね！やコメントなどインタラクションをたくさん引き起こしてくれる「SNS映え」の要素が深く関係**している。

ではそのような「SNS映え」とはどのようなものなのか？それを次項で俯瞰していこう。

「SNS映え」を解剖する——いくつかのトレンドを事例に

シェアするときのモチベーションを駆動する最も強い要因が「SNS映え」であるという立場に、本論は立脚している。ではそのSNS映えを解剖するとどのような要素が見い出せるのか。私見では、2つの基底的な要素に分解できる。

(A) 存在としてのSNS映え：美しさや驚きを感じさせるフォトジェニックさ
(B) 意味としてのSNS映え：いいね！したくなる文脈性が含まれた体験やシーン

ここで(A)として挙げたように、まず画として映えるようなフォトジェニックな対象が含まれていることはビジュアルコミュニケーション上、とても大切だ。いわば**存在としてのSNS映え**という視点。こうしたトレンドに棹差すようにして、例えばお菓子や飲料に関するパッケージ開発、さらにはカフェやレストランなどでの店舗設計やメニュー開発が、シェアしてもらいやすいものになっているかどうかという視点でどんどん進められている。

あえて切って断面を見せることでインスタ映えする天ぷらというのもあるし（伝統的な和食にもその変化の波が及んでいる）、最近では、ビタミン剤（！）でさえもインスタ映えすることが圧倒的な競争優位を築くことにつながっているのだ。[7]

これに関連して、海外のミレニアル世代は外食をする比率が高いという調査データもある。[8] これは日本の若者にも共通する傾向だ。一人暮らしの割合が高いといったことなども関係しているはずだが、友人知人や職場関連の人間関係などで連れ立ってオシャレなお店に行きたいというニーズの高まりもその底上げに寄与していると筆者は考える。**スマホを帯同してシェアを通じたビジュアルコミュニケーションの機会をうかがうようになった、そのライフスタイルが全世界共通で似通ってきている**ことの帰結でもあるだろう。

もう1つは(B)のような**意味としてのSNS映え**という視点がある。ここでは、どんな体験がそこに刻印されているかが問われている。イメージとしては、既に若年層たちにとってはあまり使われない言葉になりつつあるが、「リア充」というものに近い。うらやましがられたり、投稿することでワンランク上感を出せたり、そのような**仲間内での承認や評**

7 https://forbesjapan.com/articles/detail/17250
8 Released by Bank of America Merrill Lynch (July,12,2017)

価付け（ピア・レビュー）に関連する。写っているものは日常的な、何もスペシャルなものでなくても――(A)の存在としてのSNS映えには該当していなくても――、楽しそうに友達が集合して笑顔で写っているような写真にはいいね！が贈られる。それはその写真に刻印された体験の持つ意味がSNS映えするものであるためだ。

そして、その承認を担保するのはSNS上でのいいね！である。あえて単純化して言ってしまえば、**そうしたいいね！やそれをもたらすSNS映えという要素が、私たちの日々の余暇の時間の使い方や消費行動に深く絡む**ようになっているのだ。

ここ数年、パンケーキ店が若い女性を中心にブームとなっているが、そうした人気店舗は都内にも複数あり、どこも味だけでなくその見栄えにおいて卓抜したものを提供していると言ってよい。そして、お店に来店した客が、出てきたパンケーキを写真にとってシェアする――これはよく見られる光景でもある。ではそのとき、何が起こっていると言えるのだろうか。いままでの議論を踏まえれば、**それは食べることだけではなく、そうしたお店に行っている自分というものへの満足感**を求めて足を運んでいると見なせるだろう。言い換えるならば、**SNS上でそのパンケーキの写真をシェアし、いいね！をもらうまでのプロセス全体が「パンケーキ店に行くこと」から得たいと思う効用に含まれている**のだ。

SNSが生活の中に深くビルトインされた生活者をターゲットにする場合、そうした体験をいかに提供できるのかということの重要性がより一層高まりを見せている。

　このような文脈で人気を博しているのが、先に少し触れたナイトプールだ。ある調査によれば、若年層は海に対して親しみを持ちづらくなっているそうだが、[9]その一方でオシャレなナイトプールに行くことは流行化しているという対比が見られる。しかもナイトプールでは泳ぐことが「マナー違反」とされており（！）、基本的にはゆっくりたゆたいながら楽しくセルフィーを撮ることが正しい所作であるという暗黙のコンセンサスが存在するようだ。(A)の要素もありつつ、水着になって連れそえる友達や仲間がいることを示す(B)の側面もある。SNS映えが誘引したムーブメントだと言って差し支えない。なお、執筆（2017年8月）時点では、#ナイトプールは約5万8000件確認された。

　お酒でも同様の指摘は枚挙にいとまがない。[10]アペロールは、ドイツやイタリアで何十年も前から食前酒として人気があるものだが、それが海外ではいま大きなブームとなっている。特に米国で人気が広がっているが、それもSNS映えするということが理由だ。

9　日本財団：「海と日本」に関する意識調査
http://www.nippon-foundation.or.jp/news/pr/2017/img/31/1.pdf
10　http://digiday.jp/brands/instagram-friendly-aperol-spritz-became-drink-summer/amp/

アペロールのスプリッツァの作り方は、アペロールにスパークリングワインとオレンジを加え、ソーダ水で割るというものだが、そのオレンジ色で細かく泡立つさまがインスタグラムで映えると評判なのだ。つまり、このカクテルは写真に「美しく」おさまることが人気のトリガーとなっており、まさに先の分類でいう「(A)存在としてのSNS映え」で多くのユーザーに飲用されるようになっている。

このような情報行動を牽引する、**体験シェアのプラットフォームとしてのインスタグラムでは殊に「インスタ映え」が重要な指標**となっている。インスタ映えするという意味でインスタグラムmableという言葉が生まれていたり、インスタグラムに載せると映えるということを意味する#Instagoodというハッシュタグが頻出している（執筆時点では、約6・2億件）。

このように刻々と移り変わっていくSNS映えを意識したユーザーのシェア行動を観察してどのようなものが流通しているのかを確認することは、マーケティングに携わる人々にとっては今後必須の作業となるかもしれない。**ビジュアルコミュニケーションの場が若者のリアルタイムな憧れのイメージを反映していることに目を向ける**必要がある。このようなニーズを読み解くことを通じて、若年層のインサイトを捉え、消費行動のヒントをつかむための見逃せない視点を得ることができるのだ。[11]

見せびらかしの場は都市からSNSへ

こうしたSNS映えというテーマについて、1―1でも触れたドミニク・チェン氏はこのように説明している。

今の若い人たちのビジュアルコミュニケーションを通じた憧れや欲望について、もう少し細かく分析してみると、不特定多数にどう見られるかに加えて、狭いコミュニティーの中でも自分の見られ方をとても気にしています。

まさにそこにおいて、インスタグラムでよくみられる「ほのめかし」がツイッターなどのリテラルコミュニケーション（文字のコミュニケーション）ではやりにくいという差異が際立ちます。ヘビーなインスタグラムユーザーの女性に教えてもらうと、気になる彼

11 ビジュアルコミュニケーションの担い手を女性と捉え議論を展開してきたため触れていないが、勿論男性にとってのSNS映えというクライテリアも存在する。フォトジェニックさというよりは、自分の趣味をつきつめている姿や見る側を楽しませるネタ的なものが該当する。

にアカウントを見られる時に私ってこういうイケてる感じに演出できる、みたいな欲望導線がしっかり設計されていることに気づく。それは言葉で言ったらおしまいで、野暮になってしまう。そういう欲望の導線をしっかりつかんでいるという話は本質的ですね。

ここで言及されている**「ほのめかし」**は前々項で紹介したGENKINGさんの「しくじり」体験談にも出てきていた。例えばこんなものだ：あるユーザーがアップしたカフェの写真は、オシャレな内装で、SNS映えする飲み物が手前にあって、見た人はいいね！したくなるのだが、よく見ると写真の奥には男性の手が写っている。ここには、間違いなく何かがほのめかされている。それは言及されてもいないし、何も説明されてはいない。しかし、そこには確かに写っている。これはいわば高度なコミュニケーションで、顕示的ではないかたちで「自分はいまデートしているのだ」ということを示す戦略であるのだ。こうした形式の写真は、5－1でも改めて議論を進めるが（p.247参照）、SNSの中で頻繁に見つけられるビジュアルのモチーフになっている。それがどういった意味を持っているのか、なぜ頻出してくるのかについては後段で改めて触れよう。

話をドミニク氏の議論に戻すと、ここでの説明はSNS映えがいかに私たちのコミュニケーションを侵すようになっているのか、その端的な解説となっている。そして、もう一つ重要なことはその結果として、ビジュアルコミュニケーションが高度なアピールを伴うものになってきているという示唆だ。少々露悪的に表現すると、いまや私たちはどこにいようとも、誰かに何かを見せびらかすことができるオプションを手に入れたのである。それまで、私たちはそのような社会的機能——つまり、見せびらかすこと、そういったアピールをすること——を都市空間の中で充足させていた。それは、まさにどんな都市にも「目抜き通り」というものが存在することにもあらわれているように。それがいまや、「都市からSNSへ」と呼びうるような変化が起きており、特にデジタルネイティブ世代を中心としてそうした趨勢が観察されるのではないかと仮説立てている。

ドイツの批評家であるベンヤミンの議論にさかのぼると、都市は人々の「見せびらかし」を引き受ける重要な機能性を帯びていた——という説明のかたちがある。パサージュ(アーケード街)がそのステージであり、都市を交通する人々の見る／見られるの視線がそのような見せびらかしのゲームをスリリングなものにしていたのだった。そしてそのような場を媒介としたやりとりが、トレンドを広め定着させていく。そのような歴史的な文脈がいま転換期にあり、見せびらかしは都市だけでなくSNSで行う方がいいと考えるような潮目があらわれてきているかもしれない。**見る／見られるの視線はパサージュというステージからオンライン上のプラットフォームに変わり、うつろいゆく遊歩者たちの視線の波は、計測可能なデータとしての「いいね！」へと変化している。**いいね！というテクノロジーの発明は、私たちが自分を表現することに関する場や様態を大きく変容させたと言ってよいだろう。

ただし、1−1でも集中的に論じたハロウィンはその両者の性質を持つがゆえに破竹の盛り上がりを見せたと解釈することもできるように思われる。**一回性を伴った見る／見られるの視線のダイナミズムと、いいね！そのものを稼ぎやすくするコンテンツとしての力、両者の融合がこのイベントが持っている魅力だ**と総括できよう。**パサージュとSNS双方での見せびらかしのゲームが成立する稀有な舞台装置**であり、それが熱狂を生んでいるのだ。

では、都市が見せびらかしの空間ではなくなりつつあるとしたら？——例えばファッションの分野における「ノームコア」というキーワードがここに接続できるだろう。これは「normal（標準、普通）」と「hardcore（究極の、筋金入りの）」とを合わせた造語で、受動的な「普通」のスタイルではなく、能動的にあえて「普通」のスタイルを選んでいく一つのジャンルを指している。シンプルで、装飾性のない、言ってしまえば主張性のないようなコーディネートを選択的に選ぶ価値観を示しているが、私たちの仮説にフィットさせると、こうしたジャンルが支持されるのはそもそも洋服を街中で差異化のためのアイテムとして用いることの終わりの始まりであるかもしれない。そしてそれは、いままでそのようなかたちで得られていた承認が別の回路で獲得できるようになったことの反映かもしれない。

このような議論に類するものとして、ファストファッションが隆盛しているのは、SNSと親和性を強く持つ世代が台頭してきたからだと捉えることもできる。その世代にとっては、シェアすることがなければそれは起きていないに等しい（本節でも言及した原宿可愛研の調査結果のように）。それは、**何を買ったのか、何を持っているのかということよりもはるかに、自分はどんな体験をしたのかということの方が、自分がどんな人間であるかを説明するようになっている**ことを意味するのだ。**モノよりもコト（体験）こそが自分のアイデンティティを規定する。**SNSに貯められた情報、もう少し即物的に言えばインスタグラムやフェイスブック、ツイッターなどの**フィード／ウォールこそがあなたがど**

んな存在であるのかをより雄弁に定義してしまう。

そのとき、ファストファッションは「コスパがいい」「オシャレ」「シンプル」…以外に**「たくさんシェアできる」という価値**を帯びる。枚数を稼げて、いろんな場所に行って、いろんな瞬間を切り取って、シェアするときに「またこの服を着てる」と受け手に思わせないことの価値と表現してもよい。確かに、インタビューしたある高校生が**「服が被る」ことへの強い拒否感**を口にしていた場面を印象的に思い出す。またSNS上では服の質感や細かな仕立ては伝えづらく、そうしたクオリティにこだわった「高い服」がユーザーにとっての効用を減じてしまうかもしれない。ノームコアの思想は、服を着るという私たちの日々のプレゼンテーション（自らの提示）そのものに深く関連しており、シェアとアイデンティティが深く結びついた現代SNSユーザーにとっての抜き差しならない課題を映し出す。

SNS映えの世代論：バブル世代vsミレニアル世代

本節ではSNS映えについての議論を重ねてきた。この項では、世代的な対比をさしはさむことでその具体的な中身の検討へと向かいたい。まず第一にここで付記しておかなければならないのは、**SNS映えといっても、単純に「他の人に自慢できるような投稿ができればよい」とか「差を付けられるような投稿ができればよい」といった理解は、本質をとらえ損ねてしまうかもしれないということ**だ。それはどういう含意だろうか。バブル世代vsミレニアル世代という、世代比較の視点からアプローチしてみよう。

まず、現在の40〜50代あたりの世代は「自分には他人と違う何かがある」ことを重視する傾向があるのではないかと仮定してみる。例えばブランド志向といった**差別化への志向性**。それはバブル景気を経て社会の豊かさが飽和的になっていった結果、他者と差をつけるための自分自身の独自のセンスを主張するようなスタンスが目立つようになったことだと言えるかもしれない。もちろんこの世代の人口ボリュームが多いという人口動態の話なども勘案すべきと思う。その他大勢とは違うという自分の特性を示し、そこからあふれ出るようなアイデンティティで勝負するような感性。このように、いったんは整理することができるだろう。

しかし、いわゆるミレニアル世代（1980年生まれ以降）の現在20代〜30代あたりの世代は、上記のような差別化の志向性、特に優劣的な違いを前面に押し出すようなセンスのあり方からは周到に距離をおくような傾向がある。もっと直截的に言えば、**差をつけて自分と他人とを画すよりも、違いを踏まえつつもむしろそこで生まれうる断絶感を包摂するかのような「嫌われなさ」が大切にされている**ような印象を受ける。いい人であることが、受け手にとっての支持を得る資質になっている。前者から見れば後者は「個性の押し出しが足りない」「尖ってない、エッジがない」となるが、後者から逆に捉え返すと「痛々しい」「空気が読めない」…といった反応になりすれ違う。すぐに補足しておくと、筆者は両者の違いを際立たせて正当性論争に持ち込みたいわけではなく、そのような世代的なメンタリティの違いがSNS映えというものに、またシェアされるもののあり方にどう作用するのかを考察してみたいと思っている。

「バブル的」と「ミレニアル的」の違いを一文であらわせば、バブル的なアピールは高級料理店に行ったり、高級なホテルに行ったりしたときの写真をシェアし、滅多に人ができないことをしていることへのいいね！がつくことになるが、ミレニアル的なアピールはその写真そのものの素敵さやそれを撮影するに至った体験をしたユーザーへの賛美の姿勢が評価のポイントとなる。**お金がかかることや特別なメンバーシップが必要なことといったエクス**

クルーシブな要件というよりも、多くの人が共感できるような「楽しそう」「美しい」「健康的である」…といった価値軸に根差したものが受け入れられやすい。例えばあまり原価をかけていない手作りのお弁当でも、それが丁寧で綺麗に写真におさまっていればいいね！は大量につくだろう。一方で、高級なレストランに行って写真を撮ったとしても、写真のクオリティがイマイチであればミレニアル的基準では評価はされない。

3つ前の項で採り上げたGENKINGさんの事例は、したがって少々複雑だ。インスタグラムで著名になった方ではあるものの、初期の頃はかなりお金をかけたモノにいいね！を頼っていたわけで、それはバブル的な価値観に近い。いまではもっと日常的なライフスタイルをシェアするようなものに変わっていったことから、バランシングが進んだということのように思われる。

さらに付け加えれば、バブル的な差異性のベクトルにおいては、**知識やリテラルの要素**も重要となる。おいしそうな料理の写真をポストするとき、それはどれだけいいものなのかについての背景的な知識（言ってしまえばウンチク）や説明／理屈を付け加えることがその体験の価値そのものを向上させると捉えられている。一方で、ミレニアル的なベクトルにおいては、その料理の素晴らしさやそこに向き合う瞬間がいかに楽しくて充実しているかということが大切な訴求要件になる。もちろん背景的な知識や理屈のようなものも受け入れるが、主体的にそういったものを発信しようというモチベーションは薄いようだ。議論や論争のようなものをあまり好まず、したがってリテラルなコミュニケーションの要素は後退する。そこではハッシュタグのかたちで、体験を補足する説明がされる程度だ。次節で説明するように、そのようなコミュニケーションを最適にもたらしてくれるのがインスタグラムであると言えるだろう。若年層を中心に、自分たちの価値観に沿ったサービスを求めつつ、それを提供するサービスに自らのアウトプットを寄り合わせるようにしてコミュニケーションが重ねられていく。まさに前節で述べたような、テクノロジーとユーザーニーズとの循環が見られる。

いわゆるSNSの「元祖」として、実名で、さまざまなプロフィール情報を登録できて、多くの世代が活用しているという意味でフェイスブックのもたらした役割と意義はとても大きいが、やはりどこかテキスト中心の文化であり、ある大学生がインタビュー調査の際に述べていたように**「節目の際の報告書」**だという評価にはうなずけるものがある。いま起こっていること、シェアしたくなるとっておきの体験をポストするにあたっては、**ビジュアル中心のUI／UXで組み立てられたインスタグラム**ほどの適性を持ち得ていないのかもしれない（経営視点から捉えれば、逆にそうしたフェイスブックにないものを補うような価値がなければ、フェイスブック社がインスタグラムを高額で買収するというディールそのものが成立しないだろうとも思われる）。フェイスブックはほぼすべての年代が使うが、インスタグラムはミレニアル世代が特に寵愛するという違いは、まさにこれまでの議論につながってくるのだ。

インスタグラムはビジュアルを通じた体験のストックに向いており、一覧性・継続性・統一性を実現しやすいＵＩ／ＵＸは、本節冒頭で引用したシェリー・タークルが述べた「I share, therefore I am.」というテーゼを最もよく叶えるかたちを備える。また、ここで述べたインスタグラムの「一覧性・継続性・統一性」については、第6章のケーススタディにおけるインフルエンサーへのインタビューでも言及されることとなる（p.307参照）。**ビジュアルによる体験の集積から、もっとも意味を紡ぎやすいＵＩ／ＵＸであり、オンライン上で発信者がどのような人となりであるか＝その人のアイデンティティを如実に表現してくれる**のだ。

もう一点、コメントよりもハッシュタグというインスタグラムのお作法は先述したようなミレニアル的な価値観にも沿ったものだ。長々とコメントをしないのがミレニアル世代風であり、このハッシュタグという機能も、現在のビジュアルコミュニケーション文化を考察する上で欠かせない。（はじめにでも触れたように）私たちは「タグる」という概念を若年層のスマホユーザーを理解するための独自の切り口として捉えている。この話題は第4章にて集中的に触れることになるだろう。

☑ビジュアルコミュニケーションへのシフト

SNSとスマホの普及によって進行。（視点①）。特に、インスタグラム、フェイスブック、スナップチャット、スノーの動向に要注目。若年層へのコミュニケーションの接点はこうした場で探っていく必要がある。

☑若年層スマホユーザーの特徴

何をシェアするか、自身のフィード／ウォールをどう編集するかということがアイデンティティと深く結びついている。

☑SNS映えの重要性

前文のような流れの中で、商品のパッケージや店舗デザイン、旅行先のスポットに至るまで、高まり続けている（視点②）。分解すると、存在としてのSNS映えと意味としてのSNS映えに切り分けられる。

☑ミレニアル世代の「いいね！」

その体験の背後にある清々しさや嫌われなさに対して贈られる（バブル世代はどちらかと言うと他人との差異化、すごいだろ感が強い傾向がある）。「存在としてのＳＮＳ映え」だけでなく、こうした「意味としてのＳＮＳ映え」も考慮する必要がある。

☑「体験のストック」

ユーザーが最も多くあげるＳＮＳ利用の目的。シェアは他者視線だけで行われるものではないことが分かる。そうしたシェアの積み重ねがＳＮＳを見るべきものがある場として成り立たせている。

CHAPTER 2

ビジュアル
コミュニケーション
を牽引する
代表的な
スマホアプリ

2-1 体験共有プラットフォームとして最注目のインスタグラム

インスタグラムの現在地点：その成り立ちからグロースの歴史まで

いま若年層を中心に支持を広げ、SNSの代名詞的な存在となりつつあるインスタグラム。写真によるビジュアルコミュニケーションというSNSの新しい流れをつくった功績は、間違いなくこのサービスが成し遂げたものによる。本節ではそのサービスとしての機能や特性について、またユーザー視点から捉えたときの特徴について触れていきたい。

大づかみに言えば、**インスタグラムは若年女性を中心に成長した写真・動画共有SNS**である。利用者の割合は、2015年にとったデータに基づくと女性と男性の比率が7：3ほどだったが（ビデオリサーチ ACR/ex：2015年4〜6月調査 東京50㎞圏）、現在ではほぼ5・5：4・5といった割合となっている（上掲 電通総研 2016年10月調査）。なお、かつてはグローバルでもユーザーの約7割が女性だと言われていて、より色濃く女性主導のムーブメントを形成していた。

画像や動画などを加工し、個人の趣味や世界観を表現するためにシェアし、共感した投稿についてはいいね！やコメントなどで交流を行う。言葉よりもビジュアルが中心のコミュニケーションとなるため、SNSでありがちな言い争い、それに起因する炎上などが起きにくいのも特徴である。私たちの調査では、「他のSNSなどと違って、インスタグラムはそういった面倒なことが起きない、炎上しないから好きだ」と述べる学生もいたことを付記しておきたい。居心地が良く、ずっと使っていたくなるスティッキーなアプリなのだ。

インスタグラムは、しかしその端緒においては、別様の成り立ちをしていた。このサービスが辿ってきた歴史を振り返ると、はじめからいまのようなかたちをしていたわけではなかったことに気付くのだ。筆者が考えるに、大きな「Pivot」[12]を二度経てここまで成長

12　Pivotは「旋回する」「方向を変える」という意味。バスケットボールで、プレイヤーが片足を軸に体の向きをくるっと変えるさまを思い浮かべてもらうといいかもしれない。そうした原義から転じて、事業領域を転換することを意味している。

を重ねてきたように思われる。その経緯をトレースすることで、このサービスのコア機能について迫ってみよう。

そもそもはじめは名前すらも異なるものだった。「Burbn」という、いわゆる「チェックイン（行った場所／地名を記録する）」のためのアプリとして２０１０年頃にリリースされた。ユーザー同士で位置情報と写真を共有するサービスで、当時はFoursquareというアプリもこのジャンルでは有名だったので、そちらをよく覚えている人もいるだろう。ただ開発チームはユーザーの使い方を観察していたとき、実はユーザーは写真を共有することがとても多いことに気づき、機能を絞る決断をした。それが、現在へとつながるインスタグラムの誕生の場面だった。名前の由来は、「即席・その場で」ということを意味する「Instant」と、「電報」を意味する「Telegram」をあわせた造語である。手軽に、そして瞬時に自分のことを誰かにシェアすることのできるサービスであるというアイデンティティが、名前と共に刻印されたのだった。ここが第1のピボットにあたる。正方形の写真、画像をオシャレにできる加工フィルターなどの特徴的な仕様が定着した。そして機能を絞ったことで操作性が向上し、そのサクサク感とソーシャル連携という特性を前面に押し出した。２０１０年以降、このフォーマットでユーザー数の拡大を続けてきた。

図表⑨ インスタグラムのユーザー数の伸び

2010年 10月 6日	インスタグラム創業
2010年 12月 21日	100万
2011年 9月 26日	1000万
2013年 2月 26日	1億
2014年 3月 25日	2億
2014年 12月 10日	3億
2015年 9月 22日	4億
2016年 6月 21日	5億
2016年 12月 15日	6億
2017年 4月 26日	7億
2017年 9月 26日	8億

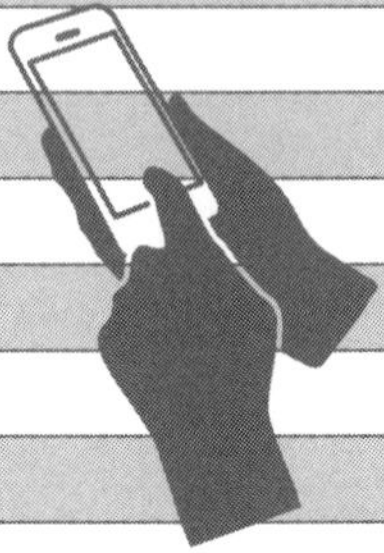

（出典）https://ja.newsroom.fb.com/newsより作成

そんな中で、第2のピボットは2016年に訪れる。まずロゴを変更したこと、そしてさまざまな機能が続々と追加され、多機能なサービスへと変身を遂げたこと。いまで**は写真だけでなく動画、そしてその動画もライブで配信できたり、残すだけでなく消えるフォーマットでシェアできる**…といった選択肢が拡張され続けている。体験のシェアという強みにフォーカスしながらも、よりユーザーにとって遊んで楽しいアプリとなり、日々のさまざまな瞬間をもっとリッチに伝えられるようになっている。インスタグラムのロゴが見たままの「インスタントカメラ」からよりコンセプチュアルなものへと変更されたのも、そこでなされるやりとりがこのようにビジュアルコミュニケーション全般にまで拡張していることを明確に反映している。

ユーザー数の推移に関しても、グローバルレベルでとても成長著しいことが分かる。本書執筆時点では、2017年9月26日に世界中で8億人のMAUを超えたことが一つのメルクマールになっている。図表⑨を見てもらえば分かるように、ユーザー数増加のスピードは確実に早まっている。例えば4億人から5億人到達までは約9か月経っているのに対して、5億人を超えてからの1億人分の上積みは、約6か月間で成し遂げられた。そして、6億人から7億人、7億人から8億人への増加はそれよりも早い。現在、世界のインターネット人口は30億人ほどと言われている。世界の人口のうち、インターネット利用率は約4割で今後このボリュームは途上国を中心に増えてくる。まだまだグローバルで見たときのユーザー数の伸びのポテンシャルはあると推察される。

この加速的なユーザー数の成長のスピードに広告主の増加も随伴しており、200万以上の広告主がここに加わっている。広告媒体としても非常に巨大な場を形成しているのだ。なお日本では、執筆時点でMAU約2000万人（フェイスブックジャパン発表）。母数は異なるものの、成長のスピード（ユーザー増加の割合）はおおむねグローバルでの成長と似た軌跡を描いている。

いまでは性別を問わず必携のＳＮＳアプリとなり、注目度も上昇。多くのメディアでもさかんに採り上げられるようになっており、「インスタグラム」の文字を見ない、聞かない日はないといっても過言ではない。もちろん、そうした動きにコミュニケーション／マーケティング業界も敏感に反応していた。

例えば、電通総研の『話題・注目商品２０１５』。筆者はこのレポートに携わっていないが、ここで述べられているような視点には強く共感する。


近年の消費の傾向であった「みんなで一緒」に楽しむことから、一歩踏み出したい気持ちが生活者の中に沸き起こりました。

周りに合わせるのではなく、「自分」を出していきたい気持ちは、ＳＮＳでも自己表現に重きを置いた「インスタグラム」の流行や、自分をもっときれいに写真に残す「自撮り棒」のヒットへとつながりました。また、個性的な仮装を通じて、いつもと違う自分を表したいという思いが日本の「ハロウィン」市場を大きなものにしました。

また楽天の『楽天市場 2016年 ヒット商品番付[13]』では、インスタグラムを起点としたモノがECで売れるという点に踏み込んでいる。これも実際にサイト内で取得できる売上のデータなどを活用して分析しているとのこと。

（東）横綱　#インスタ映え消費

10代・20代の女性が、いま最も信頼しているコミュニケーションツールであるインスタグラム。自分のフィード（投稿）を眺めて満足するだけでなく、スマホの向こうにいる友人や仲間に自分の価値観を届けるには、「インスタ映え」する商品、場所、人、体験が不可欠。この夏は「インスタグラムジェニック」なスイーツやアイスクリームなどが絶大な人気を集め、特にインスタグラムから人気に火が付いたラウンドビーチマットは前年比60倍以上の爆売れを記録。

このように、SNS上でマーケティングを考える上では欠かせない存在になっている

13　http://ranking.rakuten.co.jp/yearly/banduke/

のだ。

インスタグラムのユーザーベネフィットとハッシュタグの文化

インスタグラムの沿革やユーザー数の推移など、俯瞰的な現状については前項で確認をしてきた。本項では、なぜユーザーはインスタグラムを使いたがるのかというユーザーベネフィットについて触れながら、その中心をなすような機能的特性としての「ハッシュタグ」にフォーカスし、それがなぜ使われるのかについて説明しよう。

私たちが実施した若年層対象のヒアリング調査から、ユーザーベネフィットについていくつかヒントを得ることができる。上がってきた意見や発言としては以下のようなものがあった（調査条件については、巻末「調査概要について」を参照）。

☑ **スタイルのある投稿が多く、世界観が統一されている投稿者に憧れる。**

☑ **親しい人に限定している閉鎖的な環境のため（親、先生などはいない）、投稿も気軽に**

行える。

☑日記的に日々の記録を投稿。自分で振り返って過去の投稿写真を眺めることも。

☑言葉より写真がメインのため、視覚的にスッと入ってくる。

☑自らの好きなもの、趣味嗜好を再確認できる。

☑雑誌のようにトレンドの参考にしたり、食べログやぐるなび代わりにハッシュタグから情報収集することも。

ユーザーからは、総じて**「とにかくオシャレ」であり、「居心地の良い空間」ゆえに頻繁にアプリを開いて長く滞在し、さまざまな情報をそこから得られる「トレンドの窓」になっている**という意見がよく聞かれる（一方で長く滞在したいからこそ、アプリ外への誘導が少々難しいということも言える）。そうしたトレンドをつかむために、ユーザーはハッシュタグを活用する。

その反面、「写真、生活のレベルが高く、適当な写真やウケ狙いの投稿はＮＧな点など自分のニーズとは合わず敬遠」といった発言にもあらわれているように、**「とり繕われた世界」**であるといった評価もなされている。インスタグラムには特有の磁場があり、そのコード（目に見えない約束事）に沿うポストになるかどうか、ユーザーはハードルを感じがちなのも事実である（そうしたコードが、ひるがえってユーザー側のシェアしたがる心理を生み出す機制については、第5章で集中的に考えたい）。

したがってもっと気軽にシェアしたいものはツイッターに投稿するなど、使い分けも生じている。ただし、ここでヒアリングを行ったのは2015年9月の段階であったため比較的情報感度の高い先端的なユーザーが多く、この回答のような色彩が強かったが、現在ではより広範なユーザーが流れ込んできたことによって、もっと一般的な「体験をシェアする」場へと変わりつつある。また**写真のように「盛る」ためのものだけでなく、動画で「盛り上がる」ためのポストを行うユーザーも増えている**ことから、最近ではインスタグラム＝オシャレ一辺倒というわけではもはやない。

ただし変わらずにそこにあるのは、ビジュアルコミュニケーション特有の課題——すなわちより多く情報を処理できる一方で、たくさんのものがあっという間に消費されてしまうという側面だ。**アテンションを獲得することのハードルも上昇しているということが、SNS映えの求められる背景の1つ**となる。目を引くためのポストをつくらなければならないという現実的な課題／事情は厳然として存在しており、ユーザーの目に留まる投稿とそうではない投稿の間に存在する明確な差がある。その差をここではスタイルと呼ぶならば、**「スタイルのない投稿にはアテンションもない」**という命題が得られるだろう。スタイルは、写真のアングル、フレームやスタンプ、そしてフィルターといった要素で構成されているが、特に最近では加工の重要性が増しており、それはいまやビジュアルコミュニケーションのリテラシーだ。**10代においては、写真加工がうまいことは人に誇るべきステータスとなっている**のだ。

右記でもヒアリングの生声としてピックアップされているが、このような状況の中で、現在はトレンド情報収集の用途で使われることも若年層では一般的となっている。その情報収集の用途においては、「#（ハッシュタグ）」や「ロケーションタグ」といった機能が重要な意味を持っている。簡単に言えば、**ハッシュタグはテーマによる紐づけ、ロケーションタグは場所による紐づけ**のためのものだ。タグをつけられたポストはかつてのウェブサイトの相互リンクのようにつながりあっていき、そのようにしてユーザーがシェアしたコンテンツがネットワーク状に構造化されていく。インスタグラムが持つ資産のうち最も重要なものの一つは、そのような**ユーザーからシェアされるコンテンツの総体、およびそれを増殖させるためのハッシュタグのような仕組みのシステム**であることは間違いない。ツイッターのリツイート、フェイスブックのシェアにあたるような拡散のための機能は、サードパーティーのアプリを使えばリポスト（Repost：他のユーザーの投稿を自分の投稿としてポストすること）は可能だが、オフィシャルにはそうしたものは実装されていない。それだけに、このような**広めるためのハッシュタグという位置づけ**が重宝されたのは間違いないだろう。

ハッシュタグはつけすぎには注意しつつも——上限30個であるという技術的な制約と、そもそもあまりつけすぎるのは見栄えが良くないという非明示的なルール＝コードがある——、たくさんつけることでユーザーとのコンタクトポイントは増加する。言い換えれば、より多様な関心のコミュニティへのアクセスが開かれる。アカウントおよびポストとの相性がよい整合性が高めのハッシュタグであれば、多くてマイナスになることはないし、投稿数が多いハッシュタグとそうでないハッシュタグをバランスよく組み合わせることで、投稿が埋もれる可能性を低くする工夫も有用だ。

ちなみに、ハッシュタグはインスタグラムが登場する前から、さまざまなウェブサービスにて実装されていた。もともとはツイッターが導入した機能である。フォローしているユーザー、フォローしていないユーザーなどの区別なく、ツイートにそのハッシュタグをつければ一覧的に検索し閲覧できるようになる一つの「目印」のようなものと捉えられる。ハッシュマークはＣ言語の演算子の一つ。もともとはプログラマー文化の中で使われていたものだ。ユーザーが使っているのを観察・発見した開発チームが、実際にツイッターに実装してみて広く使われるようになったとされており、ウェブサービスにおける代表的なユーザー・イノベーションの事例だと評価されている。

この「#」になったのも、スマートフォン以外の携帯電話からも使えるような記号にしようという意図があった。なおその際、もう一つの候補として挙がっていたのが「＊（アスタリスク）」だったと言われている。少々ＳＦ風に言えば、私たちの平行世界では「アスタリスクタグ」が使われているかもしれないのだ（？）。

そのようなハッシュタグ文化はＳＮＳの発達と共に歩んできていたが、インスタグラムでは特殊な使われ方が流通し、このプラットフォーム上でのコミュニケーションを特徴づける一つの文化を形成している。というのもハッシュタグは一般的に写真についてのキャプション的な位置づけをとるが、若年層においては、ハッシュタグをコミュニケーションのためのツールに使うことが目立つように思われる。いわゆるリア充的な盛れている写真をシェアするときも、ハッシュタグを言い訳的に活用して、アゲすぎないようにケアしたり、オチをつけるために活用することがある。例えば、素敵な夜景を臨むオシャレなレストランでの食事の風景という非の打ち所のない盛れた一枚に、「#でもおひとりさま」とサゲ要素をはさんでオチをつけるというものだ。それを「言い訳ハッシュタグ」と呼ぼう。

これは**ハッシュタグが写真についての説明というよりも、投稿者の心の声をあらわしており、そのシェアされたものをどう受け止めてほしいのかメタに指示する機能を発揮している**と考えられそうだ。この点に筆者はビジュアルコミュニケーション性を強く感じている。シェアすることはコミュニケーション行為そのものなのだ。なお、こうしたハッシュタグの使われ方については次項の補論にて私家版の分類アイデアをおさめているので、関心があれば参照してほしい（p.112参照）。

そして、このようなタグ機能のアップデートとして、2016年11月にはインスタグラム投稿のなかで商品そのものにタグ付けできる機能が発表された。タグをタップすることで、インスタグラムのアプリを飛び出し、プロダクトの詳細ページへ遷移できる。そこで商品の検討、そして購入へとフェーズを進めることができるようになった。

インスタグラムの特性は各人が興味関心のあるモノやコトをシェアしていくことで、インタレストを通じてつながりあうコミュニティの集合体であるということ。そして、そこでユーザーが右記のようなかたちで検索行動をするようになることで、そこは豊富なトレンド情報の宝庫となる。そうなると、そこでほしくなったモノやコトを直接手に入れられるような仕組みを整えるのがよいというのは論理的に自然な発想だろう。それを私たちは、**VC（ビジュアルコミュニケーション）からEC（オンラインでの購買）へ**——と呼んでいる。

実際に、最近では美容院などの事業者のプロフィールページに「予約する」ボタンの追加がなされており、**コマースもプロダクトだけでなくサービスの分野へと拡大していく流れ**が生まれそうだ。現に、ユーザーがシェアするものによって、事業者が提供する商品やサービスの価値が広まっていくことの重要性は頓に高まってきている。そして、それはブランド側が仕掛けるようなコミュニケーションとはまた異なる位相で、生活者に届くリアリティーをもつことができる。そのような視点の中で重視され始めているのが、「マイクロインフルエンサー」の存在だ。

補論を挟んで、次々項では、このマイクロインフルエンサーがどのような位置をSNS上で占め、それがいま議論してきた購買行動にどう影響を与えうるのかについて紹介していきたい。

図表⑩ ハッシュタグの意味的分類

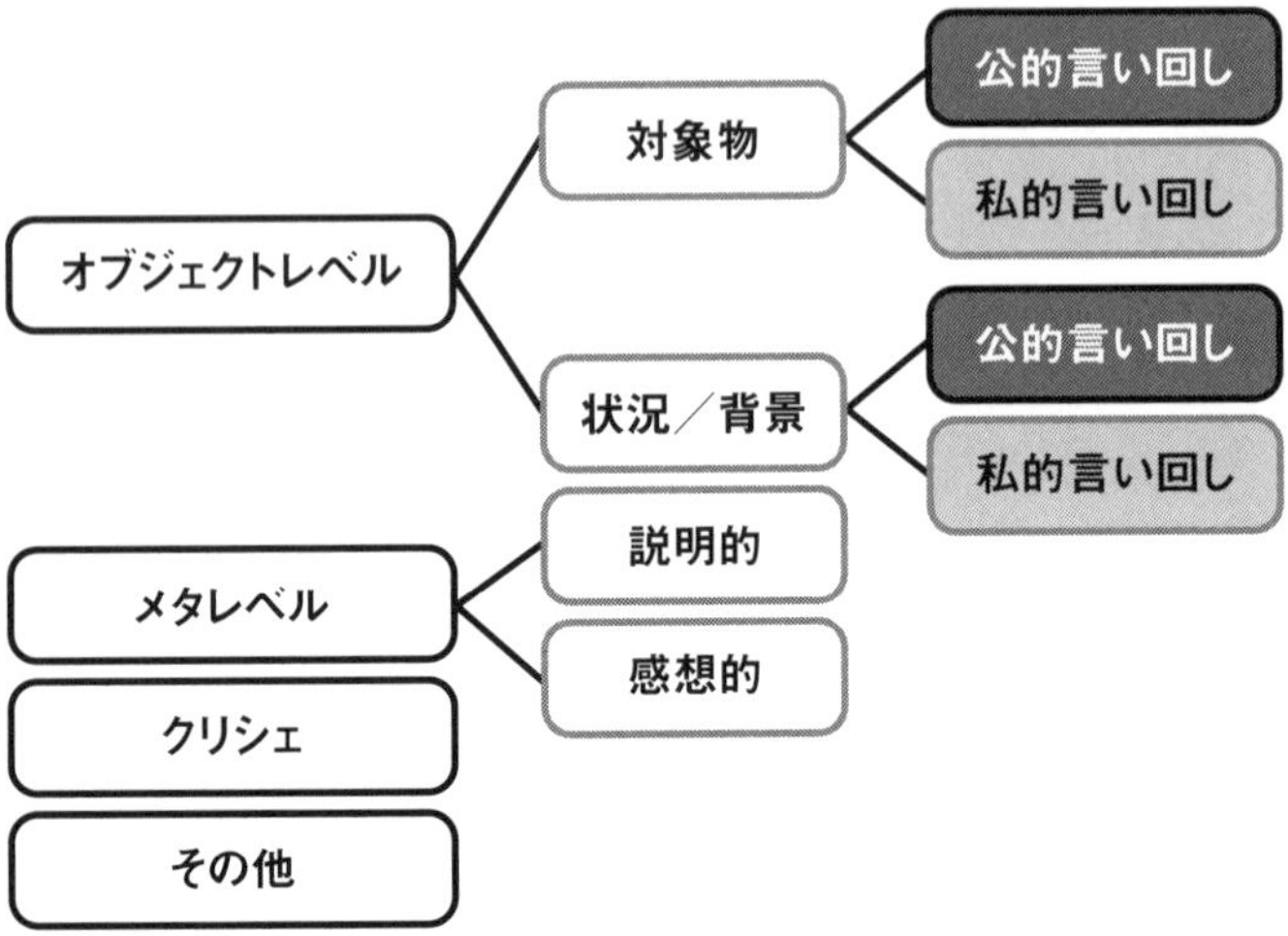

補論：インスタグラムのハッシュタグを分類してみた結果…!?

ここまで述べてきたように、インスタグラムとハッシュタグは切っても切れない関係にあるが、それらはどのように分類しうるだろうか。インスタグラムの投稿などを眺めながら筆者なりに分類にトライしてみた結果を補論というかたちでシェアしたいと思う。

基本的な考え方として、ハッシュタグのパターンは以下のようなものになる。

(A) 写っているものについての説明→こ

れをオブジェクトレベルと表記

(B) 写っているものに関連した発信者側の思いや意見→これをメタレベルと表記

(C) あくまでもそれらとは独立したかたちで、つけることが文化やルールのように機能している常套句や言い回し→これをクリシェと表記

「オブジェクトレベル」は、写真に写っている対象についての記述だ。そのオブジェクトレベルの中の「対象物」は、その写真内に定着／フォーカスされている事物や人についての言及というかたちをとる。具体的には以下のようなハッシュタグが該当する。

#パンケーキ #おにぎらず #ワンピースコーデ #harajuku #和菓子 #selfie #kawaii #フラペチーノ

「オブジェクトレベル」にはもう一つ「状況／背景」という下位分類が設けてある。これは、写真内のオブジェクトを支える、明示的ないし暗示的な文脈や状況についての言及を指している。具体的には以下のようなハッシュタグが該当する。

#party #写ルンです #いつめん #旅行 #休憩時間 #4ヶ月 #着回しコーデ #初 #誕生日 #お弁当記録 #サマソニ

その両者のさらなる下位分類として、「公的言い回し」と「私的言い回し」というものがある。前者は、多くの人が共有する名指し方で、ありていに言えば普通名詞や固有名詞のこと。後者は、そのオブジェクトに関する、プライベートな名指し方。あるいはインスタグラム内での呼び方を指している。以下を見比べてみてほしい。例①でいくと、あるユーザーは六甲山の写真を撮り、そこに #六甲山という公的言い回しのハッシュタグをふるが、別のユーザーはその写真に対して #いつもの場所とふる。それはそのユーザーにとって、六甲山はなじみのある場所であることを意味しており、それが私的言い回しにおいて表現されていると解釈される。両者は字面の上ではまったく異なるが、実際には同じものを指示している。ここではそのような例を3つ挙げてみた。

例① #六甲山 例② #トイプードル 例③ #goodmorning

例① #いつもの場所 例② #といぷー #私の癒し 例③ #gm

「メタレベル」は、写真の対象（オブジェクト）に関する発信者の意味づけを指している。平たく言うと、写真とは必ずしも関係のないコメントをするようなタイプのハッシュタグだ。筆者が参照したある論文では、こうしたタイプのハッシュタグを「Metacommunicative」と表現していた。[14] **オブジェクトとは異なるレベル＝メタで、オーディエンスに対しての何かしらのメッセージを発している**という意味でコミュニケーションの要素が入ることを含意している。

「メタレベル」の下位分類の「説明的」は、オブジェクトについての、発信者自身によるオブジェクト外からのメタな意味づけを指す。例えばこんな感じのものをイメージしてほしい。

＃ステマじゃないよ ＃胃もたれ画像 ＃昭和感 ＃可愛いだけの猫ちゃいます ＃みんなやってるやつやってみた ＃閲覧注意

14 Rhetorical Functions of Hashtag Forms Across Social Media Applications [2015]
なお、この論文では metacommunicatively に対比されるものとして indexically という分類を挙げており、これは筆者の分け方でいう「オブジェクトレベル」に相当する。

「メタレベル」のもう一つの下位分類にあたる「感想的」は、発信者自身の感想の付記を指している。私見では、日本ではこの形式が発達しており、それが特異なビジュアルコミュニケーション文化を生み出している。先述した**言い訳ハッシュタグ**のようなものはまさにこれに該当する。また、この感想的なハッシュタグの使い方は、タレント／インスタグラマーの渡辺直美さんがとても上手だと思う。

＃旅行っていいね ＃ダイエットやめたいけどやめるな頑張れ私 ＃うれぴよ ＃楽しすぎて眠気も吹き飛ぶ ＃モテようとしてる

続く「クリシェ」は、インスタグラムなどプラットフォームごとに定着している固定的な言い回しのこと。さまざまな効果があるが、基本的には**つけることによって他の写真とのリンクをはり、多くの人に見てもらいたいという意図**がある。インスタグラムにおいては次のような事例をピックアップすることができるだろう。

＃カメラ好きな人と繋がりたい ＃instagood ＃フォロバ ＃f4f ＃igで繋がる空 ＃犬

バカ部 #ootd #tbt #love

最後の「その他」は、右記3つのどれにも当てはまらないもの。特にパターンなどは想定していないが、例えばそもそもパンケーキなど一切写っていないのに、#パンケーキとつけるようなネタ投稿なども存在している――もちろん例外はあるが、パンケーキの写真をタグるユーザーをひっかけるようないたずら心のなせるわざである！

インスタグラムにおけるマイクロインフルエンサーの生態系と購買に与える効果

インターネットの歴史はつねに個人が発信する力を得て、それが組織化されて現実の社会に（さまざまな意味で）影響を及ぼすというベクトルを中心に置いて記述することができる。言ってしまえば、**その最新形がマイクロインフルエンサーと呼ばれる存在**かもしれない。特にインスタグラムには、そのマイクロインフルエンサーが深く関わっている。

まだまだ新しい現象のため厳密な定義が確定されているわけではないが、フォロワー数でいえば1万フォロワーから10万フォロワーまでのレンジで、発信するものも何か特定のジャンルのトレンド情報であることが多い。これまで述べてきたようなメディアの特性、ユーザーの分布からもある程度明らかなように、そのジャンルはファッション、食、トラベルといった感性的なもの、体験の価値が重要なものである場合が多い。

なお、もともと知名度のある芸能人などが情報発信をする場合は、ジャンルに特化するというよりは、日々の生活やライフスタイルの提示がコンテンツとしての力を持ってくる。したがって、ユーザーからの求められる情報の質が異なると捉えておいていい。とはいえ、インスタグラムを「新しい情報発信手段」的に捉えてセルフィー中心に自分のことばかりをシェアしている芸能人アカウントも散見されるが、より自分自身のインタレストが伝わるような投稿をおりまぜた方が本義にかなうと筆者は感じている。

マイクロインフルエンサーのポストは、いいね！やコメントを獲得する力、およびフォロワーとのエンゲージメントを築く力がとても強いと述べるリサーチ結果も最近では見られるようになってきた。少々語弊があるかもしれないが、「（マイクロという形容詞の通り、単体では小粒であっても）束ねることで高い効果が生まれる」という認識が強まりつつある。

そうした背景のもと、インフルエンサーを活用したインフルエンサーマーケティングが認知され、インスタグラムなどのビジュアルコミュニケーションのプラットフォーム上でなされることが増えてきた。Ad Week の「Instagram Dominates Influencer Marketing」という記事のデータによれば[15]、いまインフルエンサーが選択するプラットフォームは他を圧倒的に押さえてインスタグラムなのだ。回答者は２０１６年段階では79・7％、２０１７年段階では91・9％、そして２０１８年の使用意向では87・1％も、インスタグラムを第一のプラットフォームとして回答している。

しかしながら、**インスタグラムでコミュニケーションを行う以上は、そこで映えないようなタイプの商材はあまり向かない。**また、そこで訴求するにあたってはその商品がほどよい単価感であることが求められるし、モノとして提示できないものもアピールには工夫がいるだろう（ただし、インスタグラムはコトの水準でのコミュニケーションや消費意向の態度変容に関わるという特性があるので不可能なわけでは決してない）。また単価の高いものはそもそもインスタグラムのユーザー属性に鑑みて難しい側面もあるし、インフルエンサーに使ってもらい投稿を促すにしても、あまり高いものであれば配布すること自体も難しくなってきて

15 http://www.adweek.com/digital/instagram-dominates-influencer-marketing-report/

しまう。

前述したようなファッション、食であればそれが活用されるシーンをさまざまな見せ方で提示できるので適性があるが、例えば家電製品などは機能的なスペックが購買意向に大きく作用するし、その活用シーンもそれほど多種多様なわけではなく、さらにコト化しづらい（家のリビング以外で使う家庭用冷蔵庫というシーンは存在するだろうか？）。

このような条件によっても左右されることに加えて、そもそもここで提起しているようなVCからECへという考え方自体を再考させるような立場もある。その主張は、**SNSのユーザーはリサーチモード（検索、探索のためのスタンス）が主であり、何かを決断するというよりは決断せずにたゆたっている時間や体験を楽しんでいるのではないか**というものだ。タイムラインというUI／UXは確かにそのような果てのないスクロールをユーザーに促すかのような印象もある。ユーザーはそこから決定／決断というショップモード（購入）に容易には舵を切れないはずだとその立場は考える。

VCからECへの展開はいままさに試行錯誤がなされているフェーズで、今後の行方を見守るしかないが、筆者はそのハードルをクリアするのがインフルエンサーの存在なのではないかという仮説を持っている。それは、インフルエンサーはオーディエンスに行動を起こしてもらうための即効性のあるコミュニケーションよりも、**ブランドとの結びつきをより強めるための媒介**となってもらうことがその本義にあると筆者は考えるためだ。いわば**コンバージョンよりもエンゲージメントの視点がより重要**であると思う。現状では「インフルエンサーに頼めばすぐにモノが売れるはず」といった声を聞くことも多いが、そうした認識のズレを今後いかに補正していけるのかをリサーチャー／プランナーの立場として考えていきたい（その一ステップとして、現在インフルエンサーに関するマーケティングリサーチを進めているところだ）。インフルエンサーの存在については、5－3で再度論じることとしたい（p.275参照）。

インスタグラムの最近のアップデートはストーリー機能中心におさえる

本節で触れたように、インスタグラムは第2のピボット以降、アプリのアップデートを頻繁に繰り返している。そのアップデートの詳細を抜けもれなくカバーするようなことは本書では行わない（公式サイトなどに綺麗にまとめられてもいる）。ここで述べたいのは、そう

図表⑪ インスタグラムストーリーズの新機能

したアップデート機能の中でいかに本質的な変化と思われるポイントを抽出するかという視点であり、タイトルにも冠した通り、それはストーリー機能のアップデートこそが該当すると考える。

インスタグラムストーリーズ（Instagram Stories）は、2016年8月に導入された。投稿後1日経つと消失するかたちで動画や写真をシェアできるもので、一般的にそのようなフォーマットを「エフェメラル（Ephemeral）」なコンテンツと呼ぶ。あまり流通していない言葉だが、はかない、つかの間の、短い時間で消える…といった意味を持っている。そのフォーマット自体は、すでに北米中心に若者に絶大な人気を誇るスナップチャットが２０１３年より「スナップチャットストーリーズ（Snapchat Stories）」としてリリースしていたが、そこへの対抗策として実装されたと言われている。

ちなみにこの実装／リリースは、ウェブサービス業界でちょっとした話題となったのだった。あるサービスにそっくりなサービスを「クローン」と呼ぶが、スナップチャットはかつてフェイスブックからの買収提案を断ったという経緯もあることから、こうしたクローン施策は戦略的に正しくとも道義的には（？）どうなのかということがさまざまな記事やＳＮＳ上のポストなどで議論されていた。なおインスタグラムのＣＥＯであるケヴィン・シストロムはクローンであることを明確に否定しているが、機能だけでなく名前すらも一緒のものにしてしまったのは、さすがに寄せすぎと指摘されても仕方ない面はあるのではないかと思わせる。

このストーリー機能が求められた背景には、**ユーザーの中でインスタグラムに投稿するハードルが上がってしまった**ことが関係している。前節や本節で触れてきたように、**ＳＮＳ映えする投稿をしなければならないという不可視のコード**やそれに起因するプレッシャーがユーザーのシェアの頻度を押しとどめてしまう効果もあった。発信ハードルを下げなければ、シェアの総量がやせ細り、プラットフォームの魅力は低減する。エフェメラルなストーリー機能は、その視点から生み出されたものだと言える。3－2で触れるが、利用者数も順調に伸びており、いまのところ非常に奏功している（p.147参照）。例えば、手軽にシェアできるストーリーズを頻繁に活用することで、フォロワーにフィード／ウォールを覗きに来てもらうリマインドとする使い方などユーザー側の知恵が日々生み出されている領域でもある。

ここでおさえておきたいストーリー機能のアップデートは、これまで**動画にコメントを加えたりステッカーを貼ったりフィルターをかけたりできるだけだったのが、「ハッシュタグ」「ロケーションタグ」「メンション」を埋め込めるようになった**という点だ（最近のアップデートでリアルタイムで顔に加工を施してくれる動画フィルターも実装されたが、ここでは言及はしない）。

ハッシュタグによって「関心でつながる」ことが可能になり、**ロケーションタグによって「場所でつながる」**ことが可能になり、**メンションによって「人でつながる」**ことが可能になった。このアップデートは、インスタグラムのこれまでの強みを、さらに**写真だけでなく動画を軸にしたコンテンツのネットワークへ拡張**しようとする動きだと筆者は捉えており、それゆえにこそ見逃せない動きだと考える。ユーザーはSNS映えする、盛った写真はもちろんのこと、**ハードルの低いこうしたフォーマットでの動画シェアをどんどん行うようになっていく**だろう。体験をシェアするというインスタグラムのコアな提供価値と、ユーザー側のそうした心理ニーズとの結合点にこのようなソリューションを位置づける必要がある。

なお、ここまでの話を踏まえてくれれば、いま紹介したようなアップデートは、インスタグラムのある種の「先祖がえり」だと捉えられるかもしれない。本節の冒頭で紹介した「ピボット」で、位置情報をもとにしたチェックインアプリだったBurbnから写真共有という機能にフォーカスしてよりライトなものへ変身して現在のインスタグラムが生まれた。しかし、いま再び位置情報のシェアを促すような機能を生み出している。だがそこに不思議はなく、この先祖がえりはある種の必然でもある。**「シェアしたがる心理」において、解像度の高い体験をリアリティを持って伝えることは必須の要件**であるからだ。

2-2 新たなビジュアルコミュニケーションフォーマットの発明としてのスナップチャット／スノー

会話するように写真や動画をシェアするということ

ビジュアルコミュニケーション文化をインスタグラムと共に代表するようなアプリとして、本節ではスナップチャットとスノーを採り上げたい。両者とも若年層からの圧倒的な支持を得ているスマホアプリだ。特にスナップチャットが展開する革新的なビジュアルコミュニケーションのかたちを捉えることに軸足を置きながら、まだ日本ではそれほど周知されているとは言い難いその特性を、似た機能を提供しながらより日本国内で広く知られ利用されているスノーにも仮託しながら説明していきたい。

スナップチャットは北米の若者（ミレニアル世代）を中心に広く使われており、２０１７

年第1四半期においては世界中でのDAU（1日あたりアクティブユーザー数）が1・66億人に達している。ソーシャルネットワークとの比較で言うと、ツイッターを抜いたと報道されている（ただしツイッターはDAUを公表していないのでアナリストによる推定に基づく）。日本では海外生活の経験がある大学生などを中心に一部の情報高感度層が利用。私たちの調査でも、2015年段階では、これからかなり流行るのではないかという予感や期待感を持たせていた。

この通称「スナチャ（スナップチャットの略称）」は、ソーシャルネットワーク的な機能も兼ね備えつつ、分類としてはインスタントメッセンジャーに属する。限定された個人、ないしはグループとのコミュニケーションがメインの使い方となっており、その点ではインスタグラムやフェイスブックとは少々性質を異にする。そもそもこのアプリが爆発的に広がった理由の一端として、**親ともつながっているフェイスブックでは変な写真をアップできない、自分たちだけでコミュニケーションできる空間がほしい**という若者のインサイトに立脚している。スナップチャットのオバケのようなアイコンが示唆するように、**写真や動画を送っても「すぐに消える」から大丈夫というコンセプト**が支持されている。SNSは世代と共に持ち上がり効果があることなどを含めて、注目しておくべき理由はそろっていた。

流行っているサービスには自然と世間からの注目も集まるものだが、特にスナップチャットはゴシップ的な目線でメディアやユーザーからも注目を集めていた。運営会社にあたるSnap Inc.のCEOであるエヴァン・シュピーゲルはいわゆるイケメンの若きビリオネアであり、日本でも有名なトップモデルのミランダ・カーと交際・結婚したことでも話題をさらった。[16] 私たちがスナップチャットのユーザーにインタビューしていたときも、「スナチャはつくっている人がミランダ・カーと付き合っているのがかっこいい」という声が大学生から聞かれたこともあり、非常に興味深いと感じられた。一般的に、作品とアーティストの存在は不可分なものとして語られる傾向があるのと同じように、現代ではウェブサービスとその開発者／CEOとを切り離さずに受けとめるのが普通になっているのかもしれない。

スナップチャットは「送信するテキストや写真／動画が自動的に消失するインスタント・メッセンジャーのアプリ」と定義される。まずそのアプリの設計思想に特性があり、アプ

16 ここでは採り上げないが、その他にもシュピーゲルはさまざまなゴシップと縁がある人物で、その意味で、同じミレニアル世代の巨大IT企業CEOとして比較されることもあるフェイスブックのマーク・ザッカーバーグとは少々性質を異にする面があると言えるだろう。

リを起動するとすぐに写真を撮る画面が立ち上がる。つまり、「誰に送るのか」よりも先に、写真を撮るべしということをメッセージとしてユーザーに伝える。初心者は戸惑うが、慣れればこれが直感的・体感的に扱えるUIであるということに思い至る。これはアプリが「Snap+Chat」とその名に掲げるように、**写真を撮ってコミュニケーションすることをUI自身がユーザーに促している**かのようだ。1－2で述べたような絵文一致的な発想を最も体現していると言えるし、ビジュアルコミュニケーションという考え方に最も沿った機能を提供しているように思われる（p.36参照）。

またこれは、1－2で述べたように、タイムトゥバリューを高めるためには「ステップ数」を減らしていかなければならないという点にも合致する。スナップチャットはそうした原則に則って設計されており、**立ち上げて写真や動画を撮影し、フィルターやメッセージを追加して加工すれば、数秒と数タップでリッチなコンテンツをつくりだすことができる。**

なおアプリやサービス設計の分野で「ステップ数」という言葉が意味するのは、ユーザーがそのアプリやサービスで達成したい目標までに、どれだけの手順を要すれば到達するかということ。たとえばＥコマースにおいて、「(A)ほしい商品を検索して、いくつかを比較検討して、カートに入れて、クレジットカード情報を入力して購入」に比べて、「(B)レコメンドされた商品を確認して、セキュアな状況でワンクリックで購入」はステップ数が半減していることになる。一般的に、**ステップ数が半減するほどまでに効率化できれば、それは革命的と呼んでも差し支えないほどのユーザーベネフィット**につながる。そして、そこでのユーザーのインタラクションはより増えることになるので、Ｅコマースのサービスにおいては人々の購買行動が増えることになるし、ＳＮＳであればユーザーのシェアが増すことになる。

ステップ数を減らすことの意味にもう少し踏み込むと、**スナップチャットは写真や動画をシェアすることを「会話」のようなものと捉えている**と考えることもできる。手軽で、なおかつ残らない。それは原理的に私たちの日々の会話そのもののようでもある。相手の記憶に残ることはあるにせよ、再生可能なデータというかたちでどこかにストアされることはない。そして最もハードルが低く、手軽になされるものだ。その**最も原初的なコミュニケーションのフォーマットを、写真や動画をスナップ的に気軽に撮影して送り合うといった現代のスマホファーストな情報行動の中に胚胎させようとしている。**

実際に利用してみると体感されるように、**縦型の写真／動画、そしてスマホのスクリーンを隙間なく使った臨場感あふれるＵＩ／ＵＸにより、送り手の見ている光景をそのま**

まシェアしてもらっているかのような気分になる。何かが介在しているかのような印象のない、会話に近い透明なコミュニケーションがそこではなされているように思える。

それは、スナップチャットを運営するSnap Inc. 自体が発するメッセージからも読み取ることができる。例えば、２０１７年にSnap Inc. がＩＰＯ（Initial Public Offering：新規に株式を証券取引所に上場すること）を行った際に提出した資料の冒頭には以下のようなことが記されている。[17]

Snap Inc. is a camera company.

Snap 社は、カメラ会社である。

We believe that reinventing the camera represents our greatest opportunity to improve the way people live and communicate.

私たちは、カメラを再発明することを通じて、人々の生活やコミュニケーションのあり方をさらにより良いものにする素晴らしい機会があると信じている。

17 https://www.sec.gov/Archives/edgar/data/1564408/000119312517029199/d270216ds1.htm

Our products empower people to express themselves, live in the moment, learn about the world, and have fun together.

私たちの製品は、ユーザーが自分自身を表現すること、その瞬間を濃密に生きること、世界で何が起こっているかを知ること、そして楽しさをみんなに共有することを支援する。

引用はここまでにとどめるが、後続の箇所では、「デスクトップコンピューターのカーソルにあたるものが、スマートフォンにおけるカメラスクリーンであり、それはキーボードで打ち込まれるテキストよりもさらにリッチな文脈と情報を含んだイメージを生み出すものなのだ」とも述べている。

また、そのような思想を体現するようなプロダクトとして、グラス型のカメラデバイスである「Spectacles」を自ら開発・販売している点も特筆に値する。そのデバイスを使えば、スマホを向けるアクションも必要なく、スナチャ用の写真／動画を撮ることができる。2016年に販売を開始し（執筆時点では日本では未発売）、固定の常設店舗を設けず、まるでスナチャ自身のように一定期間で消えてしまうポップアップストアでのみ買えるというプロモーションの上手さもあいまって北米中心にスマッシュヒット中だ。グラス型とはいっても、ウェアラブルコンピューティングの受け皿となるようなハイテク感満載のフルスペックバージョンというものではなく、身に着けるためのファッショナブルなカメラという印象を受ける。自社が考えるビジュアルコミュニケーションのあり方をライフスタイルとして定着させていくための一手であると位置づけられるだろう。

一方のスノーは2015年10月にリリースされて以降、アジアを中心に人気を博しており、既に1億6千万ダウンロードを突破している。スノーを運営するSnow Corporationは、LINEの親会社にあたるNAVER Corporationの子会社にあたることから、アジアマーケットへの強みを備えていたと考えることもできる。スノーはインスタントメッセンジャーの機能を中心としつつ、ストーリー機能やライブ配信なども備えている。起動したときにまずカメラから立ち上げるなど、UI／UXの観点でもスナップチャットに近いものがある。**日本では特に女子中高生を中心に圧倒的な支持**を得ている。

筆者の考えでは、両者の違いは動画フィルターというものの考え方にあらわれるように思われる。動画フィルターという、技術的かつ文化的な発明のそのありように次項ではフォーカスしたい。

図表⑫ 動画フィルター使用イメージ（犬の顔）

動画フィルターという発明

スナップチャット、そしてスノーが普及したことの最も重要なサイドエフェクトは、「動画フィルター」の普及にあると筆者は考えている。「動画フィルター」とは、アプリ内カメラで顔を映すと、自動認識して顔をマスキングするような加工が施されるフィルター機能のことを指している。日本国内での呼称は統一されておらず、海外でもフェイスフィルター、ライブフィルター、ビデオフィルター、マスクなどさまざまな呼び名が混在している。ユーザーの顔を加工するためのフェイスフィルターやマスクといった語感が近いが、それには限らない

図表⑬ プロモーション用途の動画フィルター

用途を持つことから、本書では動画フィルターと呼ぶ。

リアルタイムで顔の造形を認識し、そこにアニメーションを重ね合わせるという高度な技術が、いまでは手元のスマホさえあれば誰にでもできてしまう。**単に「撮ってシェア」するだけにとどまらず、「盛ってシェア」する遊びのような行為を混ぜ込むことで、若者の盛り文化、コミュニケーションの形はさらに進化を遂げた**のだ。日本では、スナップチャット、そしてスノーなどが提供する動画フィルター機能で加工されたコンテンツが、さまざまなSNS上でシェアされ「動画の盛り文化」の火付け役

図表⑭ プロモーション用途の動画フィルター

となった。おそらく誰もが犬のような顔にかわいく加工されたユーザーの写真や動画を見たことがあるのではないだろうか。特にスノーはスタンプやフィルターの豊富さはもちろん、スピーディな更新頻度や瞬時に顔を認識するクオリティの高さが若年層の心をつかんでいる点が特筆に値する。アプリを開くたびに、新しいフィルターが追加されているといっても過言ではない。

　そんな両者の差異として、その「盛り方」のニュアンスの違いにも触れておきたい。電通総研チームにてスノーの方へのインタビューをした際には、スノーは日本特有の「カワイイ」をコンテンツ制作時のコンセプトに据えており、その時代性を捉えるため研究を重ねていると述べられていた。日本やアジアを中心に人気の高い理由の一端がここにあるだろう。**いわばスナップチャットは欧米的な盛りの価値観として「かっこいい、コミカル」を重視しているのに対して**スノーは**アジア的な盛りの価値観として「カワイイ」といった要素が顕著にあらわれる設計だ。**なお、先述したインスタグラムストーリーズ内で扱える動画フィルターもどちらかといえば欧米的な盛りのトーンに近く、日本のユーザー（特にこうした機能を使うのは女性）に広まるかどうかは未知数だと感じている。

こうした動画フィルター機能は、ユーザー数の拡大に伴って、プロモーション領域でも利活用されるようになってきている。例えばフェイスブックが買収したMSQRD（動画フィルターに特化したアプリ）は、レオナルド・ディカプリオがアカデミー賞を獲得したとき、オリジナルの動画フィルターを公開して話題を呼んでいた。また、スノーも「ONE PIECE」のルフィなど人気キャラクターになれる動画フィルターをリリースしている（ONE PIECE連載20周年記念として）。図表⑬と⑭は筆者がそれをあてて試してみた一枚で、このようにして**ユーザーが実際に遊んで試してみた素材がシェアされることで拡散されるコンテンツとなる**のだ。時宜にあったイベントにかこつけて展開できる、まさに**プロモーション**

用途の活用にこうしたサービスのポテンシャルがあることを示している。

またスノーでは、自撮り画像や犬の耳のフィルターといったユーザー自身をかわいく盛るためのものだけでなく、日本国内であれば相撲の力士や寿司のフィルターといった土地ごとのカルチャーに関連するフィルターも提供している。これはネットサービスにおける一つのローカライズ事例とも考えられるだろう。スナップチャットでも都市ごとのフィルターを提供しており、東京で動画フィルターを使用すれば「TOKYO」と書いてあるフィルターをあてることができる。このような場所限定のフィルターをジオフィルターと呼んで、広告やプロモーションの活用に向けて門戸を開いている。いわゆる巨大なキャンペーン活用だけでなく、オンデマンドのジオフィルター作成機能を普及させることで、結婚式から誕生日まで、各自がスナップに重ねるフィルターをオリジナルでつくれるようにもなってきている。

さまざまなイベントでこうしたフィルターを使うことで、私たちのセルフィーが記念にシェアするだけの価値を持つコンテンツとなっていく。そうしたユーザーの情報行動は、このビジュアルコミュニケーション社会において大きなポテンシャルを秘めている。**スマ**

ホで位置情報を取得できることを活かした、このような場所＋動画フィルターという新たなコミュニケーションのあり方は、私たちのシェアのあり方に大きなインパクトをもたらすはずだ（この点は5－4で再度論じたい。p.286参照）。

☑ **インスタグラム**

世界最大の体験プラットフォーム。現在では写真だけでなく動画へも拡張。そしてハッシュタグからストーリーズまで、シェアの形式を次々生み出している。

☑ **(マイクロ)インフルエンサーにとってのインスタグラム**

ユーザー数の伸びも手伝って、最も重要なプラットフォームとなっている。ユーザーの興味関心や購買に強く影響を与えることから、ブランドやパブリッシャーは要注目である。

☑ **インスタ映え**

ここ数年の重大マーケティングキーワード。それに関連した「ミレニアルピンク」などの言葉も要チェック。

☑ **ストーリーズ**

いま最も盛んにユーザーのシェアを生み出している。ハッシュタグ、ロケーションタグの機能も加わり、コンテンツのネットワークとしても無視できない。

☑動画フィルター（フェイスフィルター）の発明

ユーザーの情報発信やシェアを促進し、ビジュアルコミュニケーションを革新させる役割を果たした。

☑「動画フィルター」

スナップチャットとスノーによって広まった。それらを活用することで勢いを増す「盛る」文化は現代のビジュアルコミュニケーション文化の核である。

CHAPTER 3

新しい
トレンドとしての
「消える」
「盛る」
「ライブ」

3-1 動画時代の「ES-M-L（エス・エム・エル）」

第1章ではビジュアルコミュニケーションについての時代背景や情報環境について触れてきた。スマホの普及をティッピングポイントとして起こったこのコミュニケーションの変化は、スマホのデバイスとしての機能向上や通信環境の進化によって次のフェーズへと移りつつある。それこそが、写真から動画へのメディア論的進化だといってよい。東京大学大学院情報学環の橋元教授と電通総研が2010年に出版した『ネオ・デジタルネイティブの誕生─日本独自の進化を遂げるネット世代』でも、動画を使いこなす若年層の特徴的な情報行動とそこに立脚した世代論を展開しているが、筆者の関心もそうしたものの延長線上にある。

「動画」そのものは近年のマーケティング、メディアプランニングの最重要イシューであり続けてきたが、私たちは若年層のスマホユーザーに見られる特徴としての**「動画を見て**

楽しむ」だけではない「動画を発信してコミュニケーションの道具にする」という傾向に着目している。そうした問題関心から、調査を実施しその結果を2017年2月にニュースリリース「若年層のSNSを通じたビジュアルコミュニケーション調査」として発表した。[1]そこでは、若年層がSNS上で使用する動画サービスやそこで見られる情報行動の特徴を3つのキーワードにまとめた。それが本節のキーワードにもなっている**「ES-M-L（エス・エム・エル）」**だ。

ES-M-Lは以下のような特性の頭文字をとって構成されたキーワードで、ビジュアルコミュニケーションのいま〜これからの重要なトレンドを告げるものだ。

①「Ephemeral/Short（すぐ消える、短い動画）」

第1章で触れたような**インスタグラムストーリーズ、ないしはスナップチャットやスノーのストーリーズのような「時間が経つと消失してしまう」タイプの動画サービス**がここに含まれる。その紹介の際に述べた通り、エフェメラルとは「はかない、つかの間の、短い時間だけの」という意味だった。そして、もう一つ「Short」とはユーザーが短い時

1 http://www.dentsu.co.jp/news/release/2017/0213-009153.html

間のコンテンツを好むようになってきているということ、さらにはそうしたコンテンツに接触するかどうかをさらに短時間で判断するようになってきているという傾向を示す。**ビジュアルコミュニケーション環境下で、私たちのアテンションの尺はより短くなってきている**という可能性を示唆する。

②「Moru（画像や動画の加工）」

これも既に縷々言及してきたが、ここではより「加工」ということ、それに紐づく「盛る＝Moru」という概念が持つ重要性やその現代的な実相について説明を加えていきたい。現在では写真だけでなく動画でもこうした方向性が顕著にあらわれてきており、動画フィルター機能がここでの集中的な考察の対象になる。またこの論点が、私たちの探求する「シェアしたがる心理」の解明に向けた核となる部分を構成している。

③「Live（SNS上でのライブ配信）」

インターネット上で動画をライブ配信することそのものは、長く行われてきた歴史を持っている。そうした中でいま改めて採り上げるのは、それがSNS上にシフトしつつあるためだ。いま起こっていることをそのままダイレクトにユーザーへと配信するための場が、人々がつながりあうSNS上へと組み込まれつつある。**今後はライブストリーミングをSNSと一体で考えなければならない。**

以上のような「消える」「盛る」「ライブ」…こうした特性を持つユーザー像を簡潔ながら描き出すとすれば、**①短く残らない動画を好んでつくり消費し、②自分や体験を盛ってコンテンツ化しつつ、③ライブでいまのことにフォーカスして発信している**というイメージになる。こうしたユーザーは確かに最近増えているようだ。ではそういった人々がどのくらいのボリュームで、どういった特性を持っているのか。本章ではそこを深掘りすることからビジュアルコミュニケーションの最前線の一端を議論していきたい。

そして、こうした趨勢がもたらすインパクトについては、本章のまとめにあたる3－5で触れることになるが（p.202参照）、**先取り的に結論を述べれば、「消える」「盛る」「ライブ」はいずれもユーザーの情報発信を後押しする性質を持つ。**この章は、**「生活者のメディア化」がいかに進行するのかということの現時点でのスケッチ**である。

3-2 視点③：なぜいま「消える」動画が求められるのか？

「消える」（エフェメラル）コンテンツが求められる背景

一定時間が経つと消えてしまうフォーマットの動画を「Ephemeral（はかない、一日限りの）」、そして短い尺で完結するタイプの動画およびそれを求めるユーザーのマインドを「Short」とここでは呼んで「ES（エス）」と位置づけている。本節ではその両者を採り上げるが、より全体の論旨に近いエフェメラルの方を厚く記述することになる。特にスナップチャットとインスタグラムのストーリーズは、EとSの両方の特性を兼ね備えたサービスとして注目に値する。

エフェメラルというのは、これまでインターネットにずっと触れてきた世代の人々にとっては少々不思議に感じられるものかもしれない。というのも、ウェブサービスとは情報をストックできること、しかもそれを（事実上、無尽蔵に）残していけることに価値があると思われていたからだ。いつでもどこでも、アクセスすればそこに消えることなく目当てのコンテンツが存在するということ。インターネット全体に蓄積される情報量が指数関数的に増える中で、それは揺るぎないユーザーベネフィットであるかのように思われた。またインターネットの持っていた技術的な理念でもあるオープン性と、そうしたストック価値の考え方はよい相性であったとも感じられる。

しかしながら、私見ではそうしたことに対するバックラッシュのような兆候も世界的に観察され始めていたように思われる。例えば、インターネット上にいつまでも情報が残ってしまうことが一部のユーザーの損失につながったり、ひどければそれが人権の侵害にもつながってしまうことが欧州で社会的な課題として議論され、法の執行というかたちでそこに解決の道筋が示されたことも記憶に新しい。インターネットがより私たちの生活に密接に関わるようになったことで、**残るということのメリットだけでなく、そのデメリットについても人々の意識が向き始めた**ことを意味している。

日本では2016年にラインのスクリーンショットが原因で、芸能界のさまざまなスキャンダルにつながってしまったことがあった。なんとそのタイミングで、スナップチャットに代表されるこうした「消える」系のアプリの認知とダウンロード数が上がったという説がある。**メールやメッセンジャーでのやりとりがスクショ（スクリーンショット）されて広まってしまうなどのリスクが知られるようになり、「消える＝残らない」ことの価値が意識され始めた**一つのきっかけであった。特に若年層にとっては、自分が発信したものが「残らない」ことこそが、そのサービスをアクティブに使用する十分な理由たり得るということ。そもそも、スナップチャットが北米の若年層の間で流行したのも、フェイスブックなど親世代もやっているSNSでチェックされるのが嫌だということ、そして発信したコンテンツが残らなければ多少のやんちゃも許されるためであった。世の中的なトレンドと、若年層特有のインサイトがあいまって、こうしたエフェメラルな機能を持つサービスがヒットしていることは間違いない。

ただし補足しておくべきは、スナップチャットを実際に使ってみると分かるように、メッセージも送られる写真や動画も消さずに取っておくこともできるし、同様の各種サービスでもコンテンツを保存できるような仕組みは整えられてきている。ローンチされた直後の、「消える！」「残らない！」と物珍しく捉えられていた時期ほどのとがり方は、現在ではそれほど残っていない——つまりよい具合にバランスされ始めていると捉えておいてよいだろう。

消えるからこそ盛り上がれる動画

第1章でも触れたようなストーリー機能を開発したスナップチャット、そしてそれを既存ユーザーのネットワーク数などを活用しながらあっという間に広めていったインスタグラム。どちらも投稿後1日経つと自動的に消滅するというフォーマットで、自分の体験を短い動画として投稿・シェアすることができる（厳密には写真もそのフォーマットに含めて投稿・シェアができる）。両者には細かな機能やUI／UXの違いはあるものの、その差異性にこだわることは私たちの主眼と異なるため、ここではその論点には立ち入らない。本項ではこのストーリー機能の使われ方にフォーカスしよう。

2013年に発表されたスナップチャットストーリーズに対して、2016年に発表されたインスタグラムストーリーズ。インスタグラムストーリーズの方が後発のリリースで両者には数年のブランクがあるが、2016年10月に行った「若年層のビジュアルコミュニケーション調査」の結果によれば、「よく使っている」と「たまに使っている」というTOP 2を合わせたスコアはインスタグラムストーリーズが21・2％、スナップチャットストーリーズが17・1%となった。インスタグラムの方が利用率はやや高い。この結果を考えるにあたっては、1−1でも触れたキーワード「ネットワーク外部性」がここでも現象の読解に役立つ（p.21参照）。SNSにおいては——もっと言えばコミュニケーション型のインターネットサービスにおいては——、あるサービスを利用する人数が増えるほど、そこから得られる便益が増加する現象が働くのだった。すなわち、**日本国内においては既にインスタグラムが普及しユーザー間のつながりが築かれており、動画をシェアするにあたっての「宛先」が多くあった点がこのような利用率の差をもたらした**と考えられる。これは循環的に機能するので、もともとの宛先が多いからこそユーザーが増え、さらに宛先が増えていくことでユーザーがさらに付いてきて…と、雪だるま式に勝っている方がさらに勝つことになる。

2017年8月には、サービス開始から一周年の節目ということで、オフィシャルに利用者に関するデータが発表された。[2] 注目すべきは、ティーン世代は、それ以外の利用者より4倍多くのストーリーズ投稿を閲覧しており、それ以外の利用者より6倍多くの写真・動画をストーリーズでシェアしているということ。特に日本、スペインや米国ではこ

2 https://ja.newsroom.fb.com/news/2017/08/instagram_storiesanniversary/

のような傾向が強く見られるらしい。

広告用途としても、コンテンツが24時間で消える機能の特性を活用し、タイムセールなどを実施したり、ティザー広告などのコンテンツを発信し、利用者からのブランドへの関心を高めるなどの使い方が見られる。また最近ではパブリッシャーがイベントの舞台裏などエクスクルーシブなコンテンツを配信し、ここでしか、いましか見られないというキャッチをよく仕掛けているのを目にする。また、スワイプアップすれば別のページへ遷移することもできるので、例えば商品の詳細ページをユーザーに見てもらうことも可能だ。今後もさまざまな使い方が試行錯誤されていくだろう。

なお、ここでは日本の結果について触れたが、グローバルで見ても、いまではインスタグラムストーリーズがスナップチャットストーリーズの利用率を凌駕したという結果が公表されている点を付記しておきたい。

では実際にユーザーはどのようにストーリー機能を使っているのか。私たちの調査から得た素材をもとに仮説と考察を組み立ててみよう。

これは、ヒアリングに協力してくれた高校3年生の女の子が、自身の友人がインスタグラム上にシェアしたストーリーを見ている際の一枚だ。その友人はアイスを食べていると

図表⑮「消える」動画は盛り上がりが必要

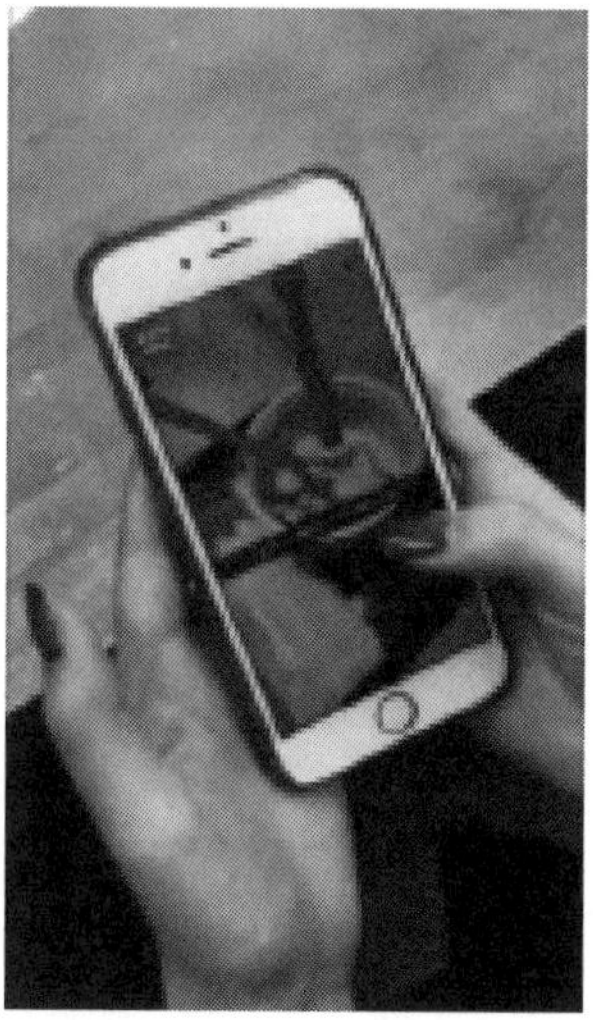

ころをシェアしていた。インタビュー映像上では、おいしいアイスを食べていることの嬉しさについてお喋りが繰り広げられている。これまでのインスタグラムを想定すると、自分の食べたかったアイスを目の前にしたとき、ユーザーはそれが一番おいしそうに見えるところを撮っていたはずだ——角度や光の当たり方、アイスが置かれる位置や食器などとの構図を気にして最もSNS映えする一枚を撮るといった具合に。しかしここであらわれているのは、**「盛る」よりもむしろ「盛り上がる」**ことであった。それは、食べる前の綺麗に盛りつけられたアイスよりも、食べている真っただ中に撮影された食べかけのアイスを含むシー

ンの方がむしろ伝わっていくものであるだろう。

写真から動画に移り変わったことで基準が変わり、さらに消える動画（エフェメラル）というフォーマットが発明されたことで発信のハードルが下がっている。インスタグラムではそれが盛れているかどうか、SNS映えするものであるかどうかがコードとなりチェックされていたが、動画ではそのハードルが一気に下がる。実はSNS映えが意識される中でインスタグラムへの投稿ハードルが上がっていった帰結として、ユーザーのアクティビティが下がりつつあるという課題が生じた。そこへのソリューションの一つこそが、ストーリー機能だったのだ。手軽な投稿が可能となり、ユーザーの投稿心理を下げてアクティブ率が下がらないよう保っているという工夫がまさに功を奏した。このような**「消える動画」によって、より多くの日常的な瞬間がさらにシェアされるものになっていく**だろう。

私たちが実施した調査のアンケート結果からも、このESのフォーマットについて、

「ずっと残るわけではないので、その場のことを手軽に投稿できる」

「その時にしか見られない貴重さがある」

「消えてしまうというのが、限定感があって、いまのうちにたくさん見ておこうという

気持ちにさせるから」
「フィルターが面白い。一定時間で消えるから安心。手軽で楽しい」
「瞬間の気持ちだけ表現したいし、残ると困る」

といった声が寄せられている。

写真や動画も「ストック」ではなく「瞬間のシェア」へ。ビジュアルコミュニケーションの進展の一端は、間違いなくこうした実践が築く。ここでマーケター側にとって課題となるものの一つは、では**このような「消えてしまうもの」「残らないもの」をどのようにキャンペーン計測の対象に組み込んでいくのか**ということではないだろうか。ウェブ上のコンテンツはそれがある一定期間ストックされることを見越してPDCA設計がなされていたが、そうしたものとの両立をいかに図るか、もっと言えばユーザー側のこうした動きに対応して新たな線分をいかに書き足していくかが今後のポイントとなる。

コンテンツは短尺であれ

さまざまな調査から、スマホユーザーは短い時間のコンテンツを好むようになってきていると言われている。Always On と称される、つねに情報へアクセスできる選択肢をユーザーが手に入れたことで、**アテンションが細切れかつ高速に移り変わるものへと変化しているる**と言えそうだ。

では実際にこうしたトレンドは調査上どのように裏付けられるのか、調査結果から解釈してみたい。ここでは、SNS 上に流れてくる動画を視聴するかどうか判断する時間について聴取している（念のため、ユーチューブなど動画共有系のサービスなどはここでは対象としていない）。性年代別のデータでスライスも行った結果として、ユーザーは「短い動画を好む」ないし「動画を見続けるかどうかを短い時間で判断する」ようになっているという Short 性がここから見えてきた。

SNS で流れてきた動画を見続けるかどうか判断する時間について、5秒以内で判断すると答えた割合は、男性25〜29歳が37・5%、男性30〜34歳が36・5%だったのに対して、女性15〜19歳は48・7%、男性20〜24歳は51・0%となった。

図表⑯ The Quartz Curve:アテンションの2極化

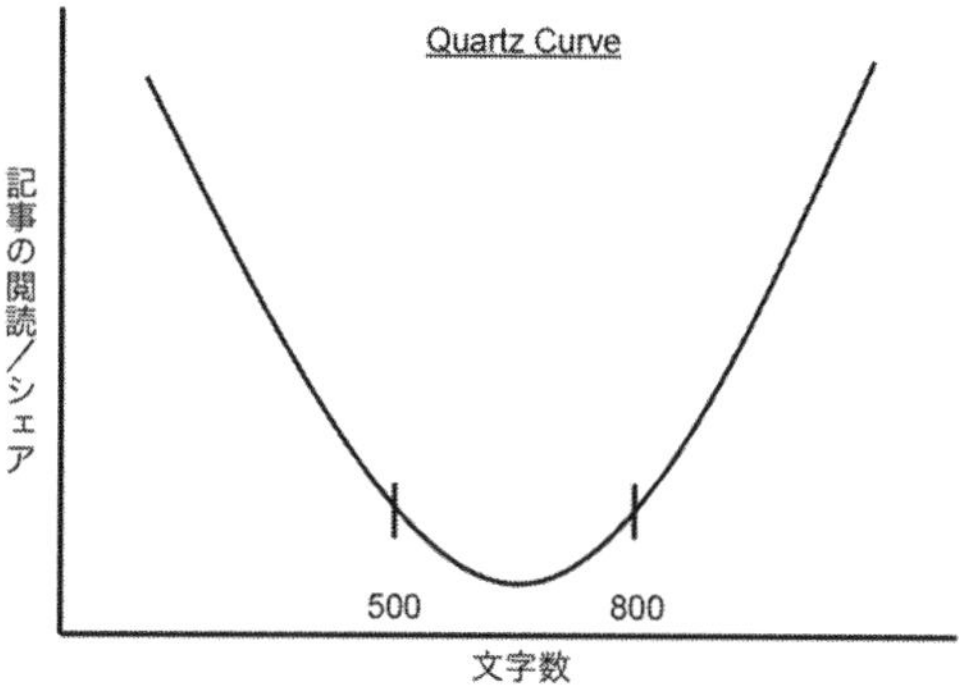

ここから分かる興味深い点は、**15～19歳、および20～24歳という若年女性ほど、コンテンツに対しての「見切り」が早い傾向がある**ということだ。逆に20代後半～30代前半の男性はゆっくりと待ってくれる側面がある。

このような結果は、電通「鬼ムービー」（オンライン動画を中心に、最適かつ先進的なコミュニケーションをプランニングから制作・PDCAまで担う専門チーム）が提唱するナレッジにも沿うものだ。鬼ムービーはプランニングにまつわる「鬼メソッド10」というものを整理しているが、そのメソッド5「5秒インパクト」はこうだ。現代のオーディエンスの多くは、**その動画を続けて観るかどう**

かを冒頭の5秒で決めてしまうので、冒頭の5秒で面白さが伝わらなければ一瞬で離脱されてしまう。頭の5秒でいかに惹きつけられるか、続きを観たくさせるか。ネタバレをしすぎない範囲で、いかにキャッチーな5秒を用意できるかが勝負の分かれ目になる。[3]

ビジュアルコミュニケーションによって私たちのコミュニケーションは簡潔かつ効率的に、そして今までにない新しいフォーマットでコンテンツを消費するようになっている。アテンションの短尺化に伴って、このようなShortなものを求める傾向は引き続き進行していくだろう。

しかしその一方で興味深いのは、図表⑯に示した**アメリカのデジタルニュースメディア「Quartz」が提唱した「Quartzカーブ」という現象**だ。Quartzが自社のトラフィックデータを分析した結果、ネット上で読まれるのは短文の記事が多い半面、長文の記事もよく閲読/シェアされる傾向があるということが分かった。私たちのアテンションが短尺化している側面は確実にありつつも、そうしたもの一辺倒にはならないという留保の感覚を覚える。ここから、**ビジュアルだけでなく文字へのニーズは依然として健在であるという読み解き方が一つ、そしてユーザー側のアテンションは二極化しており、それに細かく対応で**

3 https://www.advertimes.com/20160915/article234195/3/

きるコンテンツが求められているというもう一つの解釈が成立すると思われる。

3-3 視点④：動画フィルターに至るまでの日本の「盛り」文化の歴史を紐とく

写真の「盛る」と動画の「盛り上がる」

私たちは、第1章でも日本のビジュアルコミュニケーションには「加工」「盛る」の要素が欠かせないという論点に触れていた。また、そこで示された論点を考える上で必要となる、インスタグラムやスナップチャット、スノーといったアプリの基礎的な説明も2—2にて導入した（p.126参照）。そのような「動画フィルター」が使えるアプリを活用して、例えば犬のように加工されてかわいく写っている女の子の自撮り写真をSNS上で見かけるが、このようにナチュラルに盛ることも、顔認識で犬の耳や鼻が付いたり、口を開けると舌が出たりするので、**アプリで遊んでいるだけというエクスキューズを暗示させながらシェアできる**という点にメリットがあるのだ。

もしかすると、世界的に流通しているkawaiiに匹敵するような概念や言葉を「Moru」が占めるかもしれない——とさえ筆者は考えている節がある。SNS映えを志向すること、そのような盛ることへのベクトルを内面化しているのは、ミレニアル世代がソーシャルメディアを使う時間の長さ、頻度だけでなく、意識や価値観もソーシャルな環境へと最適化されているという側面に関連している。ここでは、ES-M-LのMについて議論を進めていくが、日本のスマホユーザー、特にその女性ユーザーの情報行動を読み解くうえで欠かせない視点であるゆえ、ボリュームを割いて議論を進めていく。

ユーザーインタビューをするといつも驚いてしまうのが、加工アプリをみんなうまく使いこなしているということ。撮影アプリ以上に加工アプリがスマホの中にダウンロードされていて、撮って加工して、その後、出し先（アプリ）を選んで出すというようなフローがスムーズに進む。図表⑰のように現に私たちが実施した調査からは、**10代女性においては平均して1投稿あたり3個（!）もの写真加工アプリを使う**ことが明らかになった。ほとんどの年代は1～2個の割合が多いことを考えると、文字通り「ひと手間かける」に値するプロセスがそこには存在していると分かる。

所持数で見れば、そういった**加工のためのアプリを10個以上持っていることもザラ**であ

図表⑰ 10代女子にとって加工アプリはマスト

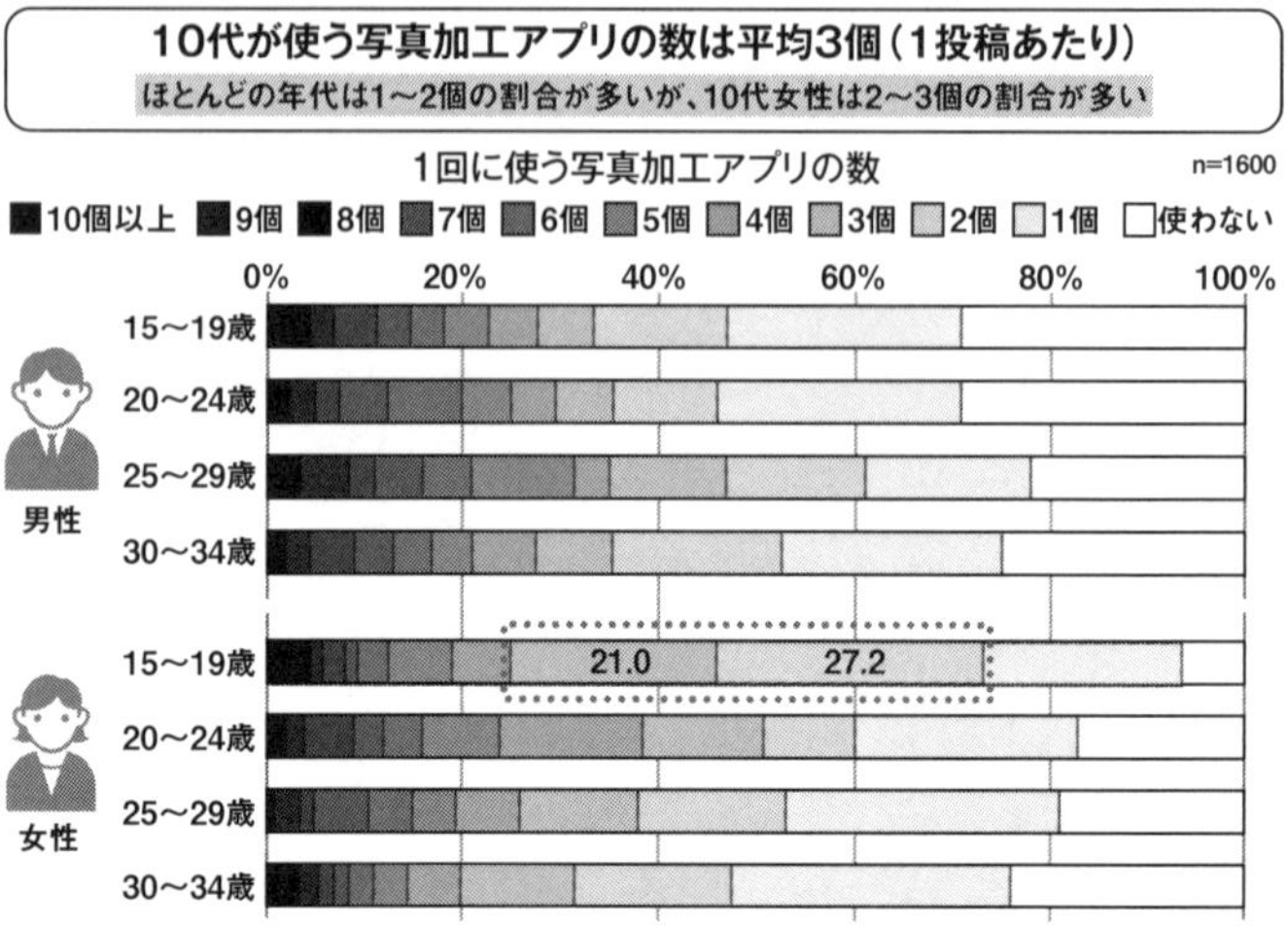

り、フィルターをかける、文字を書き込む、絵文字やスタンプ・ステッカーで飾る…など、さまざまな機能ごとのアプリを活用している。現に、**画像加工がうまいことは若年層において誇るべきステータス**になっているという指摘もある。絵、歌、ダンスなどが上手であるということと並ぶ一つのリスペクトされるスキルとなっているのだ。

写真や動画を思い浮かべると、**ビジュアルコミュニケーションは「撮影すること」「シェアすること」「保存すること」をすぐに想起するが、それに加えて実は「加工すること」の比重がとても大きい**。これはこの原稿の読み手の属性によって感じるリアリティに差が生まれるかもしれないが、いまやこれらは切っても切り離すことのできない緊密な関係となっている。本書ではこうした、加工して写真や動画をより魅力的に見せることを「盛る」と表現する。**「盛る」はビジュアルコミュニケーションにおける最も大切な概念の一つだ。盛ることとシェアすることが一体となってこうしたコミュニケーション空間をドライブさせている。**

「盛る」が求められる背景には、ビジュアルのコミュニケーションは文字よりも一気に消費できて見比べるという行為がつねになされるので、アテンションを獲得するためにもスタイルを確立しなければならないということがある。

例えば、写真加工のフレームが統一されていたり、写真のトーン&マナーがそろっていたり、構図が定まっていたり、良い具合にスタンプで盛られていたり…。自分のシェアしたものへのアテンションを増すために、スタンプを買ったり課金したりするのだ。

私たちが実施した調査に協力してくれた高校生のアプリ使用状況を、そのスマホのスクリーンショットから把握してみよう。図表⑱の右図では、写真アプリ専用のグループが2つあるのに加えて、動画アプリ専用のグループがつくられている。冒頭でも述べたように、動画の重要性が強くなっていることをうかがわせる。さらに、図表⑱の左図においては、

図表⑱ 加工アプリの複数所有／利用は当たり前

写真グループ内に20個以上（！）のアプリがおさめられており、その多くが加工用途のものであることが分かる。今後、動画加工アプリの数は増えていくだろう。ヒアリングからも、アプリごとの機能やデザイン性、世界観などの要素によって細かに使い分けられている実態が把握された。

　この第3章で継続して注目しているように、いまやビジュアルコミュニケーションは写真から動画へとフィールドを広げている。加工すること、盛ることにおいてもこの潮流は作用しており、**ユーザーの関心は写真の加工はもちろん、動画の加工にも拡大しつつある。その分野で重要なのが動画**

フィルターだ。改めて説明すると、ユーザーの顔など対象物にリアルタイムな加工エフェクトを施してくれるものを指している。これは現在どの程度使われているのだろうか？

次のデータを見てほしい。ここでは、各アプリを活用する際に動画フィルター機能を使う割合はどの程度なのかを示している。おおむね7割から8割のレンジにおさまり、こうしたアプリを使う上では動画フィルターの利用が前提となっていることが分かる。

スナップチャット　68・7%
スノー　77・3%
Camera360　70・4%

ではこうした機能を利用するユーザーはどの程度広がると言えるのだろうか？私たちの調査では、現在の利用者の数字に加えて、これからどの程度そうしたユーザーボリュームが広がると言えるのかを試算した。

ポテンシャル層のボリュームは、図表⑲に示されている。を見てほしい。簡潔に言えば、回帰分析を行って動画フィルター利用に関係する項目を特定し、それに基づいて使っている人と似た価値観や情報行動ではあるのにいまだ使用していない人を選別——その人々を

図表⑲ 動画フィルター利用者の広がり

動画フィルター利用者は、さらに増える見込み

動画フィルター利用者は、今後現在利用者の2倍程度にまで増加することが見込まれる

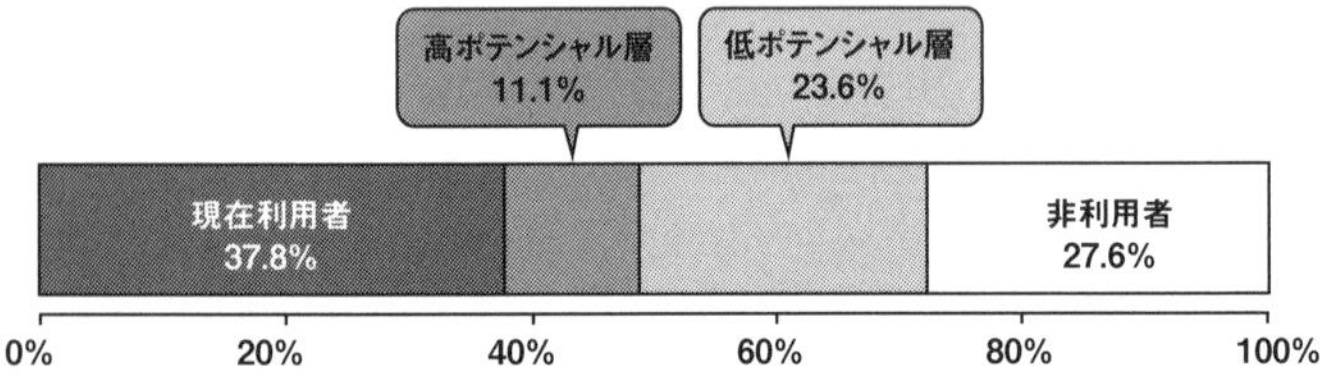

ポテンシャル層の定義条件

■加工アプリの所持数　4個以上

■写真・動画加工アプリを使う理由について、以下のいずれかに回答

- 写真加工アプリを使う理由:自分やそこに関わる人・場をキレイ・オシャレに見せたいから
- 写真加工アプリを使う理由:流行っているから・周りでやっている人が多いから
- 動画加工アプリを使う理由:自分やそこに関わる人・場の楽しい瞬間や盛り上がった瞬間を演出したいから

■他人が使っていたフィルターをマネしたいと思ったことが「ある」「とてもよくある」と回答

分析手法

ロジスティック回帰分析から、「動画フィルター利用」に影響する要因を特定し、定義条件を作成。

また、利用確率のスコアが0.4以上を高ポテンシャル層、それ未満を低ポテンシャル層として定義。

ポテンシャル層として扱っている。そのポテンシャリティが高い層を高ポテンシャル層、そして低い層を低ポテンシャル層と区分けした。前者は11・1％、後者は23・6％存在する。すなわち、**現在動画フィルターの利用者は本調査対象者全体のうち37・8％だが、今後使うようになるポテンシャル層は合計で34・7％と、ユーザーボリュームは2倍にまで大きくなる伸び代がある**と言えるのだ。もちろん、これは調査サンプルの制限ゆえ15〜34歳で比較的SNSへの関与が高い層を前提としている。しかしながら、若年層での伸び、そして他の世代への拡張も予期できることがここから見てとれる。

動画フィルターを考える上で重要なのは、その利用者数動向に加えて、それが有している機能的価値である。ヒアリングからは、「ユーザー同士で盛り上がる／盛り上がれる」という意見が出た。そのように**「時間をリッチにする」特性が重要視されている**ことが筆者としては興味深いファインディングスだった。写真の場合は1枚を徹底的に素敵なものに見せるよう加工することが重視されているが、動画加工のモーメントにはまた異なる指向性が働いているようだ。その違いについて次項で触れながら、私たちにとっての示唆を発見していこう。

ビジュアルコミュニケーション時代の「使ってもらえる広告」

前項にて、盛る／盛り上がるの違いについて議論してきた。そして「盛り上がる」には特有のユーザーベネフィットがあることを確認し締めくくったが、本項ではそれが**次世代の「使ってもらえる広告」**なのではないかという筆者の仮説を述べたい。

まず、「使ってもらえる広告」というキーワードについて3パラグラフで共有したい。この言葉は、2010年に博報堂の須田和博クリエイティブ・ディレクターが発刊した『使ってもらえる広告――「見てもらえない時代」の効くコミュニケーション』に基づいている。海外ではBranded Utilityと呼ばれる概念に近く、**ブランドのコミュニケーションを一方的に届けるのではなく、ユーザーにとって役に立つもの（Utility）を提供し、それが結果的にブランドと生活者との絆を深める**のだと考える。例えばブランドの名前が記されたカレンダーのようなものもそこには含まれるが、ここで話題にしたいのは、ウェブ以降のそのありようのことだ。

前掲の一冊の中では、ミクシィ年賀状のような、ユーザー同士のコミュニケーションの中でユーティリティーを発揮するようなサービスやツールこそが、いまの「見てもらえない」時代の新しい広告のあり方なのではないかという議論が展開されている。私たちにとってはラインのスタンプのようなものがイメージしやすいと思う。ブランドのキャラクターがスタンプになって、ユーザーのコミュニケーションの中に溶け込みながら、その認知や愛着をもたらしてくれるのだ。

筆者は、動画フィルターの「盛り上がる」価値がこのような議論に接続できると考えている。以上のような前提を共有したうえで、盛り上がることの価値を象徴しているような一枚のユーザーの写真から思考をたぐらせてみよう。

図表⑳は、スノーを使って『DEATH NOTE』のリークが顔にマスクされた状態でアイスを食べているユーザーをあらわしている（なお、先ほどのユーザーの写真もアイスだったがそれは偶然だ）。これはヒアリングに応じてくれた女子高生が、学校の中で友達とアイスを食べながら話している何気ないある日の休み時間であるそうだ。そのよくある日常の一コマが、動画フィルターの機能によって、後から見返しても笑ってしまうほどに、心に残り気持ちを動かすコンテンツになっている。別の言い方をすれば、**体験価値を底上げしている**

図表⑳ 動画フィルターで盛り上がる

ということになる。筆者はこの10秒ほどの短い動画に深い発見感を覚えていた。

面白いフィルターを使って、友達といるときに盛り上がれるということ。これは動画フィルターの、さらに言えば動画であることの価値だと思われる。先述したような、「盛る」と「盛り上がる」の差異。そして、ここで注目すべきは、ここに他のものが代入されても良いということだ。他のブランドのキャラクターやパブリッシャーなどが持つＩＰのキャラクターなどが入ってきてももちろん成り立つ。それを**ユーザーが遊ぶための素材として活用することで、使ってもらえる広告として機能する**のだ。

ユーザーのアテンションをひきつけ占有

するタイプの従来的な意味での広告だけでなく――もちろんそのような広告は受け手側のインサイトを考え抜き、表現についてプロフェッショナルの手で磨き上げられたもののわけだが――、**便利で使ってもらえるようなサービスやツールそれ自体がブランドとユーザーとのエンゲージメントを高めるような広告であれという考え方に、動画フィルターも即している**と筆者は感じている。身近なビジュアルコミュニケーションの中で、ユーザーとブランド間のエンゲージメントを「盛り上がる」時間の中で深め、その瞬間にまつわる体験価値を向上させるという意味においての課題解決がここでは担われているのだ。

シンデレラ・テクノロジーと「盛れすぎの坂」

「盛る」ことのカルチャーがいかに隆盛しているのかを説明してきたが、なぜそれがここまで重要性を持つのか?ここからは「Ｗｈｙ」の視点からの議論へと向かいたい。そしてそれを明らかにすることで**「盛る」はイマドキの若者文化に限られない連綿とした日本のカルチャーに位置づけられる**ことを示そう。

「盛る」ことが持つ文化的な影響のあり方についてリサーチを進められている、久保友香博士（東京大学大学院 情報理工学系研究科 特任研究員）との座談会記事「テクノロジーの視点から日本文化の「盛る」DNAを考える」を2016年の9月にウェブ電通報で発表した（URLなどは巻末の参考資料一覧を参照）。ここからいくつか引用を行いつつ、ポイントを抽出していく。

それにあたって、久保さんの研究テーマをはじめに共有しておくと、もともとの研究テーマは、日本の美人画の研究だった。そこには、写実的な描写からのずれを見せる、独特のデフォルメ表現が織り込まれている。そういった日本の伝統文化を工学的な視点から分析するというユニークなリサーチをてがけていく中で、そこから2009年のギャル全盛時代の中で、日本のギャルのお化粧やプリクラの加工は浮世絵や美人画の延長にあるのではないかと思いついたのだという。

現代の女の子たちは、人に見せるためにデフォルメすることを「盛る」と呼んでいるが、それは美人画にも通じる日本の文化だと見なせる。さらに昔の美人画のモデルは、スポンサーがいる特別な職業の女性やお金持ちの娘などに限られていた一方で、今はスポンサーのいない普通の女の子たちが盛って実際より良い姿になり、メディアの上で不特定多数から注目されることが日常茶飯事となった。それはテクノロジーの革新が推進した動きであり、こういった**「盛る文化」を大衆化したテクノロジーを「シンデレラテクノロジー」**と定義したという。

シンデレラテクノロジーとして注目すべきは、**「ソーシャルステージ技術」「セルフィーマシン技術」「プラスチックコスメ技術」の3つ**。「ソーシャルステージ技術」とは、誰にでも不特定多数から注目される可能性を与えたインターネット技術で、特にSNSの貢献が大きい。これは私たちもここまでの議論で確認してきた。2つ目の「セルフィーマシン技術」とは、コンピュータ上でバーチャルに、実際よりも良い姿になれるようにした画像処理技術。プリクラやスマートフォンのアプリによって普及している。そして3つ目の「プラスチックコスメ技術」とは、まるで画像処理のように、リアルにも良い姿に変わることのできるプラスチック成形技術。従来の化粧品とは違って、いまではまぶたを止めて二重にする接着剤、つけまつげ、カラーコンタクトなど、プラスチック製の化粧雑貨が増えている。さらに今後は、3Dプリンタを活用したデジタルファブリケーションなどもまじわり、さらにこの分野は発展していくことが考えられるという。

シンデレラ・テクノロジーに加えて、久保さんは研究を通じて**〈「盛れすぎ」の坂〉**という概念も提唱している。私たちの感覚でも、「うまく加工できている」と「加工しすぎ

図表㉑「盛れすぎの坂」現象の図解

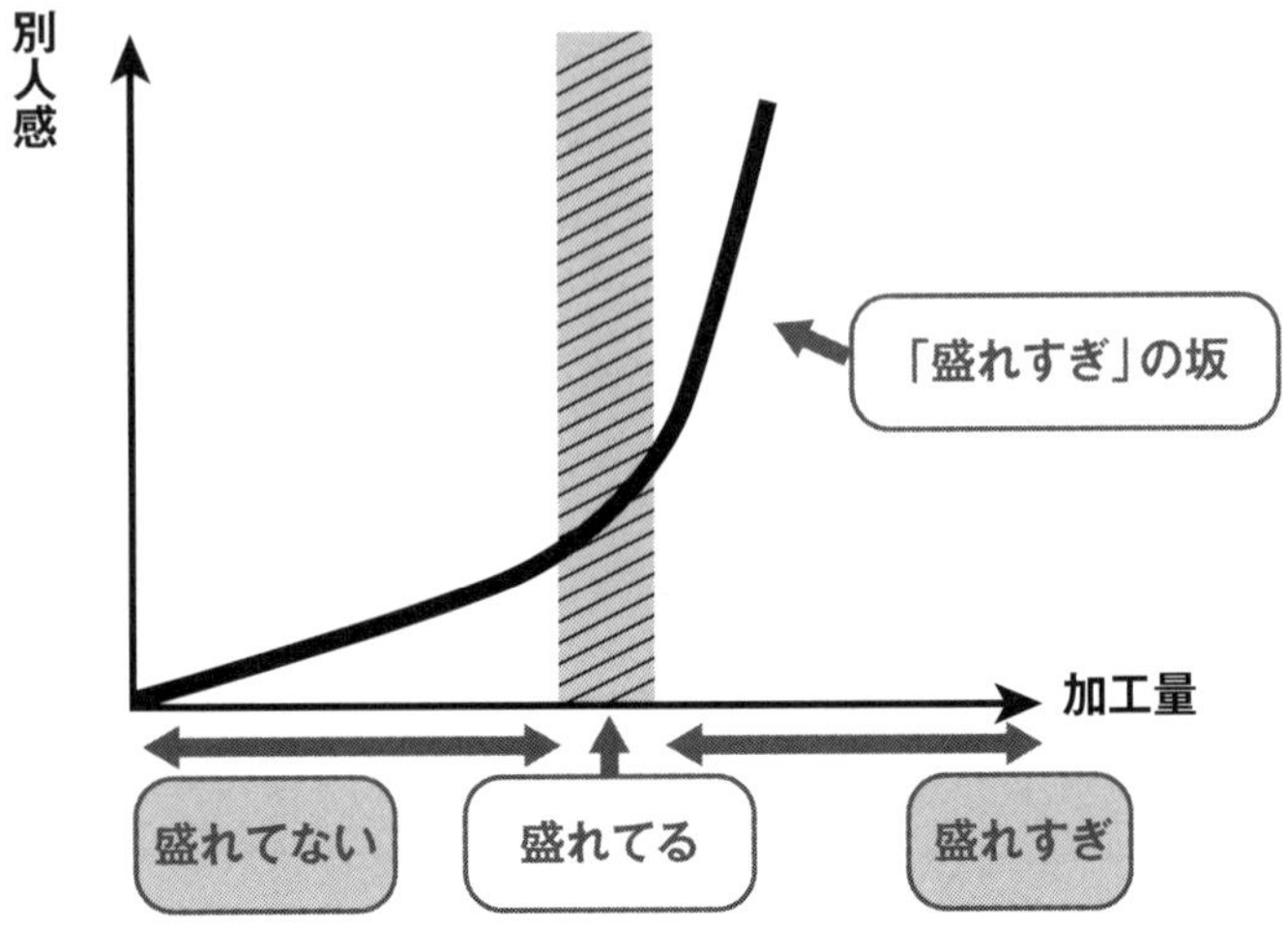

では？」という差を感じることがあるが、そのニュアンスをうまくチャート化している。

この盛れすぎの坂（図表㉑）について、久保さんは以下のように答えている。

研究として一番興味があるのは「盛り」の評価基準です。これについてはプリクラメーカーのフリューと共同研究も行っています。女の子たちは理想的に盛ることができると「盛れてる」と呼びますが、「盛れてる」の数量化を目指しています。加工を少しずつ増やす実験をしてみると、自分の写真ならかなり盛っても自分だと認識できますが、他の人の写真はある程度変化すると「別人」だと感じるラインがあります。友達から「別人」と思われるようでは「盛れすぎ」でダメなんです。その境を女の子たちは感覚で分かっているけれど、大人は分からないからその法則を数値化したいと考えるんです。

「盛る」が成立する閾値を明らかにすること。盛れている状態とはどこからどこまでを指すのか、盛るという極めて定性的な概念を定量的に計測するというスリリングな考え方だ。私たちはこのチャートを見ながら、ロボットはどの程度人間っぽく見えるとちょうどいいのかを示す「不気味の谷」(図表㉒)のことを思い出さずにはいられない。どの程度盛れると最適なのか、認識の閾値があることを直感させるコンセプトだ。

また最近では写真、動画、キャス(ライブ配信)といったビジュアルコミュニケーションの手法がさまざま出てきていて、**「盛る」プロセスを公開すること自体が一般化してきている**。シンデレラテクノロジーの議論にもあるような「ステージ化」がどんどん進行していっている。私たちがヒアリングした子にも、化粧をしているところをライブ配信して、多くのユーザーに観てもらっているというケースがあった。そういったメーク実況やハウツーなど、メイクのビフォー・アフターの裏側を見せることが共感を呼んでおり、コスメ

図表㉒「不気味の谷」現象の図解

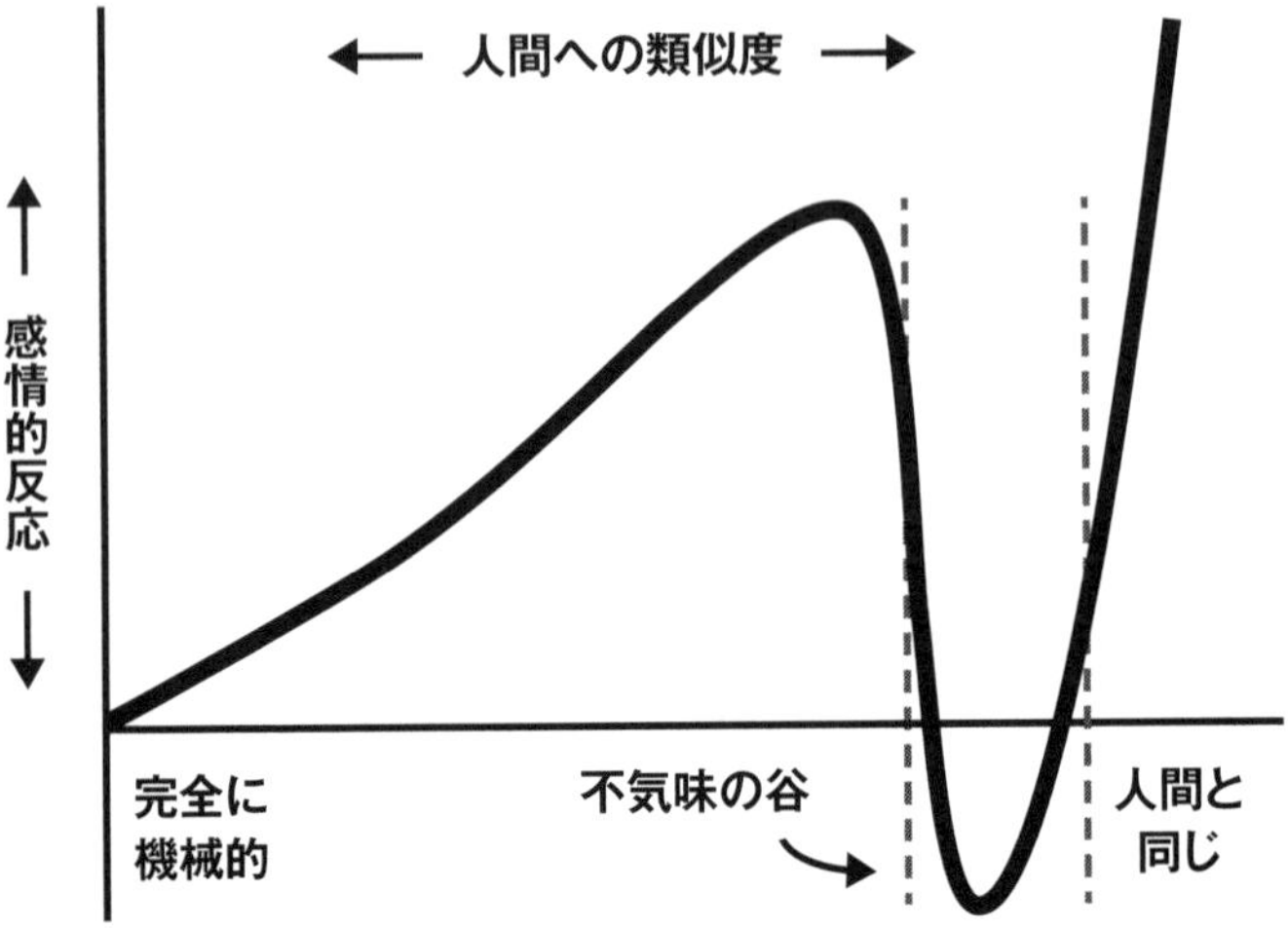

関連の企業でも、ユーザー参加型のメイクのビフォー・アフター企画で効果をアピールするキャンペーン事例がいくつか思い起こされる。

ではなぜこのようなプロセスが注目を集めるコンテンツになるのか。この点について、久保さんは次のように説明を加えている。

「盛る」のは努力であり、そこを評価する仕組みでもあります。それまで、外見の評価というと、元の顔に対して行われることが一般的でしたが、しかし2006年くらいからでしょうか、女の子たちの「元からかわいい子よりも、努力してかわいい子の方が好き」という価値観が表面化してきました。

（…）

そうした価値観の形成は、ケータイブログが普及して、誰もがステージに立てるようになり、皆が手本を求めるようになって、手に届きそうもないモデルなどよりも、手に届きそうな読モやブロガーに支持が集まっていった時期と合致します。メーク動画が人気なのは、手本を求め、努力を評価し合う中で、プロセスに価値があるからです。

重要なことは、こうした価値観の変化もコミュニケーションに関わるテクノロジーの進化と軌を一にしていることだ。久保さんによれば、発信ツールの進展と共に価値観も変化していく例としては次のような話も挙げられるという。

携帯ブログ時代は、不特定多数に向けて、大きく盛った姿で情報発信し、身近な人には見られたくないという人も多かったんです。だから「駅で見かけたらかわいくなかった」「クラスの子にバレた」というような〝事件〟があったんですね。でもＳＮＳはもちろんクラスの子にもばれることが前提です。大人や男性にも見られます。そこでとやかく言われないような方法を、女の子たちはとるようになっています。最近、化粧もプリクラもナチュラル志向になっていますが、それもその一つだと考えられます。盛りには、派手な盛りから、ナチュラルな盛りまであるので、環境に適応して外見を変えられるんです。

そして今ネット上で評価されている子は、リアルでも男女問わず友達が多い人気者ですね。かつて携帯ブログでアクセス上位の子の中には、クラスでは嫌われているかもしれない雰囲気の子もいましたが、ＳＮＳ時代の人気者はリアルでも人気があって、近くの仲間を大事にしていますね。

より現実とオンライン上の情報空間との距離が近づいていることが分かる。その結果として、盛ることもナチュラル志向になっている側面があるという。

私は技術が文化をつくると考えています。ナチュラルといっても、手が込んでいるナチュラル盛りですよね。人工物は自然に見せる方が難しく、技術が高くないと不可能です。技術者は進化を求めるので、よりナチュラル盛りを実現する方向に進んでいくでしょうね。

（…）

今後は〝自然な人工物〟としてのナチュラル盛りが進むでしょう。技術的にいえば、加工量、計算量は増えていくことになりますが、見た目としてはより盛られていないかのようになっていくはずです。

盛るという現象は今後も続いていく一方、テクノロジーとしてよりそれがテクノロジーとして意識されにくくなっていく――すなわち、より透明化していくことになる。では、**「盛る」ことのナチュラル化、その「地続き感」は私たちの自己認識やアイデンティティのかたちにどんな影響をもたらすのだろうか？**

「盛った私」のアイデンティティ

インターネットが私たちの日々の生活に浸透して以降、人々の自己同一感／アイデンティティはどう在るのか、つねに議論がなされてきた。ビジュアルコミュニケーションの時代におけるアイデンティティの問題を考えるとき、重要なのは視点②でも採り上げたSNS映えという問題だ。単純にルックスを盛る、アウトプットを表現的に綺麗に整えるということだけでなく、**本来の自分以上の自分というものをアピールしてしまい、結果としてそのバーチャル上のアイデンティティに縛られて引っ込みがつかなくなる**こともあるのではないだろうか。1－3で引用した通り、シェリー・タークルもその問題を指摘していた（p.71参照）。

私たちの時代において、**「セルフィーはメディアである」**。このテーゼが意味することは、**セルフィーは単なる自分の写真（コピー）にとどまらず、それ自体が周囲の受け手やそればかりかその人自身に再帰的に影響を及ぼしてしまうような、そんななにものかである**ということだ。動画フィルター等で加工されたセルフィーはいまの自分を伝達し、その時の感情を共有することに加えて、私はどのように見られたいか？についてのメッセージを伝える。セルフィーに写る加工済みのオンライン上の「こう見られたい私」は、オフライン上の自分と多少似て非なるものであったとしても／あるがゆえにこそ、強力なメディアとして私自身の自己認識にも揺さぶりをかける。
そうしたあり方は、いわば**いまここにいる私と、ビジュアルコミュニケーションの中で表象され流通されていく私との分裂を問題視することなく、アイデンティティの揺らぎや拡張をむしろ受容し積極的に楽しむ**——そんなメンタリティとして表現することもできるだろう。久保さんが「盛れすぎの坂」のかたちで理論化していた「ちょうど良い盛り方」についての議論も、そういった揺らぎの閾値に関する問題であったと変奏できるはずだ。
筆者が述べたいのは、私たちが扱うオンライン上のアイデンティティとの関係性を**「ディタッチメント（分離）」ではなく「インテグレーション（統合）」**の相のもとで捉えていこうという提案だ。

ドミニクさんはそうした事情についてこう語っている。

ネットだけで充足できるという感覚、つまりネットと現実の関係が主客反転しているかたちもありますね。ネット上でアイコンがかっこいいから付き合うことにした人の話を聞いたことがありますが、それは自慢しやすいような、自己自慢のパフォーマンスが高い人格と付き合いたいニーズがあることを意味している。
それだけ人生や生活の比重がネット上で充足できるようになっているのは新しいなという感もあって、10年前のアプリやサービスだったらそうはならない。それだけネットのリアリティーが現実にロックインしはじめているのは面白いと思うと同時に、本末転倒な気もしますね。

こうした現象を少々の留保つきで見ることも大切であると認めつつも、筆者はこうした「オンラインびいき」の価値観をとても興味深いものとして捉えている。ここで指摘のあった付き合うことイコール彼氏&彼女事情については、盛る文化との関連性を久保さんも指摘している。

共同研究をしているフリューの2015年1月の調査結果によると、彼氏のいる女の子のうちの約60%が「同じ年の彼氏」のようなんです。例えばミックスチャンネルのカップル動画に一緒に出てくれるような彼氏、自分と同じ世界観を持っていてSNSで〝おそろコーデ〟をしてくれるような彼氏がよいからではないでしょうか。昔は「レストランに連れて行ってくれる年上の彼氏」がいることがかっこよかったりしましたが、今はそれはかっこよくない。「年上の訳あり彼氏じゃ、SNSで公開しづらいじゃん」となってしまうんです。同じくフリューの2016年5月の調査結果によると、彼氏のいる女の子のうち50％が彼氏との写真やプリクラをSNSに投稿していて、そのうち72・4％が彼氏も肯定的だと言います。

「モテ」も突き詰めれば人間関係。ここまでの話を踏まえれば、そこにも変化が及ぶのは当然と言えるかもしれないし、そのようなモテる条件の変化に沿って、男性も盛ることへの抵抗が薄れてきていると言えるのかもしれない。このような価値観に導かれて、年上の男性×年下の女性というカップリングは少しずつ減っていく（?）のかもしれない。

とはいえ、このような加工文化の隆盛に対しては、「あまり加工するともともとの姿が分からなくなるのでは」といった疑問の声が聞かれることもある。両者が乖離（ディタッチメント）してしまっているのは健全な姿ではないと。このような立場からの応答として、盛られた写真をすっぴんに変えてしまう逆・加工アプリというものが最近では注目を集めていた。例えば、「MAKEAPP」。このアプリを使えば、盛られた写真のなかに写りこむ顔を認識し、メイクを無効化してしまう。こうしたカウンター的なアプリが出てくること自体が、いかに「盛る」ことの存在感が強まっているのかの証左でもあるように思われるわけだが、いましがた導入した立場で言えばこれは「ディタッチメント」の側に属するものだ。

だがこれは本当にその通りだろうか？久保さんのこの解説はその視点に若干の修正を迫るもののように思われる。

今までは動画で綺麗に盛れるアプリはなかったので、動画でありながらかわいく盛れる画像処理を達成していることがスノーの人気の理由でしょうね。もう一つ、個人の特定という視点からもスナップチャットやスノーは絶妙で、動物などが合成されることにより知っている人だけしか誰の写真だか分からないようになっています。

この二つのアプリは、そのフィルターを見慣れている人にしか、その先の内容をつかみづらいようになっているため、大人が入ってこられないコミュニティーで、同世代の子たちとだけコミュニケーションできる、聖域ともいえる場所です。上の世代と隔絶したコミュニティーをつくることは、大人の文化や社会への一つの反発、反抗のかたちでもありますね。

つまり、**ディタッチメントしているように外部からは見えながらも、ユーザーたちは盛った私をインテグレーションしたものとしてシェアしている**ということを意味しているのだ。

カリフォルニア工科大学で認知科学を研究するスティーヴン・クウォーツ氏が書いた『クール 脳はなぜ「かっこいい」を買ってしまうのか』では、「クール」や「かっこいい」の背後には既存の価値観に対する反発が働いているのだと論じられている。例えば、iPhoneを世に出したAppleにもカウンターカルチャーの価値観が根付いており、それがクールさの源泉でもあると。これに則ると、**「SNS映え」や「盛る」ことも一つのカウンターカルチャーのかたちなのかもしれない**と思えてくる。日本においては、そうした反抗から新しい価値観を生み文化をつくり出していくのは、若い女の子に託されているといっても過言ではないかもしれない。

オンライン上の盛られた自分との矛盾なき同居―つまりインテグレーションがもたらすアイデンティティの複数性を、肯定すべきものとして捉え返してみるということ。筆者と一緒に調査プロジェクトを主導した電通総研の小椋ディレクターは、座談会でこのようにコメントしている。

　今回の調査を通して感じたのは、今の若い人たちは、〝リアルな私〟と〝SNS上の私〟が矛盾なく共存しているということ。〝盛った自分〟も『私である』と認識している点に新しさを感じます。かつてのインターネットユーザーは、オンラインとオフラインを切り離すことに〝自由〟を求めていました。それに対し、今はむしろオンラインとオフラインを結び付けた上で、そのアイデンティティーを拡張していくことに〝自由〟を感じる世代。だから、これからはわれわれ広告会社も、〝リアルな私〟だけでなく、〝SNS上の私〟もターゲットとしたコミュニケーションのあり方を考えていく必要があると思います。

ディタッチメントからインテグレーションへ。そうしたコミュニケーションの場とリアルな空間との序列が区別できないようなものになっているのは、情報テクノロジーがそれまでの本質／非本質を脱臼してしまうためでもある。いまある常識的な見方から指弾するのではなく、かといって逆張り的にただ称揚してみせるのでもなく、**そこに引き直された**

新しい価値の基準線を正しく捕捉することが必要だと感じる。

なぜ「盛る」のか？
——イメージを操作することの快楽

この節の最後に、盛るということがなぜ人々を魅了するのか、そこに焦点をあててみたい。動画フィルターのおかげで、自分の顔やルックスを加工して楽しむことがとてもカジュアルになった。それは**見た目（ビジュアル）を操作することでもあると同時に、「自分」というイメージをマニピュレーションすることでもある**といった二重性を備えている。そして、そのことには固有の楽しさだったり快楽だったりが内在していると筆者は考える。

Richard Howells（2012）『Visual Culture』でも、このような点こそが本質的なのだと述べられている。すなわち、写真がデジタル化することの利点はそれを送ることや保存することが容易になるということはもちろんだが、更に重要なのはそれを自由に「イジれる」ようになることなのではないか——。より正確に言えば、**「写真のデジタル化の進展は、イメージを操作すること［manipulation］の手軽化と普及のプロセスと密接に関**

係している」と立論する。イメージの操作とは、ここまで使ってきた言葉に直せば「加工」であり、ビジュアルコミュニケーションに長けたユーザーが「盛る」と捉えているものに他ならない。

ここでの議論において重要なのは、そういったイメージの操作という作業それ自体に楽しさが含まれており、それによってドライブされるかのようにして近年の加工文化が爛熟してきた一面があるということだ。そして前掲書で**「手軽化と普及のプロセス」と述べられているように、若年層だけでなく他の世代へもこのような作法が広がっていく可能性を秘めている**。現に、こうした動画フィルターを普段使わない筆者や会社のシニアなメンバーも、実際に利用してみるとその楽しさについて気づいてしまう。**自分がこれまでとは違う自分になることは端的に楽しいことなのだ!**

また筆者は、イメージの操作というものは限りなく遊びに近い一面があるのではないかとも考えている。そしてそれはここまでの議論から明らかなように、**自分のアイデンティティをネタにして遊んでいる**ということに他ならない。私たちにとって一番の関心の源泉は、多くの場合「自分自身」のことであるが、自分というものには確固たる「答え」がないものではないだろうか。**何者にでもなれることの軽やかさとそれゆえの不安や悩ましさ**

が同居する中で、私たちは遊ぶ瞬間においてこそ、そのアイデンティティの不確かさを楽しさへと転換できる。それゆえに、自分のイメージで遊ぶことには尽きぬ快感があるのではないか。

今後、テクノロジーの進化で人間が働く時間が減り、長期的には暇な時間が増えると予測されている（日本においては働き方改革のような文脈もここには関係してくるかもしれない）。そのとき、**自分と向き合う時間が増える中で、自分のアイデンティティを操作すること、自分のイメージで遊ぶことはさらに盛んになっていくのではないか**と筆者は考えている。

3-4 視点⑤：ライブ動画のＳＮＳシフトに注目

いまよく使われているライブ動画サービスとは？

ライブ映像の配信サービスには長い歴史があるが、いま改めて採り上げる理由はここに「ＳＮＳシフト」が加わるためだ。人々のつながりが築かれた場でライブ配信を行うという傾向が、調査結果からもうかがえるようになってきた。フェイスブックやラインといったＳＮＳ上でライブ配信できるサービスの利用率が高まりを見せている点に注目したい。

ライブ配信サービスにもさまざまな種類がローンチされユーザーからの支持を得るようになっているが、最近ではスタンドアローンに提供される配信機能に特化されたタイプに加えて、ソーシャルなプラットフォーム上で配信できるようなＳＮＳとセットになったタイプのものへの注目度が高まる兆しを見せている。

ライブ動画サービスの利用状況を聴取した結果を図表㉓にあらわした。「調査回答者全

図表㉓ SNS×ライブ配信の隆盛

ライブ動画サービスのSNSシフト

現在利用率は、ニコ生、Facebook Liveが25%とトップ。
サービス認知に占める利用率は、
Facebook Live が43%で最も高くなっている。

ライブ動画サービスの利用状況 n=1600

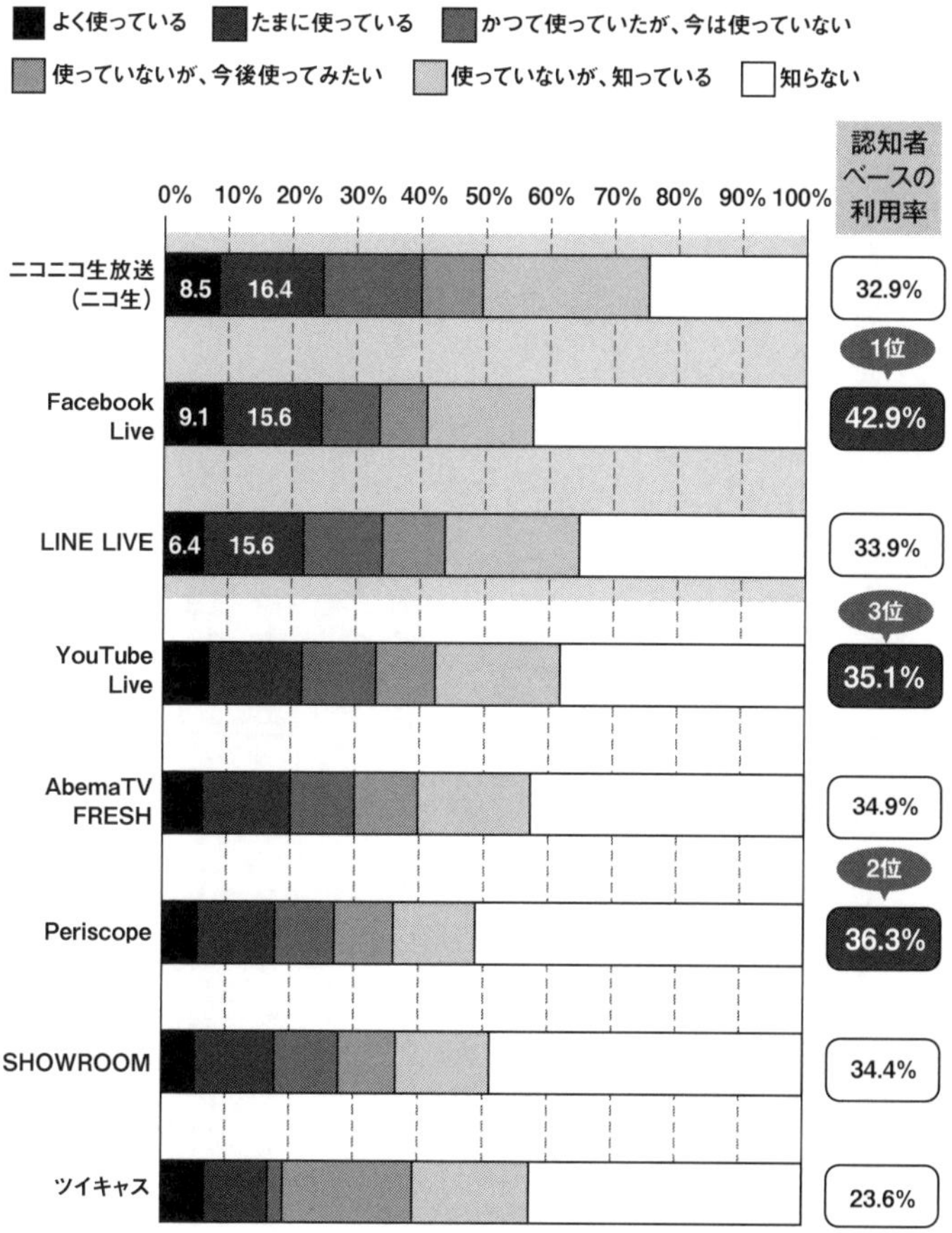

体」において、「よく使っている」「たまに使っている」のTOP 2スコアで見ると、スコア上位から順に「ニコニコ生放送」「フェイスブックライブ（Facebook LIVE）」「ラインライブ（LINE LIVE）」と続く。ニコニコ生放送（通称：ニコ生）はこのライブ動画としての知名度も実績もあるので高いスコアがつくのは納得しやすい。ここで注目したいのは、フェイスブックやライン、そしてユーチューブなどのユーザー同士がつながりあう性質を持つサービス上で展開されるライブ動画サービスが後続に名を連ねることだ。この調査のタイミングではまだローンチされていなかったため聴取はできていないが、現在利用することのできるインスタグラムのライブサービスも高いスコアをつけるであろうことが予想される。

またこのチャートには、いま紹介したポイントに加えて、もう一つハイライトが存在する。それは、チャート右側に記した**「そのサービスを認知している人」を対象にした利用率スコアで、ここを参照すると1位のフェイスブックライブが42・9％となっているのを筆頭に、「ソーシャルメディア上で提供されるサービス」がさらに強さを発揮しているこ**とが読み取れる。再度の登場となるが、**ネットワーク効果がここにも及んでいる**ということとを示唆する。

ここで各サービスの代表的な特徴を整理したい。

(1) フェイスブックライブ

●フェイスブックのMAUは日本国内2700万人、グローバルだと20億人。その巨大なプラットフォーム上に乗っかる強みがある。

●いいね!を集めたはいいものの…と悩んでいる企業アカウントの次の一手にできる。ブランドのコンテンツを伝えるために。エンゲージメントが高くなると届きやすくなる。基本的にはいいね!している、orフォローしているユーザー。フェイスブックライブは事前にこの時間にライブやるよと出せる。準備せずにいきなり配信してもダメ。

●もともと興味・関心があるユーザーに対して、ライブ配信の活用によってリッチなPRや告知が可能。プレス発表会や関係者向けイベントの中継などに活用できる。配信したものをアーカイブとして残すこともできる。

（２）ペリスコープ（Periscope）

●ペリスコープ（Periscope）は潜水艦で用いる潜望鏡の意味。もともとは単独のライブストリーミングサービスだったが、２０１５年にツイッターによって買収された。したがって、ツイッターアカウントと紐づけて活用できる。

●ツイッターのプラットフォーム上で活用できるので、国内ＭＡＵは４０００万人、海外ＭＡＵは３・３億人。10〜20代の若い男女が利用している。

●ファッションショーやメイクチュートリアルなど。海外では、これを使って大統領選を中継するなどの利用者の広がりを持つ。最近では、大きなスポーツイベント（ＮＦＬなど）の配信にも拡張。

（３）ラインライブ

●国内ＭＡＵは２８００万人。ラインとは別アプリ（ユーザー数も別カウントである）。ユーザーは10〜50代までと幅広い。一般人だけでなく、広瀬すずなど芸能人も利用している。

●ラインミュージック（LINE MUSIC）と連携。好きなアーティストのチャンネルを見れる。

●ハートの数次第でゲストに歌を歌ってもらいましょう、などのゲーム感覚のやりとりが盛り上がる。逆に、フェイスブックはみんな実名なのでコミュニケーションのノリや温度が異なる。

（4）ユーチューブライブ（YouTube LIVE）

●海外ではMAU 15億人（日本国内は公表されていないと思われる）。

●画質が安定しているという配信側のメリットがある。

●ニュースチャンネルやゲーム実況なども盛ん。また、ユーチューブ「などの固定的な強い発信者がいることも強み。

こうした**SNSのライブ機能のメリットは、リアルタイムのコミュニケーションが図れること、瞬間の共有ができる（まさにライブであること）こと、さらにはシェアのしやすさや双方向性を活かした展開**などが挙げられる。また、コンテンツさえはまれば、ユーザーをずっとそこに留めておくこともできることから、情報量や視聴時間の長さの点でも特筆性があると言えそうだ。
ブランドやパブリッシャーのアカウントからしても、リーチ力や拡散力、既存のいいね！活用（ファンとのエンゲージメントの活用）、オフィシャルアカウントの活用などが望める。インタビュー、セミナー、イベント、記者会見や新製品発表、ミニ番組（制作コストを抑えてオウンドメディア強化へ）、施設紹介や案内、カスタマーサポート…などといったさまざまなオプションがあるし、考査などもないのでコミュニケーション設計の自由度を高く保ったまま独自コンテンツの提供もできる点がメリットだ。

ただ、ユーザーに届けるための工夫は重要。例えば、ライブ配信するまでのタイミングで、どう告知していくか。そこを誤ると、人の集まらないライブという最も寒々しい結果をまねく。

そして、月末の配信はちょっと伸びないというパケット問題もある。学生が対象だと、夕方から夜の、家にいてＷｉ－Ｆｉがつながるような時間帯がいいだろう。ターゲット次第でどの時間帯に配信するのがいいか、は変わってくる。コメントを募集します↓ゲストが答えるといったインタラクティブな仕掛けにすると、若者はコンテンツへの愛着や没入を強める。

電話とライブ動画と投げ銭

では、ユーザー達はどのようなベネフィットをこうしたライブ動画サービスに見出しているのだろうか。

アンケートの結果によれば、

「たまに素人が面白い企画とかしてるから」
「〝生〟のリアリティが伝わってくるということと、そこでしか見られないという特別感」
「動画と違って編集がないから」
「長期保存はしたくないけど思い出を拡散したい」
「動画を加工したり投稿することで、多くの人とつながれたり自分を表現できる」
「魅力的な動画アプリが豊富で、自然と見たくなるから」

「電話等に誘うのが苦手なので、ライブを開き友達の方から来てもらいたい」（！）

といった声が寄せられている。

通常、**オンラインのコミュニケーションは非同期的なコミュニケーションに適している**と言われる。さまざまな情報がストックされ、そこにいつでも自由にアクセスできるといった接続可能性（アクセシビリティ）を持つことは、オフラインにとっては難しい側面もあるからだ。しかし、ここまで見てきたようなこうした形式ならではのリアリティを伴った**ライブ動画は、まさにその同期性がユーザーベネフィットの中核にあることを示しており、体験をシェアすることの新しいかたちにユーザー達が向かっている**ことを感じさせる。

なお最後の、電話よりもライブ動画の方が楽でいい（！）という意見は、さすがに筆者もジェネレーションギャップを感じざるを得なかった！　最近の若年層の中には電話が苦手な人も多いといった議論があるが、そうしたことを想起させてしまうような回答だ。一般的には電話の方がハードルは低いはずだが、そうではなくライブ動画の方がハードルは低いという逆転現象が見られるのは一体なぜなのか。1－3でも引用したシェリー・タークルは、「（若年層は）電話は編集ができないから嫌がられるのだ」という指摘を残している（p.71参照）。オンラインでシェアされたものはほぼ編集できる――つまり、**自分が発信したものはいつでもエディットできるという感覚に慣れた世代**にとっては、一方的にコミュニケーションが接続され、しかもそこでのやりとりは自分の意図しないかたちで伝わってしまうリスクが、エディットする余地すらないままに伴われてしまう電話は恐ろしいものに感じられるのだろう。

そんな電話よりも手軽なライブ動画の界隈は、いま爛熟期を迎えつつある。「魅力的な動画アプリが豊富で自然と見たくなるから」という意見も確認されたように、現在この分野は非常に盛り上がりを見せているのだ。紙幅の都合上、そうしたサービスを紹介しきることはできないが、例えば日本ではSHOWROOMなどを筆頭に、各種の特性を兼ね備えたライブストリーミングアプリが多くのユーザーに愛好されている。また、中国ではこうしたライブ動画配信サービスに**「投げ銭」機能が追加され、ライブ動画配信サービス上に巨大な経済圏が形成されている**ことが注目を集めている。いわゆる**インフルエンサーが動画を配信すると、ファンからの投げ銭がかなりの多額でなされたり、そこでレコメンデー**

ションされたモノがEC上で売れるといったことが頻繁に起こっている。なぜ投げ銭がそこまで起こるかというと、いくらかの課金を行って特別なアイテムを相手に与えると、目立つことができて発信主に認知される。それが視聴者にとっては、「嬉しい」を超えて「認められた」という承認欲求に直結する効果をもたらす。だからこそ、投げ銭を止めることはできないのだ。そうしたコミュニケーションにはむしろ年齢が高いユーザーの方がのめりこみがちという指摘もある。**SNSと連携したライブサービス、そしてこうした場で影響力を強めるインフルエンサーという組み合わせは今後も要注目である。**

最後に、筆者が20代前半男性のインフルエンサーにインタビューしたときのことを紹介して本節を締めくくりたい（ウェブ電通報の「イケメン読モ・夏川登志郎に、イケメンなツイキャスの使い方を教えてもらいました」を参照）。彼はさまざまなSNSやライブ動画サービスを活用して、自らの主催するイベントやライブへの集客をやすやすと実現していた。自分がギターで弾き語りをする様子をライブ動画で配信し、実際に自分のライブでその歌を演奏する…などの演出がファンにかなり刺さっていたのが印象的だった——なお、彼によればいまや路上での弾き語りは効率が悪く、オンラインでやる方が絶対に良いです！　とのことだ。いま、ファンサービスはライブ動画と切っても切り離せないのだ。

そのようにボトムアップ的にファンとの絆を構築し、少しずつその数を増やしてコミュニティー化していくこと。これは生活者が発信者にもなる高度情報社会におけるマーケティングモデルとして、今後も欠かせない要素である。ライブ動画＋ＳＮＳはブランドやパブリッシャーはもちろんだが、より個の力をエンパワーメントする方向に働く。その視点に注目していく必要があるということを、本章のまとめの代わりとして次節で詳述したい。

3-5 更なる「生活者のメディア化」に備えるべし

調査結果をもとに、ここまでトレンドとしてのES-M-L＝「消える」「盛る」「ライブ」について解説してきた。ここまでのES-M-Lについての議論から、フォーカスされた示唆を再度抽出すると以下のようになる。

・「Ephemeral/Short」という手軽かつ濃密な動画コミュニケーションの普及
・「Moru」というユーザーニーズに深く根付いた楽しさと快楽が駆動するビジュアル文化
・「Ｌｉｖｅ」で体験をＳＮＳベースにシェアする新しい時間体験と消費文化の発生

これらの特性が示唆するものを考えるために、ここで一段俯瞰するならば、ＳＮＳにおけるユーザーのビジュアルコミュニケーションのES-M-Lという要素が重要になる背景として、**ウェブを通じたコミュニケーションの「いま」性が高まっている**点を指摘できるのではないか。「ES」も「M（盛り上がるの側面）」も「L」も、ユーザーの体験する時間に関連する特性を有しているという共通点がある。ESであれば、残らないことはいまそのもののモメンタムを最大限活かすことに他ならないし、Mは体験価値を向上し、リッチな時間を過ごすことにつながっている。Lであれば、いまこの瞬間を届ける同期的な志向性と表現することができるだろう。

「いま」性とは、その時間の強度／密度／濃度のことを言い表した概念だと言うことができる。**情報洪水かつコンテンツ過多な現代においては、逆説的にコミュニケーションの一回性の時間／機会のリッチネスを求める機運が高まってくる。**一回性はその体験の強度を高めてくれるからだ。**「いつでも視聴可能」なコンテンツはかえって視聴することから遠ざかってしまうように、あるいは消えてしまったりライブでその時しか見られないという制限があるからこそ「見よう」と態度変容が起こるように、私たちは、その時間に込められた強度／密度／濃度を視野に入れるようになっている**と言えないだろうか。ここには、私たちが現代の情報環境の中でコミュニケーションに何を求めているのか、それを考える上でのヒントが含まれていると考えられる。

今後は各種SNSでES-M-Lの機能／サービスはより高度に整備され、ユーザー側もそれに合わせたコミュニケーションを行うようになっていく。例えば、インスタグラムはESもMもLもどの要素も短期間のうちに実装整備され、ユーザーのさらなるコミットメントを促している（私たちが準拠する2016年10月実施の調査後、インスタグラムではライブ配信と動画フィルター機能を追加している）。

そうしたトレンドたちの通奏低音として、「コミュニケーションの『いま』性の高まり」を重要なポイントとして挙げたが、それに関連する視点として**「生活者の自己発信やメディア化」がさらに進展していくだろう**という仮説を筆者は持っている。これまで見てきたように、**特にES-M-Lはユーザーの情報発信の敷居を下げる効果を持っていることから、生活者のメディア化をさらに推し進める**であろうと考えられる。

SNSのビジュアルコミュニケーション化がもたらすこうした諸変化の効果は、「生活者の自己発信やメディア化を支援することが、より企業やブランドのプロモーションに活かされる」という命題へと、ひとまずは集約させておくことができる。そのような環境変化への備えを私たちは講じておく必要があることをいま一度強調しておきたい。発信する生活者をいかに味方につけるのか、コミュニケーションやマーケティングの領域において加速的に重要度を高めつつあるこの命題をめぐっては、第5章や第6章の中でより踏み込んだ仮説提起を行いたい。

☑「消える（エフェメラルな）」コンテンツ

インスタグラムストーリーズなどの普及によって登場、一気に普及。手軽に発信できる価値が受容されている。（視点③）。ウェブのコミュニケーションはストックだけじゃない。

☑短尺なコンテンツ

ユーザー側がショートアテンションになっていることの裏面として、より受け入れられやすくなっている。

☑「盛ってシェア」する文化

イマドキの若者文化ということに留まらない、連綿と続く日本のカルチャーである（視点④）。

☑写真は「盛る」／動画は「盛り上がる」

それぞれに求められる価値の違いを表している。同じビジュアルコミュニケーションの括りの中でも区別して扱うべき。

☑新・使ってもらえる広告

動画フィルターを使ってシェアされる、キャラクターになりきった写真や動画。これこそがビジュアルコミュニケーション時代の「使ってもらえる広告」。

☑ライブ配信

ますますSNSの場へシフトしている（視点⑤）。またコマースと結びついたライブコマースにも注目。この分野はインフルエンサーの存在とも結びついて更に盛り上がる。

☑「消える」「盛る」「ライブ」

シェアの敷居を下げて、生活者のメディア化を進行させることを表す。

CHAPTER 4

情報との出会いは「ググる」から「#タグる」へ

4-1 なぜSNS検索はいま隆盛しているのか？

第1章〜第3章ではコミュニケーションのビジュアルシフトに関するユーザー側の変化や、それを促すツール自体の進化について一望してきた。第4章では、そうした背景を踏まえながら、この時代の情報の広がり方について分析を進めていきたい。**インターネットは常々情報の拡散のためのプラットフォームとして注目され続けてきて、そのたびに新しい言葉が生み出されてきたが、まだビジュアルコミュニケーション主体の環境を分析するためのそうした試みはあまりなされていない**ように思われる。**人々がビジュアルコミュニケーションを行うようになると、情報の拡散の仕方はどのように変わるのか？**　そこから、「タグる」というキーワードを軸とした上で、章題ともなっている**「ググる」から「タグる」へ**というシフトを念頭に試論を順次展開していく。

「SNS疲れ」から遠く離れて

現代を形容する言葉として「情報社会」がしっくりきていた時期もつかの間、現在は既に「情報爆発社会」と呼ぶべきフェーズを迎えている。インターネットの普及、そして特に2000年代中ごろの「Web2.0」ムーブメント以降（Web2.0については1－2でも触れているので説明などはそちらを参照。p.48参照）、私たちをとりまく情報流通量は急速に増加し続けたまま止まることを知らず、ある説によれば、**現代を生きる人々が一日に消費する情報量は、活版印刷以前の時代の人々が一生で得ていたものに匹敵する程に膨張している**という。

現代では、情報は希少財ではなく潤沢財となっており、私たちは膨大な情報を「検索」し「濾過」しなければならなくなっている。[4] あふれる情報を自分の納得いく形で収集できていると思う人はそう多くないはずで、**情報量が指数関数的に増大し続ける私達の社会のペイン**（**解決されることが望ましい悩み・苦痛**）**に対するペインキラー**（**そのような悩みや苦痛を解決するもの**）**をいかに創造するか**という課題は、ポータルサイト、RSS、アグリゲー

4　ジェイムズ・グリック『インフォメーション―情報技術の人類史―』（2013年、新潮社）

ションサイト、まとめサイトやキュレーションメディア…といった効率的に情報を届けるための手段が数々生まれてはきたものの、いまだに未解決のまま摘み残されているように思われる。

そんな中で私たちがＳＮＳを通じてニュースに接触する頻度が増えているのは、**自分の身近な友人知人が発した情報だという「双方向性」の加味されたニュースが、受け手の「最適化」にとって重要**であるということを意味している。みな「人」をフィルターとして情報を選別しているのだ。**一日の限られた時間の中で、最適化された情報をいかに得るかという視点はより重要性を増し続けており、ツイッターやインスタグラムの検索機能を使ってポストを探すようになっているのは、ユーザーの合理的な選択の結果でもある。**そして、そのようなツール自身もユーザーに検索することを促すような仕組みを備えているということも反面では指摘されうる。**人とつながり合い、その近況をシェアし合うことに留まらず、自分のほしい情報を探す場となっているし、発信するユーザーの増加がそれを後押ししている。**

視点①でも触れたように、誰もが特別なイベントに限らず、日常を写真や動画に切り取ってＳＮＳでシェアし、互いの体験に興味関心を抱き合うようになったことが、情報の検索や収集の方法にも変化を及ぼした。ビジュアルコミュニケーションのアプリ上にはこれまでユーザーが投稿した膨大な数のビジュアルが存在し、いわば**人々の可視化されたライフスタイルやインタレストの集積とも表現できる情報ソースになっている**のだ。

私たちの調査からは、**SNSの発信モチベーションは、1位「自分自身の体験のストック」(36・9%)、2位「つながり、コミュニケーション」(17・9%)、3位「生活のアピール/演出」(16・1%)**という結果が得られた。**ユーザーはSNS上での他者の視線を気にしながらも、こうした情報発信の主眼は自分自身へと向いている**ことが確認できる結果となっている。この結果が重要であるのは、最近議論に上がることの多い「SNS疲れ」という現象を批判的に検討し直す材料となるためだ。

SNS疲れとは、多くのユーザーがキラキラしたポスト(SNS映えするようなもの)ばかりを選んでシェアすることによって、見ている側の気後れや自分と比較しての気疲れなどが起こってしまうというものだ。そのようなものを見たくないという理由で、SNSに対してアクティブでなくなるというケースも見られる。確かに、ユーザー同士の見栄の張り合い、マウンティングのようなものは疲れてしまう側面もある。フェイスブックやインスタグラムはその傾向があり、ツイッターはそうではないので後者の方が気楽でいいという場の特性もある。このようなことを下敷きとして、SNSを使わない方がユーザーはハッピーでいられるという結論を導き出している調査結果もあるようだ。

しかし、今回明らかになったように、ユーザーはSNS上で自身の体験や興味関心のあるテーマをストックできることを重視しているという結果に注目したい。これは、必ずしもSNS疲れするような使い方だけがされているわけではないということを意味しているし、そうした良い意味での**「自分視点」のストックの連なりが情報ソースとしての価値を高め、私たちにとってのSNSの重要性や信頼性を高めている側面がある**と評価することができる。**インスタグラムはSNS映えを意識する場であるが、それだけでなく各人が自分自身の関心を突き詰めてポストを続けることで、インタレストのコミュニティが生成されていくという二重性を帯びている。**そのような性質が、SNSで情報を探す私たちの情報行動をブーストしているのだ。

ＳＮＳの情報ソース化と検索の場への変化

ＳＮＳが情報ソースとして重要な位置を占めるようになっていることに比例して、ＳＮＳは先端的な若者スマホユーザーを中心に情報を探す検索のための場としての重要性を高め続けている。今回の調査からも、**ＳＮＳを使う目的として「情報収集・閲覧」を挙げるのが52・3%**という結果を得ている。**人とつながり合う場としての機能はもちろん、いまではＳＮＳはニュースを得る場という色彩を強めている**のだ。

例えばインスタグラムにおいては、利害の絡まない信頼できる情報を取得できること（その際、多くのユーザーが自分と似た属性の発信者であることも安心感を伴わせる）、そして自分の関心や好みのテイストに合った情報を効率的に得られる点も支持されている。サービス側においてもそのような情報行動をサポートするような動きがあり、インスタグラムアプリ内の虫眼鏡のアイコンは、〝発見ページ〟と呼ばれているもので、英語でいうと〝Search & Explorer〟という機能にあたる。検索機能はもちろんのこと、能動的に検索せずともユーザー一人一人の興味関心にマッチしたビジュアルと接することができるようなＵＩとなっていて、視覚的、直感的に好きだと思えるようなポスト、フォローしてみたいと思うアカウントなどに出会うことができる。

ツイッターもリアルタイムな情報収集に向いており、いま人々が何をしているか／考えているかを確かめるための検索が便利だ。**インスタグラムとツイッターにはストック的かつフロー的という、ゆるやかな機能差がある。**

ただし、ＳＮＳでの情報収集にはそれ特有の「厳しさ」もある。**ＳＮＳ検索をするユーザーは、それを一つのメディアリテラシーの点から活用している側面がある**ためだ。レストランを探す場合、それはお店で実際に出てくる料理をチェックするための場合が多い。食材のリッチさはどうか？（メニューやウェブサイトの写真よりも肉は小さいかもしれない）、内装や雰囲気はどうなのか？（照明が悪いと良い写真は撮れない）…それはＳＮＳ映えする体験ができるのかどうかを実際にＳＮＳに投稿された写真で確かめるという理由もあるが、そうしたお店自身が準備した写真、あるいはそうしたお店を紹介するためのウェブサイトが掲載する写真は良いように写っているのではないかという検証をしているのだと言える。

そして、ここには**ＳＮＳの投稿者＝発信者への信頼性**が大きく関連している。

少し前、「新商品発売！」と大々的にプロモーションが行われたファストフードの新商品が、実際に購入してみるとオペレーションの不手際なども加わって、宣伝写真とはかなり違った相貌でサーブされてしまうさまがユーザーによってSNS上で拡散され、逆に話題になってしまった。これはSNSでコミュニケーションが進展することの、ある種の怖さを示しており、そういった事例などはまさに逆プロモーションと言ってしかるべきだろう。

また、ユーザーがブランド名や商品名をインスタグラムなどのSNSで検索することが増えている以上、そうした際に適切な投稿が表示されていないと認知や好意の面でマイナスになってしまうことも考えられる。**SNS検索が優勢になってくるということの帰結は、ブランドやパブリッシャーはこうしたコンタクトポイントのマネージメントも重要な課題になる**という示唆を含みおいている。

サーチビジネスのゲームチェンジは起こるか

現在、オンラインの検索広告市場の8割程度をGoogleのサービスが占めている中で、ユーザーの情報行動がビジュアルコミュニケーションへとシフトすることは、「サーチ」におけるゲームチェンジが起こる可能性を示唆する。

Googleは膨大なウェブの情報空間を交通整理しユーザーに届けるための「検索」という情報行動を根付かせ、それに紐づいた検索連動型広告市場のイノベーターとなった。Googleがなければ私達は情報の森の中で迷子になってしまう。探したいものをクエリにタイプする。あるいは、声で吹き込む。そうして、それに合うサーチの結果を返してもらう。「ググる」は既に日常的に使われる言葉にまで昇格している。現在ではそれだけでなくさまざまな広告プロダクトを運用しているが、そうしたユーザーの情報行動の基盤を押さえていること、そしてそのもととなる情報のプラットフォームを築いたことこそが代替のきかぬビジネスの礎となっている。

しかしここまで論じてきたように**ユーザーはビジュアルコミュニケーションへと移行し**

つつあり、SNSでユーザーが情報をシェアし合うそうした場こそが「検索」の次なる舞台となりつつある。フェイスブックやツイッター、そしてインスタグラムの広告メディアとしての伸びも非常に著しいのだった。また、もともとGoogleはSNSという囲い込まれた世界にはクローラー（情報収集のためのロボット）を送り込めないという課題を抱えてもいた。

ここでの競争はいかに情報を囲い込むかのレースでもある。こうしたビジネスマーケットの動向をうかがう上では、本書ではあまり言及していなかったがピンタレスト(Pinterest)が興味深い動きを展開している。ピンタレストも画像専門のSNSのようなもので、気になる写真などをシェアしていくプラットフォームだ。インスタグラムは自身の体験をシェアする、どちらかと言えばコトに関連する傾向を持つが、ピンタレストはどちらかと言えば、ファッションブランドのポスター、アート作品、綺麗に盛られた食べ物…など世の中にあふれるモノのイメージをPin（収集）していくといった趣だ。

そのピンタレストは2017年に新機能「Lens」をリリースし、表示されているもの（家具、衣服、食べ物など）を認識して、関連する画像を表示してくれるサービスを開始した。

これはピンタレスト上に膨大なビジュアルデータがストアされているがゆえに可能となるものだ。機械学習によって、システム側がユーザーのアップロードした写真に近いイメージの写真を提示してくれるのだ。広告ビジネスは、今後こうした領域へ拡張していく。本書でも7―3にてこうした「ビジュアルサーチ」の動向について触れる（p.347参照）。

ビジュアルコミュニケーションへのシフトが広告ビジネスに与える影響については、今後数年のスパンで注目を要するアジェンダだが、いわゆる検索エンジンもこのような動向への対応を進めつつある点は要注目である。例えばYahoo!は、2017年6月より、検索結果にSNSの投稿をより広く含めていくことを発表している。厳密には、「Yahoo!リアルタイム検索」機能にて、すでにツイッターとフェイスブックの投稿（いずれも全体に公開する設定の投稿）を検索できるようになっているが、それを拡充してインスタグラムで人気のユーザーの投稿も検索対象とした。現時点ではフォロワーが多いなど人気の約500アカウントが対象で、今後さらにアカウント数は増やしていくようだ。このような動きは若年層を中心にSNS検索に頼る傾向が強まっているという課題への対応策であり、裏返せばSNS検索のトレンドは無視できないほどの重要性を帯びていることの証明でもある。

補論：シェアはオフラインでも広がる

補論として、ビジュアルコミュニケーション時代に欠かせない情報行動である「スクショ」（スクリーンショットの略）について述べたい。ここまで縷《る》々《る》語ってきたように、ビジュアルコミュニケーションの活性化の背後にはスマホの普及が深く関連しているが、それは私たちの情報のシェアの仕方についても影響を与えつつある。図表㉔にある通り、現在ではスクショが情報の保存と拡散において重要なものになっている。

スクショで保存が約3割、そしてスクショでシェアが18・1%である反面で、リンクをコピーしてシェアが11・3%となっている。いまやスマホユーザーは気に入った情報があれば、「リンクのコピペ」ではなく「スクショしてシェア」するものなのだ。**私たちはス**

図表㉔ スクリーンショットの重要性が上昇

気に入った写真や画像の保存・シェアの方法について

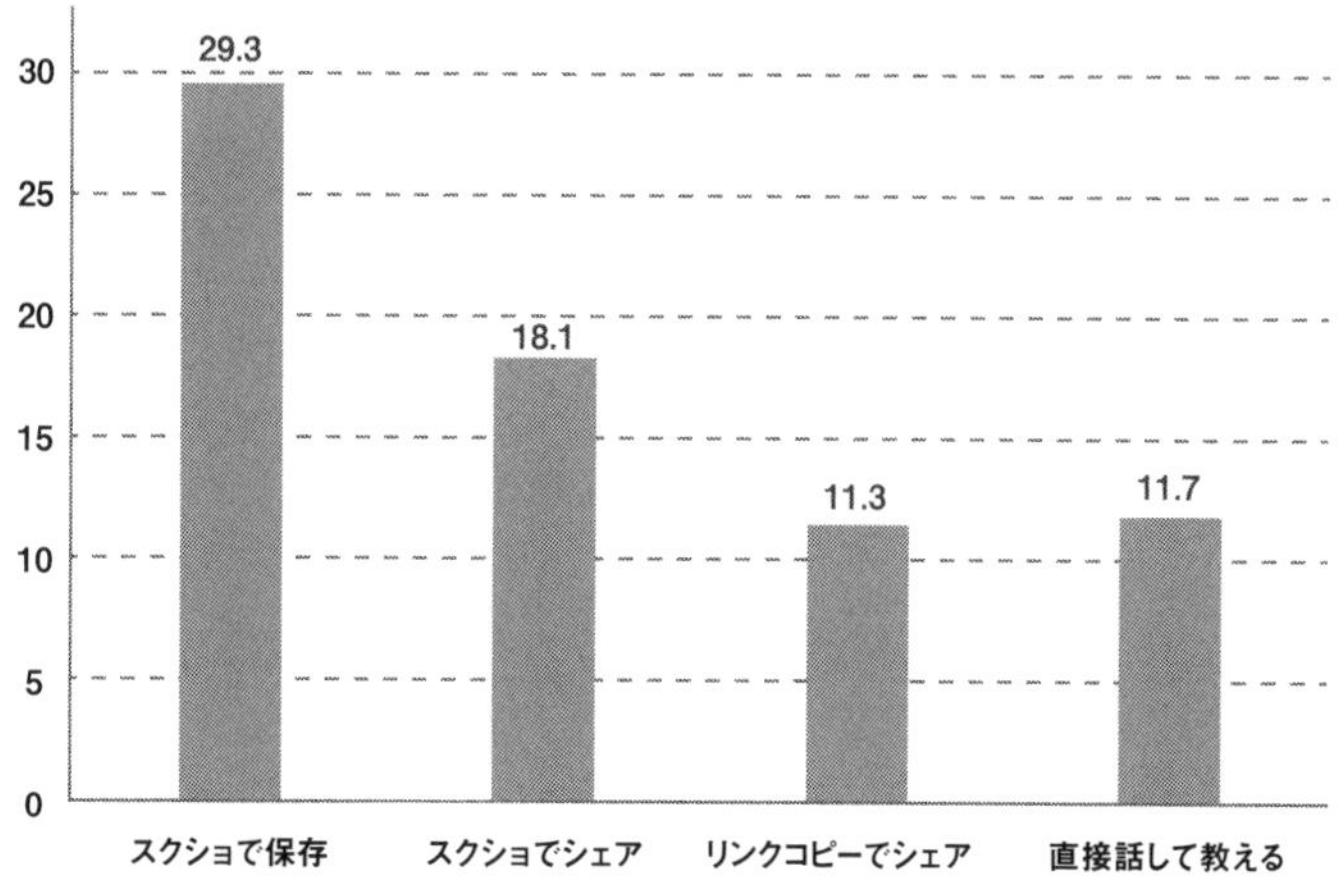

クショで撮ったものをSNS上でさらにシェアしていくようになっており、情報シェアの形もスマホデバイスに合ったかたちへと変化してきていることが看取できる。

かつてはラップトップ／デスクトップからブラウザを立ち上げてウェブサイトを眺め、気になる情報があればそのアドレスへのリンクをコピーして他者にシェアしていた。しかしデバイスはラップトップ／デスクトップからスマホへ、そして情報との接触はブラウザからアプリへというシフトと軌を一にして、スクショの重要性がうなぎ上り状態だ。

またここで重要なのは、スクショで保存しておいて、実際に会った時に見せるようなことも増えているということだ。「Q．気に入った写真や画像を直接（ＳＮＳ以外で）見せることの有無」への聴取結果は、15〜19歳ではとてもよくあるが19・4％、よくあるが19・7％、まあまああるが31・3％。それに対して、20歳以上のスコアでは上から約13％、19％、34％となった。特に**若年層は頻度が高くオフラインでのシェアを行っている**ことが分かる。**私たちはシェアボタンを押して再シェアすることだけに限らない、多様なシェアのかたちを日々実践している**と言える。筆者自身も日常的にそうしたことをよくやるので、自分事としても腑に落ちる。そのようなオフラインでのシェアが広がっていることの帰結は、**計測しきれない情報の拡散というものが背後には広がっており、それが現代のシェア文化の一端を、さらに言えば「あの人と直接会ったときにこれを見せたい」というシェアしたがる心理を抜きがたく構成している**ということのように思われる。

4-2 視点⑥：「ググる」から「#タグる」へと拡張する情報行動

10代女性から始まるSNS検索流行の兆し

前節でSNS検索の隆盛と、それにまつわる背景を概観してきた。このような背景の中で、SNS検索にまつわる事象を「**タグる**」というキーワードを導入しながら考えていきたい。これは、**ハッシュタグなどを用いて情報の発信と整理をユーザー主導で行いながら（Tagging しながら）、それを〝手繰る〟ように獲得していくこと**を指している。結論を先取りすると、筆者は**ググるというこれまでの検索エンジンを活用した情報収集のあり方から、タグるというSNSを活用したユーザー主導での情報拡散と情報収集のかたちへのシフト**を想定している。[5]

5　後続のデータや論述からも明らかなように、もちろんすべてが入れ替わるということを言いたいわけではないまずは私たちのリサーチからのデータを紹介したい。

図表㉕は、ユーザーが情報を探したいと思ったとき、どんなジャンルの情報であれば検索サイトで探すのか、あるいはＳＮＳで検索をして探すのかを問うた設問の回答結果をまとめたものだ。検索サイトとＳＮＳ検索のどちらを利用するか、目当ての情報ジャンル別に2つのバーで比較をしている。なお、図表内の折れ線は検索サイトを１００としたときにＳＮＳ検索がどんなスコアになるかを表しており、この折れ線が両者のパワーバランスを示している。その折れ線を目視していくと、**ファッションや芸能人・著名人の情報などは比較的ＳＮＳ検索をする割合が高い**ことが分かる。ざっくり４：３というパワーバランスと言える。このあたりは、リアルタイム性の高さが関係するジャンルゆえの特性と考えられそうだ。

次に、同じデータを10代女性に限定してスライスした結果を加えたものが図表㉖。ポイントは、**10代女性においては検索サイトよりもＳＮＳ検索を頼る傾向が見えてきた**ということだ。特に「ファッションのトレンド」や「いま話題の芸能人や有名人の情報」については、ＳＮＳ検索が検索サイトを上回っており、すなわちこれらのジャンルにおいては**「タグる＞ググる」が成り立つ**ということを意味しているのだ！

図表㉕ 検索サイトVS.SNS検索（全世代）

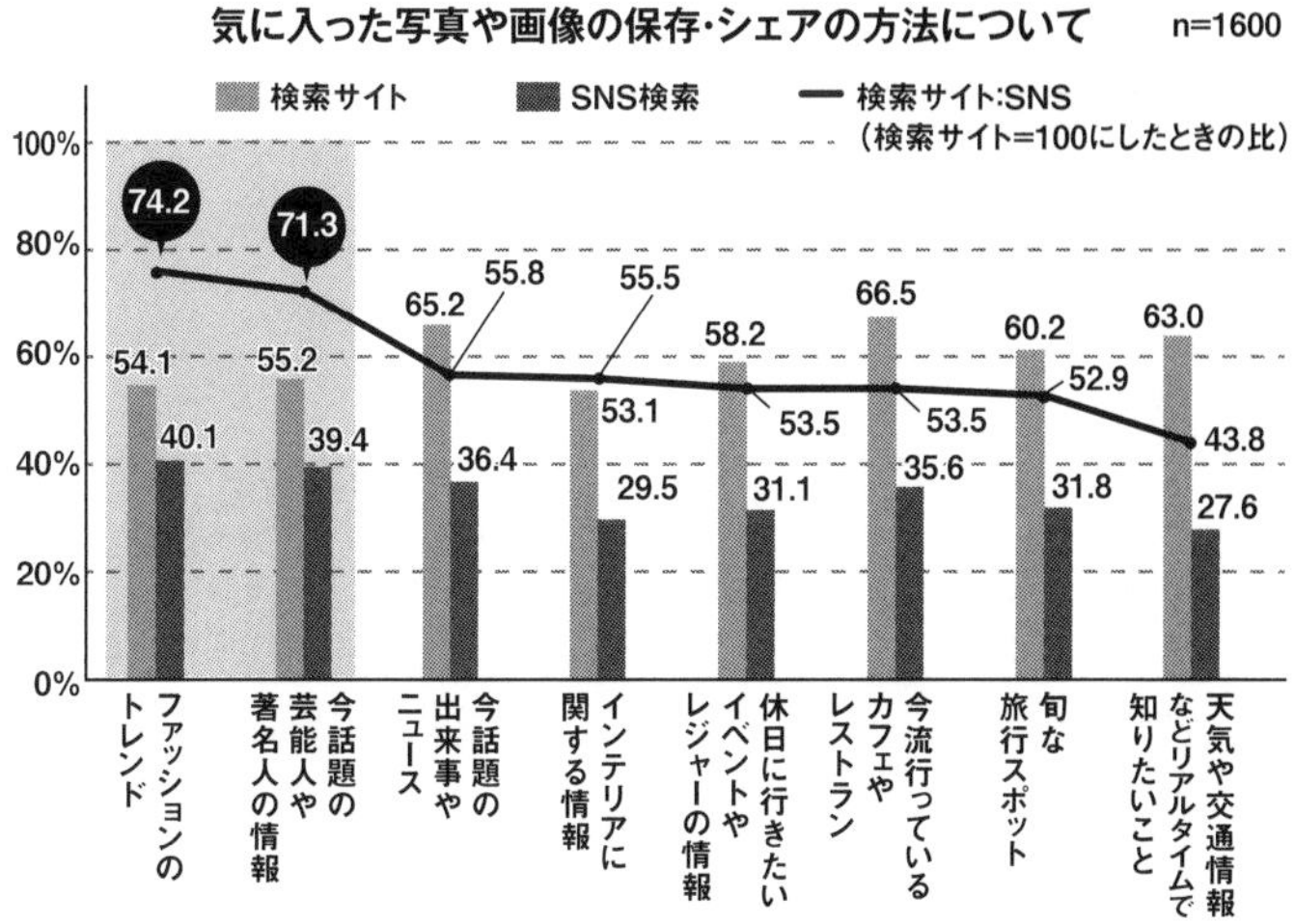

ファッションや芸能人・著名人の情報以外にも、流行っているカフェやレストランを探す場合や旬な旅行スポットを探す場合についても、SNS検索を頼るような傾向があらわれてきている。確かに定性的な調査をしていても、前節で触れたような、例えば**レストラン情報などはタグって探すことが多い**という意見が目立ち始めてきた。気になるハッシュタグでお店の雰囲気やそこでサーブされる料理がSNS映えするかどうか、実際に一人のお客さんとしてお店に行ったときどんなメニューが出てくるのかという視点でシミュレーションしてから、食べログのようなグルメ情報サイトやGoogleのような検索サイトでさらな

図表㉖ 10代女性ではSNS検索が優位

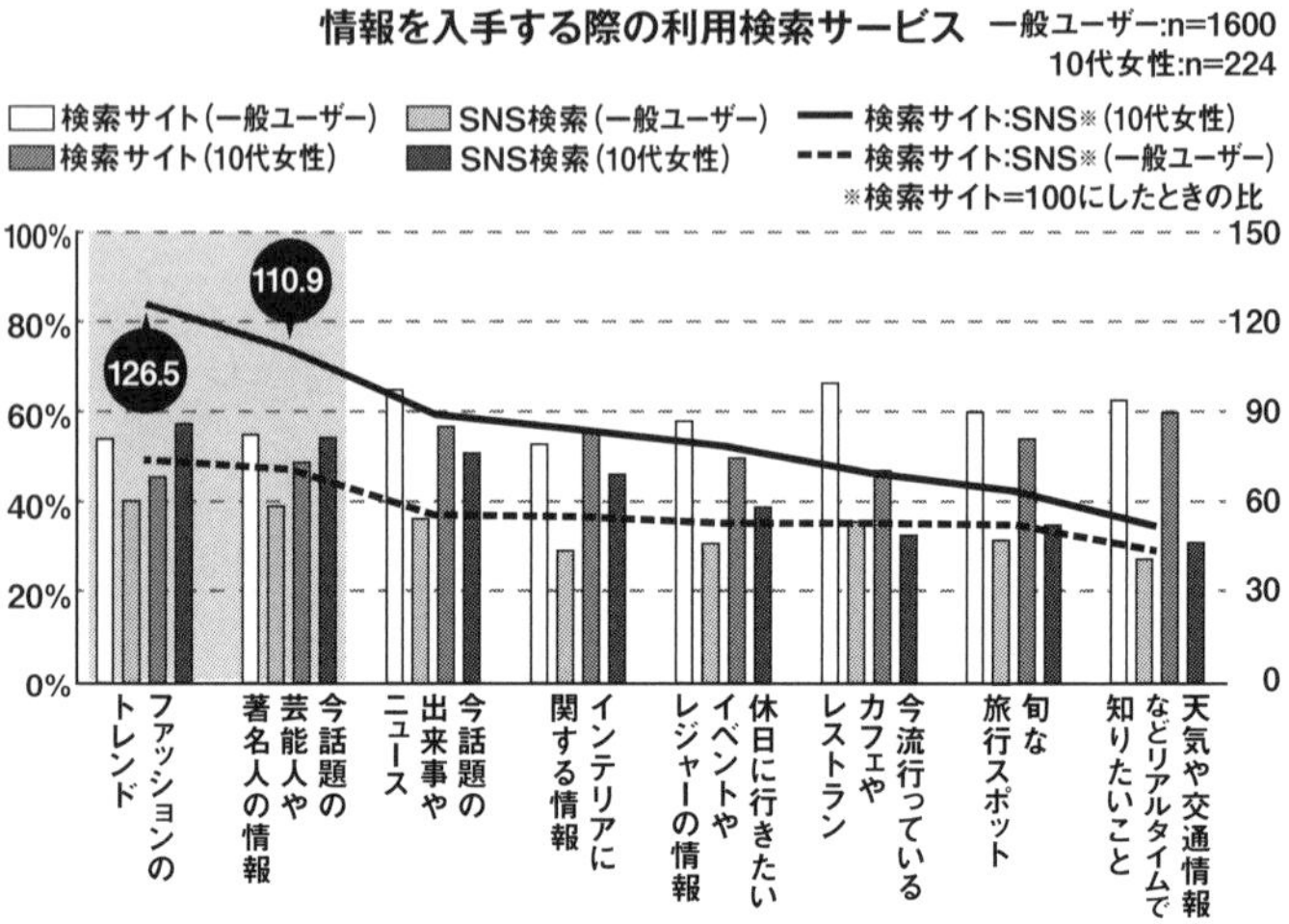

る情報を深掘りするといったフローを辿る。どちらかしか使わないということではなく、両者を使い分けるというモードではあるものの、タグることの重要性が増しているのは間違いない。また、10代女性にとっては、どこかの大人がまとめた情報よりも、**自分たちと同じような属性の近い身近なユーザーが発信する情報に触れられるメリット**を強く感じていることも、このようなシフトに深く関わっている。

最近では、テレビCMにもこうしたトレンドの変化が反映されている。かつてはテレビCMの最後に「続きはウェブで検索」と言って、検索クエリの中にキーワードを入れるようなアニメーションと共にウェブサイトへの誘導を促していたが、**いまは最後にその商品やサービスなどに関連するハッシュタグを表示するようになっている。**映画のＣＭなどもその作品名をハッシュタグで訴求しており、ユーザーたちの投稿をチェックしてもらったり、ユーザー自身にその輪に加わってもらうようにしたりしている。まさにユーザー自身がタグることへの期待が織り込まれているのだ。なお海外のデータにはなるが、このようなハッシュタグ＋テレビコマーシャルのボリュームとして、アメリカでは、ハッシュタグを用いたテレビ全国広告は２０１４年のピーク時には８％ほども存在していたのだという。[6]

また、このようにテレビコマーシャル本体と連動させるための「接着剤」として活用するだけでなく、そもそも映像クリエイティブの中にハッシュタグ要素を埋め込んだものも見られる。ある日本の航空会社のテレビコマーシャルでは、観光人気都市の名所や地元の住人のみが知る穴場スポットをハッシュタグ形式で紹介し、そこで体験できることとそれを発信するときのアウトプットのイメージとを合わせて観光者目線の映像で訴求している。都市の見るべき風景、体験すべきイベントをユーザー視点でガイドするような仕立てが非常にいまっぽい読後感を残してくれる。**観光で訪れる土地をまなざす視線そのものが、い**

6　http://adage.com/article/digital/study-shows-calls-action-strategies-national-tv-ads/309801/

わば、ユーザージェネレーテッドな風景によって構成され始めているのだ（観光との関連性は5－4で再び触れる。p.286参照）。

「タグる」の誕生とその意義

本節のキーワードとなっている〝タグる〟を、歴史的なパースペクティブから補足しよう。復習しておくと、タグるは、「Tagging（タギング：タグ付けすること）＋手繰るという造語で、インスタグラムやツイッターなどのSNSでの投稿にハッシュタグを振って、それに基づいてほしい情報を〝手繰る〟ように獲得していくという特性を意味しており、**ユーザー主導で情報の発信と整理をしながら、それを検索して相互参照し合うさま**をあらわしているのだった。ここでその定義に付け加えたいのは、**「タグる」は、それと同時にコンテンツをその上位のレイヤーで分類するための手続き**の方図をも含意しているということだ。SNS検索全盛時代のキーワードとして活用しつつも、筆者としてはこの言葉が担ってきたこれまでの歴史的な負荷性にも目を配っておきたいと考えている。

日本が生みだした動画投稿共有サービスであるニコニコ動画の特徴の一つは、このタグ付けにあったという議論を召喚しよう。情報環境研究者の濱野智史氏が著した『アーキテクチャの生態系──情報環境はいかに設計されてきたか（エヌティティ出版・2008年）』によれば、そのような**タグの付け合いやそこでのタグ編集合戦こそが、ニコニコ動画内での投稿者達のクリエイティビティを増長した**という。インスタグラムで写真にハッシュタグを付けるように、例えばニコニコ動画に投稿された初音ミク関連の動画に、「初音ミク」「うたってみた」などの分類のためのタグを付けていく。そのうちそこにはユーザーの感想だったり、ニコニコ動画内でのみ伝わるジャーゴンだったり、不思議なタグが増殖してはさまざまな動画に割り当てられ、動画がコンテンツのネットワークへと組み込まれていく中で、新しいジャンルやコンテンツのつくりかたがどんどん発明されていったのだ。ここでのポイントは、運営側が定めた分類のルールではなく、あくまでも**ユーザー自らの手でボトムアップ的にタグの生成とあてはめを行っていた**ということ。いわば**タグはその動画の位置価を定めるための分類の識別子**なのだ。

このように**タグは、インターネット文化において意味を決定付ける審級のレイヤーを担ってきた**。ハッシュタグがツイッターから始まり、いまではインスタグラムをはじめさまざまな場で活用されるようになった歴史の中でも、**ユーザー同士で意味や価値をマッ**

シュアップするようなコミュニケーションを駆動するものというコアの機能は変わっていない。

　ここからも分かるように、タグるという行為は極めてインターネット的な原理に基づいており、ボトムアップなユーザー間のコミュニケーションの運動の謂《い》いである。インスタグラムを観察していても、ハッシュタグの実践にはルールがあるのかないのか分からない。現にそこでは新しいハッシュタグが日夜生まれているし、そもそもどのようにハッシュタグを振るかということさえルール化されていない。**ユーザー達の日々のシェアから自生的に秩序がコンバージェンス（創発）してくる**ものなのだ。先述したように、ハッシュタグを写真の説明ではなく、自身の心の声の表出として使うような特異な使い方が生まれてくるのも、このような土壌があるためだ。

　ここに、**アルゴリズムがトップダウンで結果を提示する〝ググる〟との対比性**を筆者は観察している。ググることで得られるのは、ある規則に基づいてアルゴリズムがページの評価を決定し、その評価に沿ってスコアの高いものから順に上位表示されていった結果である。もちろんそのアルゴリズム自体も日々改善されており、インターネットという情報の海を適切に方針づけてくれるものだ。それに対して、私たちの日々のタグることの実践は、**どこかに存在する単一的な規制や秩序のようなものに従うこともなく、ユーザー間のボトムアップで生成的なコミュニケーションの秩序やそこから生まれるネットワークをたゆたいながら誰かがシェアしたものに到達すること**に他ならない。そして、ググるのは何を知りたいのかが明確な場合が多いのに対して、タグるのはそのプロセスを通じてそれを明確化していくような差異もある。**前者は「必然」的で、後者は「偶然」的という色彩が強い。**

この両者の対比は、もう少し具体的な仕組みとしても翻訳することができる。検索エンジンは一般的にウェブサイト間のリンク数をその重要度と見なし、重みづけを行って検索結果をアウトプットしている。特に初期のGoogleは学術論文の引用／被引用関係の構造を参照しつつ、ウェブサイト間のリンク環境を解析してページランクというアルゴリズムを運用したと言われる。それを可能にしているのはウェブサイト間の膨大なネットワーク構造についての把握であった。ただしそれはＳＮＳ検索においても同様で、ユーザーの投稿がハッシュタグ等によってつなげられネットワーク化されており、私たちはそのつながりを手繰るようにして目当ての情報へと辿り着く。

どちらも情報を独自の仕方でネットワーク構造化している点では共通しているが、相違点は、前者がクローラーとアルゴリズムによって、後者がユーザー達の自律的な行動によって汲み上げられるということが第一点。そしてもう一つに、**検索エンジンはページ単位のネットワークに立脚し、SNSは体験単位／ポスト単位のネットワークに立脚する**ということが挙げられる。ページをスクロールしていくというよりは、スマホの画面内で一目で分かることを有益と捉えるユーザーも多いだろう。スマホというデバイスで情報活動を行う私たちにとって、SNSでのポストは最適な情報の粒度であるという観測が成り立ちそうだ。

ここまでの話から、**ググるは上から（トップダウン）、そしてタグるは下から（ボトムアップ）—というイメージで捉えることもできるかもしれない。**

そして、そのような**タグるのボトムアップ性は、第5章で導入するキーワードでもあるシミュラークルの構造に近しさを持つ**ことを伏線的な仕込みとしたい。

「タグる」が根付き始めた3つの理由とそのポテンシャル

ではググるからタグるへのシフトはどのような理由で起こっているのか？　ここでは例にならって「Ｗｈｙ？」の視点から想定できる仮説をいくつか導入してそうした状況の真実へと迫ってみよう。

まず**第一に、自分に身近な立場のユーザーが発信する情報にダイレクトに触れたい**というニーズを感じていること。これは非常に大きいポイントで、前節でも述べたように、ＳＮＳ検索は一つのメディアリテラシー的な実践でもあるのだ。

第二に、検索エンジン自体の課題が最近では多く感じられ、また語られるようになったことも関連している。端的に言えば、ほしい情報に辿り着かないという感覚。例えば大手の検索エンジンは、検索上位に情報が表示されるようなページはＳＥＯ（サーチエンジン最適化）がなされているものが大半だという認識が実際に若年層の中で広がりつつある。現にそうした技術を利用したことで、情報の信憑性や正当性に疑義が含まれるキュレーションサイトが検索上位に表示され、それが大きな社会的問題を招いたことも記憶に新しい。

そのような感覚に紐づく、サーチエンジンへの信頼性の低下が少しずつ進んでいることを意味するのかもしれない。非公式ではあるものの、「ノイズレスサーチ」という検索結果からいくつかのダメなサイトを除外するサービスが最近ではあらわれていたのもこうした世情を反映している。

その他には、こうした事情も関係している。Googleは2015年以降スマホ重視を打ち出しており、「モバイルフレンドリー」でないサイトは検索結果の順位を大きく下げるようになった。こうした方針自体は、スマホデバイスへのシフトというトレンドに見合ったものではある。しかしながら、そうしたモバイル対応の他にサーバーのレスポンスが遅いものはダメ、古い記事はダメ…など情報の本質的な価値とは少々異なるポイントが検索順位に影響してくるようになったことは否めない。このあたりが上述したSEO問題なども絡んでくるわけだが、**検索しても有益なサイトに行き着くことが困難になり始めているという印象の原因**となっている。そうした間隙を縫うようにして隆盛したのがまとめサイトやキュレーションサイトのようなもので、その流行も画面の小さなスマホでさくっと読めることが関連していそうだ。これはいまから述べる第三の理由にも深く関連している。

第三に、これは「タグるとはなにか？」の項でも説明したが、**スマホユーザーにとっては情報収集の適正単位が「ページ」ではなく「ポスト（投稿）」となっており、ページ単位のネットワークである検索エンジンではなく、ユーザー体験によるポスト単位のネットワークであるSNSの方が都合がいい**ということも重要な要因である。前節の補論でも指摘したように（p.220参照）、URLやリンクの共有というものから、スクショでのシェアへと変化している点をデバイスシフトと結び付けながら論じたが、それと同形の変化を読み取ることができるだろう。

このようなユーザーの情報行動のシフトを踏まえて、**ハッシュタグでのコミュニケーションをリサーチに活かす動き**も活性化してきた。例えば「Hshtags」や「Tagboard」といったサービスは、SNSを横断するようなかたちでユーザーがシェアしたものをハッシュタグ検索できるような仕組みを整えている。プロモーションで設定したハッシュタグがどの程度拡散しているのか、ユーザーにはどのように使われているのか、またそうした検証的な意味合いだけでなく、いまどのようなハッシュタグが使われているのかといったユーザーリサーチ的な意味でも利用する意義がある。ユーザーとの結び付きを強めたいブランドやパブリッシャーにとって、こうした動向は事業や施策のポテンシャルを大きく高めるだけの重要性を十分に有している。

ボトムアップな情報拡散がユーザーを動かす

ソーシャルという概念の特有のつかまえがたさは、良くも悪くも、**SNSでは友人も知人も有名人も企業・ブランドも平等につながり合ってしまう特**性に起因する。しかしその見た目の平等さとは裏腹に、私たちは情報の発信者に応じてその内容の重要度を自然に勘案しているはず。タグることでユーザー同士のコミュニケーションを相互参照し合うようになっている状況をここまで分析してきたことを念頭に置きつつ、ビジュアルコミュニケーションにおける影響力を測定した図表㉗から分かるのは、私たちがいかに**SNSを身近な人間関係のフィールドとして捉えている**かという点である（仮に文字を使ったコミュニケーションを対象に測定するならばもう少し著名性が反映された結果になるのではないだろうか）。

調査設問「SNSのほかのユーザーの写真・動画の影響でした／したいと思った行動」

図表㉗ ビジュアルコミュニケーションはユーザーの態度変容に直結する

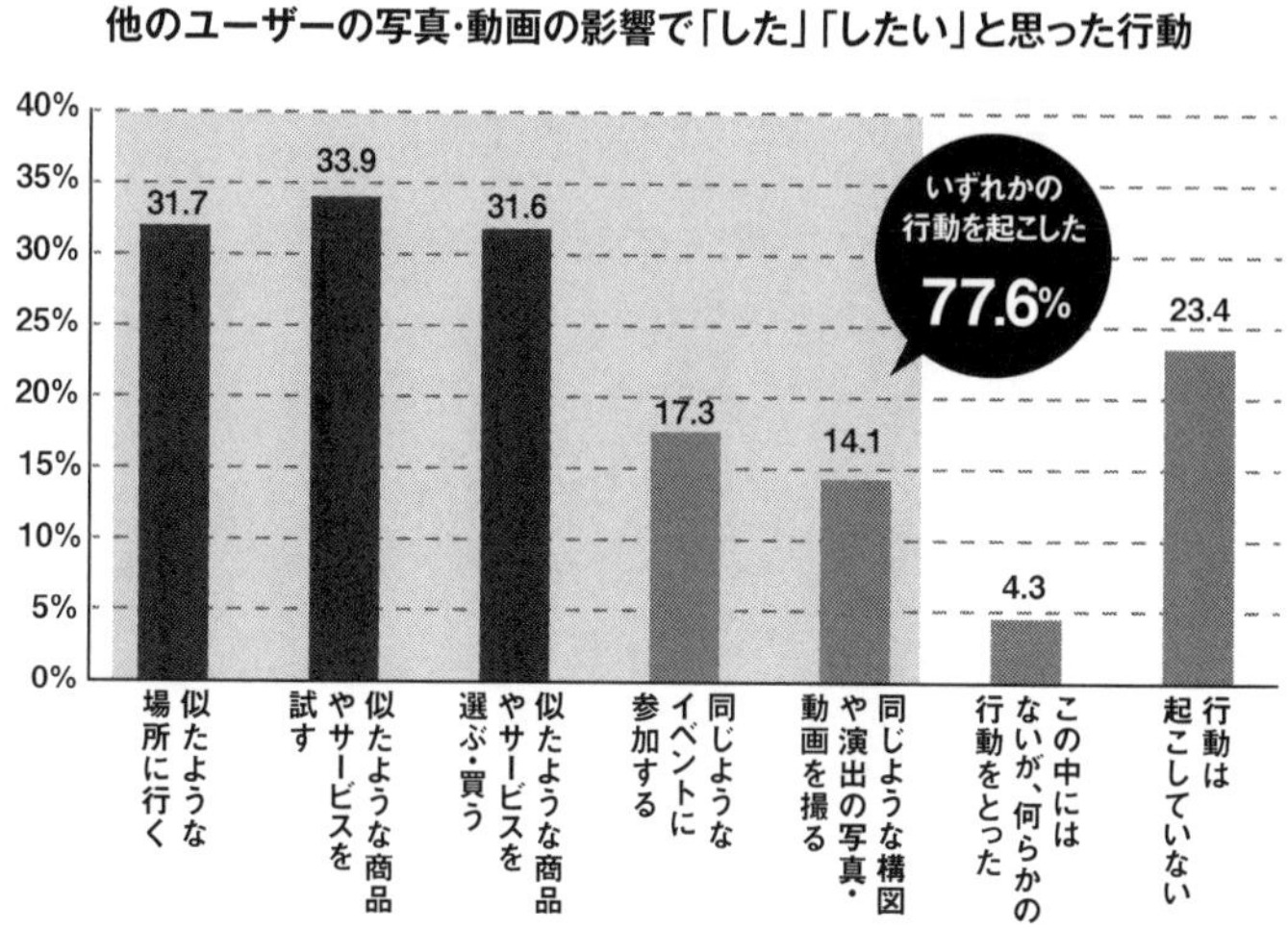

に対する結果をまとめた図表㉗を参照すると、男女ともに3割以上のユーザーが「似たような商品やサービスを試す」「似たような場所（お店や旅行先など）に行く」「似たような商品やサービスを選ぶ・買う」と回答している点に気付く。

この設問は複数回答（MA）で聴取しているので、その重複を除いて合計すると、77・6%がいずれかの行動を起こしたことがある——言い換えれば、**約4人のうち3人がSNS上のビジュアルコミュニケーションによって何かしらの購買行動や体験消費についての影響を受けて態度変容を起こしたことがある**という結果を得る。

この結果は全調査対象者に対してのもの

図表㉘ SNSではボトムアップな情報の影響力が強い

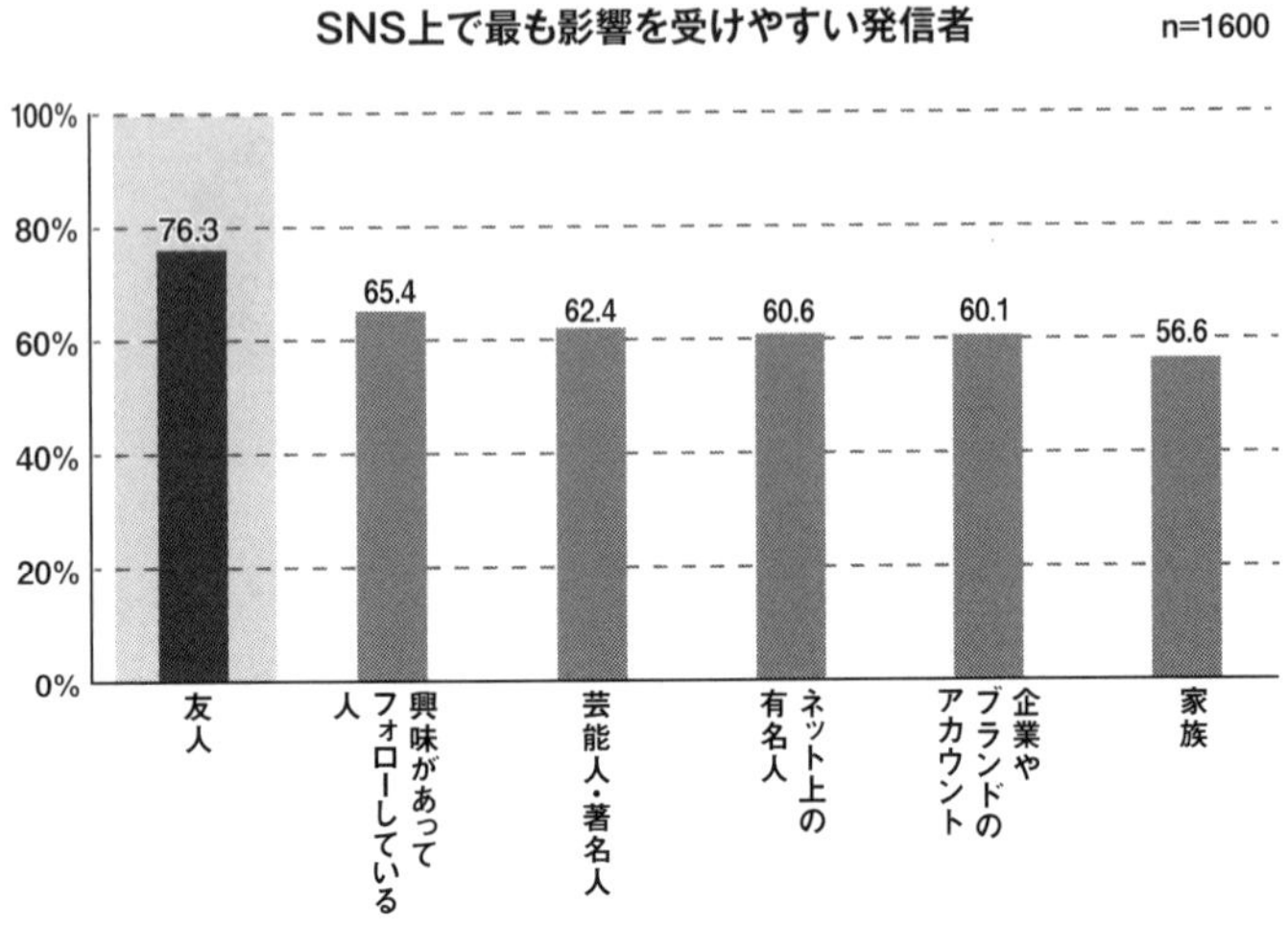

であるが、性別も分けて15〜34歳を5歳ごとにスライスしたとしても、目立った差はあらわれないことからも、これはこの世代共通の性向であるとも言える。ビジュアル重視のコミュニケーションで互いの関心を表明し共鳴し合う昨今のSNSが持つ特性は、企業・ブランドのみに限らずユーザー同士での影響関係を高進させるよう機能し始めているのだ。

さらに、これに関連するような調査結果として、**SNS上で最も影響を受けやすい発信者は「友人」**であるというファクトを紹介したい。図表㉘によれば、ネット上の有名人は60・6%、芸能人・著名人は62・4%だったのに対して、友人は76・

3％という結果となった。やはり**SNSは、気心の知れた友人のシェアこそが最もユーザーに影響を与える**という場の特性が改めて確認された。**ユーザー間でタグり合い、流行が生まれていくというボトムアップでのトレンド創出**が起こる背景を確認することができたとともに、ユーザーの情報発信がいかに重要なソースになっているのか、またビジュアルコミュニケーションがいかに行動喚起の力になるかを物語っている。

ググるからタグるへの変化とともに、ボトムアップな情報拡散のかたちが広がりつつある――そして、このような変化が、私たちのシェアしたがる心理に大きな影響を与えているのは間違いない。ここで、図表㉗から「同じような構図や演出の写真・動画を撮る」と回答した人が15％程度いたことに注意を促したい。**ユーザー同士のビジュアルコミュニケーションは強い模倣のトリガーになっている**ことをうかがわせる。次章への伏線となるが、SNSではそのようなシェアのかたちが頻繁に見られるようになってきているのだ。ではそうした心理をドライブする要因とは何であるのか？　そのような見えざる機構の正体を解き明かすのが第5章でのミッションとなる。

4-3 〔補論〕商品ジャンル別の広告受容性から分かること

前節で「SNS上で最も影響を受けやすい発信者」についてのデータを紹介した。そこでは「企業やブランドのアカウント」のスコアが60・1%となっていたが、その割合は若年層の方が高いという結果をここでピックアップしたい。このスコアを世代別にスライスしてみると、30〜34歳平均では「影響を受ける」のが58・3%であるのに対して、15〜19歳では63・5%となる。このうち、「とても影響を受ける」というTOP1の回答に絞ると、30〜34歳は9・8%である一方で、15〜19歳では22・0%というさらに差を実感させる結果となる。**若年層は企業やブランドのアカウントからのビジュアルコミュニケーションにも反応する**ことを示している。そのような視点を保ちつつ、ここでは商品／商材のジャンル別の広告受容性について概観していきたい。

ここでは、「あなたは、SNSを利用しているとき、企業やブランドが発信する写真や動画に影響を受けたことがありますか」という設問をなげかけて、どのような態度変容が

図表㉙ 男女別男性に見る写真・動画広告の効果

ジャンル別の広告受容性（男性） TOP5カテゴリー

30%以上　25%以上　20%以上

		欲しいと思ったことがある	手に取ったことがある／見に行ったり話を聞きに行ったことがある	実際に店頭で買ったことがある	友達に薦めたことがある	企業・ブランドの影響で行動あり／計
1	本・雑誌・マンガ	23.3	33.1	18.6	6.2	68.8
2	音楽（ミュージックビデオ、ライブのチケット、CDやBluray、DVDなど）	24.4	32.5	19.2	6.6	68.4
3	食品	23.2	31.6	18.6	6.1	67.7
4	スイーツ、お菓子	23.5	31.4	20.6	7.5	66.6
5	ゲーム（ゲーム機、パッケージなど）	24.4	29.1	16.6	6.3	65.2

起こったのかを男女別で集計してみたデータを示す。どのサービスかは限定せず、あくまでもSNS全般での企業やブランドのビジュアルコミュニケーションについて聴取し、ポジティブな反応が高かったジャンルを上位から5つピックアップしている。

図表㉚によれば、女性では「ファッション」「化粧品・美容品」「スイーツ・お菓子」「食品」「音楽」といったジャンルで高いスコアがあらわれ、男性では「本・雑誌・マンガ」「音楽」「食品」「スイーツ・お菓子」「ゲーム」といったジャンルのスコアが高いという違いが見られた。**女性は感性で選択するジャンル群が目立ち、また「ほしい**

図表㉚ 男女別男性に見る写真・動画広告の効果

ジャンル別の広告受容性（女性）　TOP5カテゴリー

30％以上　25％以上　20％以上

		欲しいと思ったことがある	手に取ったことがある／見に行ったり話を聞きに行ったことがある	実際に店頭で買ったことがある	友達に薦めたことがある	企業・ブランドの影響で行動あり／計
1	ファッション	33.5	23.7	14.4	3.9	67.2
2	化粧品、美容品	32.5	24.2	14.4	6.7	67.1
3	スイーツ、お菓子	31.8	26.8	17.6	6.4	67.0
4	食品	27.5	23.7	13.7	5.7	61.0
5	音楽（ミュージックビデオ、ライブのチケット、CDやBluray、DVDなど）	24.8	20.5	9.8	5.7	60.1

と思う」という興味関心レベルでの態度変容が多いようだ。一方で男性においては趣味色の強いエンタテインメントコンテンツに関連するジャンル群が目立ち、それを「試す」という購入検討フェーズでの態度変容に効果があると捉えられる。

　ジャンルの違いに加えて、認知〜購買のファネル上の別のポイントに効果が及んでいる点が興味深いが、それは女性／男性ユーザー間でのSNS上の情報の捉え方の違いに起因している可能性を考慮できるだろう。

☑ **SNSを通じた検索行動**

発信者への信頼性・共感性やSNSの情報ソース化の進行などから流行中。

☑ **「ググる」から「#タグる」へとは**

新たな情報の探し方のシフトを表している（視点⑥）。ユーザー同士で情報をタグ付けして発信し、手繰るように獲得していく情報行動が定着。

☑ **タグ付け**

もともとユーザーのボトムアップなコミュニケーションを創発するための仕組みとしてウェブ上で重要視されていた（日本ではニコ動が先駆的だった）。ツイッター→インスタグラムの流れで花開いたものこそハッシュタグ文化。

☑ **SNSで影響を受けやすい発信者**

「ネット上の有名人」などを上回り、「友人」が76・3％と最も高いスコアを記録した。水平的な関係が重要視されていることがわかる。

☑ **消費にまつわる態度変容の経験**

他のユーザーが投稿した写真や動画の影響で（ビジュアルコミュニケーションによって）起こることが多い。「その場所に行きたくなった」「商品を買いたくなった」などは回答者の4人に3人にのぼる。

☑ **「スクショ（スクリーンショット）」とは**

表示している画面を画像として保存できる機能。スマホへのデバイスシフトによって普及。ユーザー間での情報シェアの手段として定着している。

☑ **企業からのビジュアル広告受容性**

女性はファッション、コスメ、フードのスコアが高く、男性は本・雑誌・マンガ、音楽、フードなどエンタテインメント系が強い。

CHAPTER 5

シェアしたがる心理と情報拡散の構造

5-1 SNSで頻繁に見かける「あるある写真」の正体

これまでの4章を通じて、6つの視点を紹介してきた。第1章では、ユーザーの体験シェアが行われやすくなっているという時代環境、そこで重要になるSNS映えという要素を視点①と視点②で説明した。第3章の視点③〜⑤では、エフェメラル、盛ることのシェア、ライブストリーミングといったこれまでとは異なる体験シェアのあり方を採り上げて考察してきた。第4章では、「#タグる」というキーワードの導入と視点⑥におけるSNS検索の隆盛とを論じつつ、体験をSNSでシェアし合うことによってボトムアップな情報伝播が起こりやすくなっていることを指摘した。

この第5章では、①〜⑥を踏まえた上で、最後の視点にあたる⑦「シェアしたがる心理とそれが生み出す「シミュラークル」を提起する。少々抽象的な概念装置を携えながら、本書の中心テーマである「シェアしたがる心理」というものについて考察を進めていこう。

キーワードのシミュラークルは、**シェアしたがる心理が集合的に作用することで生み出さ**

れる文化現象であり、私たちの憧れやニーズがかたちをとって成立するパターンとしてのイメージ（像）を指している。

あるあるとほのめかし

ビジュアルコミュニケーションを語る上で欠かせないのが、この「あるある」と「ほのめかし」。特に「あるある」は本章の中核に触れるような概念であり、一足先に結論を言ってしまうと、**シミュラークルとは「あるある写真」のことに他ならない！**　本章の後半ではこのキーワードをめぐって抽象的・理論的な議論を展開するが、言いたいことはここに尽きている。ユーザーが体験をビジュアルコミュニケーションのかたちでシェアし、それに基づいて拡散がなされて「あるある写真」のイメージが固まっていく。私たちはそういったものを目にしながら、そのシェアの輪に連なるように自身の消費行動を決めていく。

筆者が考えるSNSの最も重要な特性は、それが**「情報を模倣的に拡散させていく」**という点にある。それはコンテンツの享受とコミュニケーションの連鎖とを切り離せない現代に生きる私たちにとっての必然的な帰趨《きすう》である一方で、いまの情報環境はそれを加速させる一面を確実に内包しているように思われる。憧れのイメージをまとったあるある写真が生成されてくるだけの必然的な理由があるのだ。

SNS上のあるある写真としては、例えばなんとなくセレブっぽい気分にひたれるリムジン女子会的なキラキラ度の高い写真とか、なんとなくリア充っぽい集合写真とか、料理の写真は上から俯瞰してオシャレに撮るとか、休日満喫してます的なオシャレなダイニングや食器の写真とか、数多くのパターンがある。また最近では、旅行先での名所となるスポットを撮影する一環として、フォトジェニックな壁の前で撮ることも流行している。これは、みんないかにそのような写真を撮るか？ということを強く意識していることのあらわれであり、視点①のような「体験→写真」ではなく「写真→体験」というインサイトの逆転に基づくものだ。これはほめられ意識の重要性がどんどん上がっていることを示しており、**シェアにおいて他者視線を常に織り込んでアウトプットしている**ことが伝わってくる。

はたまた、SNS上によくあらわれるもう一つのタイプが、ほのめかし系、ただよわせ系と呼べるようなタイプの写真だ。1―3のGENKINGさんの話でも触れたように（p.74参照）、SNSにはそうしたイメージが確かに繁殖している。カップルでいることがさりげなく伝わるように、オシャレなカフェで二人分の飲み物を並べた写真を撮るような「ほのめかし系」の写真をよく見るという話は、ヒアリングをしていると頻繁に出くわす。これもSNSでシェアされる「あるある」に属する一つのパターンだ。

逆のパターン——つまり、その場にいる相手を堂々とアピールするということよりも、このような「ほのめかし系」の方が、さまざまなことを受け手側に想像させてしまう面がある。しかもあからさまに出すよりも、奥ゆかしさや余裕のようなものを感じさせてもしまう。その時点で受け手は既に「負けている」。ゆえに、受け手側の脳裏に強く刻印される。そして、それはひるがえって自分もそのようにしたいと感じさせるような欲望を生み出してしまうのかもしれない。他者視線を高度にシミュレーションした上で、うらやましさを惹起させる。この形式は、まさにそれがコミュニケーションの実践に他ならないことを示す。

もちろん、このようなほのめかしの特徴は、それが一切言及されていないし明示されてもいない点にある。受け手側がそう読み取って解釈してしまうためのサインに過ぎない。だが逆説的に、ここにビジュアルコミュニケーションの特性がある。イギリスの小説家で美術評論家のジョン・バージャーは、**ビジュアルコミュニケーションとはそもそも憧れを喚起するものである**という視点を提起している。このようなコミュニケーションのかたちと「ほのめかし」は本質的に近似性を持っており、**見える／見えないということだけではなく、見せる／見せないというコードによって高度な深読みが展開される。それも人々の憧れを喚起させるシミュラークルの形成に大きく関わっている**と考えることができるだろう。

2015年11月に公開されたHiérophanteというアーティストの『Clichés』という楽曲のミュージックビデオ（アドレスは巻末の参考資料一覧に記載）では、まさにここまで述べてきたような主題が映像化されている。いま風のエレクトロミュージックに合わせて、インスタグラムなどSNSで投稿された世界中の写真をハッシュタグごとに束ねてつなぎ合わせていて、いかに誰もが似たような写真を撮ってしまっているのかが暗示されるのだ。そう、曲名の「クリシェ」が意味するように！　作者は、ユーチューブのコメントでも**「our tendency to be unoriginal on social media（ソーシャルメディア上で、没個性的になってしまう私たちの傾向）」**とこの映像のテーマを説明している。例えば「#BATHTIME」「#ELEVATOR」（エレベーターの鏡での全身自撮り）のような日常的なシーン、「#LATTE」「#SALAD」のように真上からオシャレにおさめられたディッシュ、「#FOLLOWMETO」という男女が手をつなぐほのめかしの写真、「#PISA」「#雷門」のような観光地での同じ構図で同じポーズをして撮る旅行者の姿…いくつもの「あるある」のイメージがそこには並列化されている。これを見て強烈な同時代感覚に筆者は襲われてしまった。**ハッシュタグを通じて多くの人がいかに同じような写真を撮影してシェアしてしまうのか、そのような文化現象が広範に起こっている**ことを目の当たりにさせられる。

高解像度マーケティングの時代へ

そうした「あるある」をうまく活用したマーケティング事例も数多く見られるようになってきた。内装からメニューに至るまで、いかにシェアされやすい体験を設計できるかが勝負。最近ではそうした**SNS映えするスポットやお店のみを集めた「Tastime」といったアプリ**も人気だ。そこでは、SNSでシェアされている数によってお店がランキング付けされている。通常のランキングの他に、「急上昇」というタブもあるので、人気が出始めてきたお店も先んじてチェックできる。また実際にインスタグラムでシェアされている写真も同じ画面内で確認できるので、自分がシェアするときにどんな仕上がりになりそうかもイメージしておけるのが便利だ。女子高校生へのヒアリング調査をしていたときも、そうした場を探すためにインスタグラムでタグると述べていた。そして実際に行って、そこで撮った写真をシェアする。このようなサイクルの中で、あるある写真が多く生み出され、そしてシェアされていく。いまや、**お店にとっての上客はたくさん買ってくれる人だけでなく、フォロワー数の多い人となった。**そのシェアが人々にポジティブな模倣を起こしていくということ。

もう一つ、若年層向けの施策として特徴的なのが**「ミレニアルピンク」**。SNS映えする色としてのピンクがフィーチャーされ、店頭やパッケージ、アパレル（生地の色）、建物の内装など、さまざまなものをナチュラルでほのかなピンク色に染め上げている。ミレニアル世代に刺さるという意味で、ミレニアルピンクと命名されている。検索するとさまざまな事例を確認できるので、ぜひそのバリエーションを見てみてほしい。

旅行でもこのような傾向が強化され続けている。SNS映えするスポットを集めて地図上にマッピングしたサイト「Snaplace」の分析によると、まさにミレニアルピンクの議論にも関連するが「ピンク色のスポット（駅全体がピンクの鳥取県の「恋山形駅」など）」であったり、「海外旅行風のスポット（イタリア風の古民家が並ぶ茨城県の「さくら坂 VIVACE」など）」「ファンタジー風スポット（童話の世界を体感できる岩手県の「宮沢賢治童話村」など）」「アートと一体化できるスポット（街全体がアートになっている青森県の「十和田市現代美術館」など）」といった切り口でシェアされやすいスポットが浮上してくるようだ。[7] このようにして、**誰もが知っている観光地というものとは別に、もっとピンポイントな場所／空間がフィーチャーされるようになっている。誰もが体験単位でシェアする現代では、場所や地理の解像度が上がる**のだ。今までよりも更に**ミクロなメッシュで、観光地やお店で得られる体験の質を見極めようとする生活者が増えていく中で、そこに対応する「高解像度マーケティング」が求められる**ようになっていく（それは、場所を地図のような平面ではなく、上から拡大縮小するかたちで捉えることに慣れたグーグルマップ以降のインターネットユーザーの感受性と言えるかもしれない）。

最後に、広告クリエイティブの文脈で事例を一つ紹介したい。1－2でも紹介したカンヌライオンズ 国際クリエイティビティ・フェスティバルにおいて、2017年に話題をさらったのが「Fearless Girl」という施策だった（p.37参照）。「恐れを知らぬ少女」と題されたこの銅像は、ウォール街の象徴である雄牛の銅像「チャージング・ブル」の前に、

7 https://prtimes.jp/main/html/rd/p/000000015.000018041.html

手に腰を当てた格好でまるでそれを睨みつけ対峙するようなかたちで設置された。3月8日の「国際女性デー」に合わせて姿をあらわしたこの銅像が担っていた役割は、金融業界における女性の給与の不平等や企業役員会における女性比率の低さといった問題に注目を集めるということだった。メディアも積極的に報道したが、面白いのは**この銅像と一緒に写真を撮ることが短期間の間に一気に流行した**ということだ。「恐れを知らぬ少女」の横に立った構図での写真がSNS上で一気に拡散したそのさまを見て、筆者はシミュラークルの概念を想起した。これはSNS映えというものからは少し外れるかもしれないが、**ある価値へのコミットメントをシェアすることによって表明する**という意味では、実は遠いどころか近い構造なのだと言えるはずだ。私たちのシェアしたがる心理を見事に突いた――という評価があったのかは定かでないが、本施策は、最高賞に当たる「チタニウム」でグランプリに輝いている。すなわち、この一年で最もクリエイティブなコミュニケーション施策であったと表彰されたことになる。

以上、駆け足ながらいくつかの事例を眺めてきた。では、どうしてこのような「ある×2」の写真が量産されて、そしてシェアされていくのか？　それを読み解くカギこそ、情報環境、社会、人の心理…それぞれの視点の交点にあらわれるシミュラークルという概念に他ならない。次節にて、本書7つ目の視点を解説したい。

5-2 視点⑦：シェアしたがる心理とそれが生み出す「シミュラークル」

シェアしたがる心理とシミュラークル

シェアしたがる心理を構成するのは、先述した体験のストック欲に基づく**「自分の表現」（好みや趣味について）**、**「社交やコミュニケーション」**、**「有用なインフォメーションの提供」**などが挙げられる（私視点、他者視点、そしてつながる視点に対応）。そしてこれらの根底には、**いいね！などオンライン上のインタラクションによって満たされる承認欲求**がある。**いいね！は、それまで見ることのできなかった評価や承認といったものを可視化／定量化するテクノロジー**だ。それが見えるようになってしまった以上、私たちは以前のように振るまうことはできない。「いいね！」のなかった社会に戻れないのだ。そうした状況に、シミュラークルが関連する。

既に本書で何度か言及してきたシミュラークルという言葉は、高度消費社会のあり方を思索的に分析した思想家・社会学者のジャン・ボードリヤールが流布したタームとして知られており、フランス語で「Simulacre」と表記される。シミュレーションといった言葉に近い語源を持ち、「模造品」「コピー」といった原義を持っているが、ボードリヤールはそこに独特のニュアンスを加えてターム化している。書籍の中では難解な言い回しがなされている箇所もあるので、ここでは細部の正しさにこだわるというよりは彼の根幹にある問題意識に着目したいと思う。

筆者が考えるに、ボードリヤールの思想の主眼は、**高度情報社会への移行にともなって、情報が私たちのリアル（現実の認識）を上書きする**ということの実相へと常に向けられていた。キャリア初期の記号論をベースとした消費社会分析から、中期〜後期にかけての国際政治情勢批判にいたるまで、対象は移り変われどもそのような視座は一貫していたように思う。私たちは主に初期の仕事を参照しながら思索を深める助けとするが、「シミュレーション」や「ハイパーリアル（現実を超えた現実）」という概念の持つ含意も、**情報社会の高度化にともなって私たちの日々の認識が外部審級への依存度を高めつつある**ということに定意される。

シミュラークルはそのような文脈の中で捉えられる、社会の中に胚胎する一つの現象を意味している。私たちの体験や現実に基礎づいた認識を必ずしも出発点とはしていないような、流通する情報、社会的に共有されるコンセプトといったものたち。これを言い換えると、**「実在を持たない記号」ないしは「オリジナルなきコピー」**というワーディングとなる。

こう言うと、すぐに疑問符が浮かぶはずだ。「オリジナルなきコピー」という言葉は、常識的に考えれば転倒した定義であると。一般的にコピーとはオリジナルがあって初めて存在するものなのに、論理的には後から生まれるはずのコピーが先んじて生成されるというのは倒錯しているわけだから。しかし、情報流通のスピードが加速し、個々人がより自分にフィットした情報を摂取し続ける現代は、私たちのそのような常識を超えてしまっている。また冒頭に述べたように、ビジュアルコミュニケーションの特性は情報発信の敷居を下げて、なおかつ大量の情報を処理できるということにあった。**誰もがスマホで写真や動画を撮ってシェアするような情報環境においては、どこに起源があるのか分からないままに「こういうのあるある」と思ってしまうビジュアルのパターンがコピーされていく。誰が始めたのか（どこにオリジナルがあるのか）分からないが、みんなが憧れを抱いて真似をし**

始めてしまうような記号、すなわちシミュラークルが広がっていくことになる。[8]

ここまでの説明を踏まえると、「はじめに」でも記した内容と重複するが、**シミュラークルというものがいわゆる「バズるコンテンツ」とは異なる水準の現象を指している**ことが理解されると思う。私たちが注目しているのは、ユーザー自身の発信とそのコミュニケーションとしての体験のシェアが引き起こす文化的な相互作用であり、そうしたもののアウトカムとして生まれながら、不可視に私たちを誘導づけるような文化的なありようのことこそがシミュラークルと呼ばれる。

どちらかと言えば、いわゆる「バズる動画」「バズる記事」といった「バズるコンテンツ」は、情報社会論においては**インターネットミーム**というタームで議論されてきたものに連なる。そして、こちらについてはさまざまな先行研究が既に存在している。例えばジョーナ・バーガーは「STEPPS」というキーワードを提起している。**バイラルするコンテンツが持つ特性として、ソーシャルカレンシー（他人に自慢できること）、トリガー（思い出しやすいきっ**

8 本書のテーマとは少しずれる事例となるが、秋葉原のメイドカフェも一つの例証となる。大通りなどを歩いていると、メイドの客引きをしている若い女性を数多く見かけるが、冷静に考えれば分かるようにこうしたメイドは現実には存在しない。つまり実在しない記号的なメイドであり、「オリジナル」の欠けた大量の「コピー」だと言える（もちろん、これは良いか悪いか、正しいか正しくないかという価値判断とは全く関係ない）。こうしたシミュラークルのあらわれは、アニメなどサブカルチャーにおけるさまざまな表象が関係しているはずだし、秋葉原に集まる人々の欲望や憧れが反映されたイメージの戯れが結実したものだと考えられるだろう。

かけ）、エモーション（強い意外性）、パブリック（人の目に触れる）、プラクティカルバリュー（実用的な価値）、ストーリー（物語）といった6つの要素を挙げている。これらの頭文字をとってSTEPPSだ。ただし全部ないとダメということではない。サラダのトッピングのようなもので、沢山あればおいしいが、全部入りじゃなくても好きだと思う人はいる。

このような考え方から、記事や動画の効果を「（再）シェア率」で計測しようと提案する立場などもあり、ユーザーがSNSでどれだけそのコンテンツを（再）シェアしたのかを、PV数や再生数を分母にとって指標化。その（再）シェア率を向上させるためのコンテンツは「○○××」の方法で生み出すことができる…といった具合に議論が進む。そのようなパブリッシャーやブランド側の視点でどうコンテンツをバズらせるか、インターネット上をかけめぐるミームとするかという議論もある。私たちの探究はユーザー側のコミュニケーションの層に照準を絞ったものだ。したがって、シミュラークルというキーワードの使い方にもそのような留意や留保が必要であるし、逆に言えば動画フィルターのようなテーマを扱う場合にはシミュラークルというユーザー心理にもフォーカスした概念を使うことが適切であると思われる。「かわいく犬になって盛れる」のは、他のユーザーへの遠慮や気遣いをすることなく、人間関係にセンシティブな若年層にとっては抵抗感なく採り入れることが可能だったこと、そして、シェアされたものを見て広まっていくというかたちでインターネット上での模倣の連鎖が起こっていった点がポイントで、まさにシミュラークル的なフレームで解釈した方がより本質的であるように思われる。

この節を後段につなげるようなかたちで締めくくろう。シミュラークルという概念装置と私たちの問題関心との接点を考える上で重要だと思われるのは、それがより**体験消費にフォーカスされる**点である。極端な例で言えば、休日にカフェへと出かけるとき本当に欲しているものは、**「そこで食べるパンケーキというモノ」というより、「SNS 映えする流行りのパンケーキを食べているというコト」のシェア**だとも言える。このようなSNS 映えする体験の履歴がVC を通じてシミュラークルとなって広がり、ユーザー間でそのような体験消費をシェアするよう欲望を喚起し合う。これは、情報メディア環境の変化だけでなく、**「モノからコトへ」と高度化する消費社会のステージとも密接に関連した深いスコープを持つ現象**だ。今後ますますビジュアルで自身の体験をシェアし、インタレストを表明し、それを人々がサーチし相互参照し合う=タグるようになっていく時代において、こうしたモデルでオーディエンスの行動把握やマーケティングアイデアの発想を進めていくことの重要性は高まっていくだろう。
筆者は、これを単なるSNS時代の流行という話で片づけたいのではなく、このような現象が歴史的／文化的に起こる必然性のようなものも感じている。次項でその理路について説明を試みたい。

シミュラークルが生まれる歴史的／文化的背景とは？

現代のSNS環境下において、**生活者が消費行動へと誘引されるような「憧れのイメージ」がボトムアップ的に生まれていくという現象**——それを本書内ではシミュラークルと呼んで議論を構築してきた。こうした文化的な現象がなぜいま起こるのか、そこには偶然には回収しきれないいくつかの背景がある。ここではその仮説を紹介しながら議論を進めたい。なお、こうした整理はユーザー観察から得られたものであると同時に、歴史的／理論的な背景によっても支えられている。

大きな理由の一つ目は、スマホの普及によってユーザーの発信力が向上したおかげで、

誰もが体験を気軽にシェアできるようになったこと。これは本書を通じて一貫して主張してきたことで、こうしたユーザー主導のコミュニケーション文化を捉えることの重要性はますます高まっていく。

これに関連する要因として、私たちがコミュニケーションを行うための場が集約されてきたこと、つまりネットワーク効果がもたらす帰結として、同じプラットフォーム上で人々がコミュニケーションを行うようになり、そこでのコードを内面化しつつあることも挙げられるだろう。こうしたビジュアルコミュニケーションの場として支持を集めるインスタグラムのことを考えてみると、特に初期はいまよりも加工の仕方もシンプルかつパターンが限られており、簡単にオシャレにできる点を特徴に挙げている人が多かったことに思い至る。しかしながら、誰でも簡単に写真をオシャレにできるという特性がゆえに、そこで行われるコミュニケーションにも逆説的に縛りがかかるということは言えないだろうか。**その縛りは必ずしもどこかに明示されているわけではなく、ユーザー達がコミュニケーションを重ねる中で自然と醸成していった約束事に過ぎない。その他律的な力をコード（Code）と呼ぶならば、そういったコミュニケーション上のコードをユーザーが内面化して発信するようになり、後段のユーザーもそれに影響を受ける**ようになる。その結果として、どんどんビジュアルがシミュラークル化してくる側面があるのだ。

したがって、このような**シミュラークルは循環的に強化されていく**特性を持つ。**あるシミュラークルがユーザーの憧れのイメージを刺激すると、ますますそのシミュラークルが強化されさらに多くのユーザーが誘引されていく。「こういう体験がしたい」ということに加えて、「こういう体験をしている自分でありたい」という点にまで及ぶユーザー側のニーズや承認欲求がビジュアルのレベルで定着していったものこそ、ここで議論を重ねているシミュラークルというもののコアをなす**ものだ。まさにシェアしたがる心理とシミュラークルとの密接なリンクを示す。

そして二つ目は、スマホの普及といったデジタル化の要因よりもさらに長めのスパンで起こっている文化的な事象に属する。それは、私たちの消費活動にまつわる価値観についての話である。**消費社会が成熟化していくにつれて、記号的価値というものがより意味を持ち重要性を高く持つ**ようになる。記号的価値とは、そのモノやコトが他者にとってどんな意味を持つのかを示すためのタームで、それが有する**スペックで測られる機能的価値**との対比を成す。私たちが日常的に使う言葉で言い換えれば、**記号的価値とは「ブランド力」と等置される**だろう。

例えば、1万円で買えるバッグと30万円で買えるバッグを比較してみるとき、両者はともに「物を運ぶ」という機能的価値にほぼ差はないと思える。少なくとも、30倍物を運ぶことに役立つ（！）ということは考えにくい。ではこの場合、何に対してお金を払うことに了承しているのか？ ここで提起すべき仮説は、後者にそれだけの記号的価値があり、それを顧客は期待して30万円を払っているということ。買い手がそこに記号的価値を認め、それを持っていることで他者に褒められる（いいね！と言ってもらえる）という期待を持ちつつ、そのバッグに込められたブランド力を効用として受け取っているということを意味する。

経済が成長し社会が豊かになっていくと、モノ自体は飽和し、記号的価値の有無がユーザーの消費行動を決めるスイッチとなっていく。いわゆるラグジュアリー産業というものの勃興は、このような現代的消費ニーズに立脚しているのだ。

この対概念はさまざまな言い回しで変奏されるが、例えばここまで何度も登場してもらっているボードリヤールは、人々の消費活動が使用価値から交換価値へと重視点がスライドする旨の指摘をしている。ここでの使用価値が機能的価値、交換価値が記号的価値とそれぞれ対応している（ボードリヤールは消費者の視点からそのタームを整理しているという差異がある)。そしてここでも重視されているのが、その消費(モノや体験にお金を払うこと)が他者にとってどんな意味を持つのか、という交換価値の方。本論の文脈に沿えば、**それはSNS映えするのか──他者もうらやむ交換価値はそこに含まれているのか? という問いを満足させるものだという実感が消費のトリガーになる**ということだ。

そして、このような**記号的価値はこれまでモノの水準で議論されることが多かったが、筆者はその「コトの水準」への拡張に注目**している。コトの記号的価値──つまり、他の人にうらやましがられ、良いと思われるような体験をすることの価値が、ビジュアルコミュニケーション時代に入ったことで急激に高まっているのではないかと。そして、その**コトの記号的価値を最も手軽かつ日常的にもたらしてくれるものが、「いいね!」**なのだ。

いいね!と聞くと、誰もがフェイスブックの親指を突き立てたマーク(thumbs up のマーク)を思い出すはず。その程度にまで普及し一般化していった。**いいね!は画面をタップするだけでよい最も手軽な承認装置**であり、行為へと価値を付加してくれるものだ──その意味で、いいね！は貨幣的な存在でもある。[9] その**いいね！という価値を求めて、ユーザーはモチベートされていくし、このようなユーザー同士のインタラクションを通じてこそ、シミュラークル（≒コピー体験の広まり）というトレンドの発生が駆動される**のだ。

そして3点目の理由として、よりマクロな視点からこのような動きを説明できる。現代社会を現代社会たらしめる特性とは、なにか？——この途方もない問いに、答えを与えるとすれば、それは**多様性、複雑性、流動性が増していくプロセスとして記述され、多様な価値観のもとで誰もが「自分らしく」固有のライフスタイルを築きそれを生きることが価値とされる**ようなものと言えるだろう。価値観や生き方、働き方や暮らし方がこれまでの時代とは比べ物にならないくらい自由になり、多様な選択肢が許容され、そして一人一人が選び取れるようになっている。かつて「ライフスタイル」という言葉や考え方は上流階級のそれを指すものだったが、いまでは「一人一人」のものとして扱われるようになって

9 本書の直接のテーマとは離れるが、筆者はかつて「信任貨幣」という名で、ユーザーがＰ２Ｐのかたちで「いいね！」を贈り合い、ソーシャルな評価を可視化させるようなシステムとそれによって変わる社会の提案のストーリーを描いたことがあった。そのときもコミュニケーションそのものが単なる情報の伝播だけでなく、人と人との価値のやりとりを生むようなものになるはずだとサーベイをもとに整理した。そのような未来社会のコンセプトは、『二十年先の未来はいま作られている（２０１２年、日本経済新聞出版社）』でスケッチされている。なお、２０１６年にはＶＡＬＵというサービスがローンチされており、そこではユーザーのＳＮＳ上での評価や承認を仮想通貨ビットコインのかたちで可視化しやりとりできるようにしており、数々の「ソーシャル有名人」が参加し大きな盛り上がりを見せている。

おり、私たちはその答えのない自分らしさの枠組みを埋めるかのように生産／消費を含めた社会生活を送っている。自由な社会は、反面で私たちは何者なのかという答えのない問いをつねに一人一人の目の前でペンディングさせ続ける。**社会的な富が増し、自由な生き方が可能となる高度消費社会では、何を消費するのかが「わたし」というアイデンティティを構成する**ものとなる。ブランド品のようなモノだけでなく、**SNS映えするようなコトの水準でも記号的価値を持つようなものを希求し、それをSNS上でシェアし続けることによって、なにがしかのアイデンティティの証明を、あるいはその承認を試みようとしている。**第1章で導入したシェリー・タークルの議論はまさにここに連なるのだ。

私たちがSNS映えを気にしながらそれをストックしていくこと…それらは**自分らしさを追求しながらも交換価値（憧れ）を求めずにはいられない**ユーザーのいまを映し出す。このような3つの流れの総体が、インターネット上で、さらに言えばビジュアルコミュニケーションへとシフトしてきたSNS上で、シミュラークルをより生み出しやすいような情報環境を形成している。これはツールの流行り廃りのようなサイクルの話よりもさらに長いスパンを持つトレンドであるように思われる。このような私たちの「ほしい」がボトムアップに生まれていくような傾向は、高度化する消費社会のステージとも密接に関連した議題設定であり、これからもなお重要性を失わないトレンドの一角であり続けるだろう。

写真を撮るためにパンケーキ屋さんにいくのは手段と目的が逆？

筆者はさまざまな場でセミナーを行ったり、広告会社に所属する立場としてこうしたテーマでクライアントと議論をする場が多々ある。そうした中で、「パンケーキそのものを食べにいくのではなく、その写真を撮るためにお店を訪れるのは手段と目的が転倒しているのでは？」といった困惑気味の感想に触れることがある。それは、きわめてまっとうで常識的な問いでもある。ここで問われていることの核心は、「本当に大切にすべき体験とは何であるのか？」ということだろう。そのとき、天秤にかけられているのは、いままさにパンケーキを食べているという体験と、それがシェアされて「いいね！」され自分のフィード／ウォールを彩る体験の2つ。一般的には前者が実在する体験でリアル、そして後者はそれがコピーされたものに過ぎない――したがって、前者にこそ大切にすべき本質があると捉えられるし、SNS映えのために何かするというのは多くの場合にその立場から否定的に捉えられる。しかしながら、ここまでの本書の議論はそのような前提、ないしは「常識」に必ずしも賛同しない。むしろ、**SNS映えを意識してシェアされた体験には、いまここで私が感じている体験価値をさらに増幅してくれるような力がある**と肯定的に捉える。また、私たちは誰しも他者からの影響によって自分というものを形作っている以上、他者からの承認やそれをもたらすSNS映えを否定することは原理的にできない。Adam Alter（2017）『Irresistible』では、**私たちは自尊心（self-worth）を他者からの社会的なフィードバックによって保つしかなく、現在のSNSはそのような機能を代替し始めている**ということが指摘されている。

その真意は、さしあたってこのように語りなおせる。SNSで発信する目的のためにパンケーキの店に並ぶ——というのは目的と手段がテレコになった倒錯的な振る舞いというわけでは決してない。むしろビジュアルコミュニケーション環境において、体験価値をより増幅するための合理的な行いであるし、そしてその合理性の反転は、テクノロジーがもたらしうる新しい自然であるかもしれないということ。先ほど本節にて、「いいね！」が無かった頃にはもう戻れないと述べた。**情報技術は様々なものを可視化するベクトルを**

持つ。そして、そのようにして可視化された社会に私たちは順応していくだろう。私たちの考える本質（目的）とそうでないものとの境界線は、実はあいまいなのだ。

逆に考えれば、カメラが誕生してはじめて「撮影された写真からこぼれ落ちてしまう生のリアリティがある」という感覚が遡及的に仮構されたのと同様に、**「SNSでシェアすることを前提としては損なわれてしまう現実のリアリティがある」という見方自体がひとつのアナクロニズムに過ぎない**と言えるかもしれない。

さらに一段抽象化して捉えると、筆者は**オリジナルとコピーとの序列性を無前提に受け入れない──というアジェンダセッティングをしかけている**とも言える。パンケーキを食べることとそれをSNSでシェアすることもそうだし、それは第3章の盛りについての議論でも同様だ（p.160参照）。**盛っていない素の顔（オリジナル）がよくて、盛られた顔（コピー）はダメであるという「常識」的な結論を、アイデンティティ論をベースとしてハックすることを試みたのだった。テクノロジーはそうした“常識”をシフト**させる。今後は「SNSに載せるため」という動機を本質的なものだと考える人は増えていくだろう。オリジナルとコピーとの序列性を脱臼するという意味では、ここで議論を展開してきたシミュラークルをめぐる問題系も同様である。

〔補論〕Whyボードリヤール？

この節では、ボードリヤールの概念装置を導入しながら、現代のビジュアルコミュニケーション環境を分析してきた。しかしながら、なぜいまボードリヤールなのか？　という疑問を持つ人もいるだろう。確かに、この思想家／社会学者には、最近出てきたような「新しさ」の感覚がフィットするわけではない。1929年に生まれ、2007年にこの世を去ってしまったが、著作や言論活動は20世紀の後半に集中している。日本でもさまざまに論じられてきたのは1970年代以降で、かつての現代思想ブームの折に広く紹介されてきたような背景がある。ではなぜいま筆者はこうした固有名を召喚して議論を進めているのか。

実はこのボードリヤールの思考は、**実業家やアーティストの思考を触発する何かを内包しているの**ではないか――そんな直観を筆者は持っている。例えば、有名なところでは、無印良品を構想した際の堤清二、そして映画『マトリックス』の監督であったウォシャウスキー姉妹（※公開当初は兄弟）がこぞって参照したことでも知られている。無印良品という新しいブランド戦略、マトリックスという映画史を変えるだけの力を持ったSF映画…などそれらの支柱となる**コンセプトワークに資するような理論的生産力をボードリヤールの発想は兼ね備えている。**これまでとは異なる消費社会のフェーズでの企業活動のあり方、いままでにない未来世界のかたち…そのような情報化がもたらす未知のディメンションを思考するための有益な道具立てを与えてくれる存在として、**スマートフォンが一新してしまった社会やコミュニケーションのあり方を思考するためのカタリスト**となってもらうこと。そのような期待を込めた上で、筆者はこのビジュアルコミュニケーション時代ならではの情報拡散のあり方について、彼の分析枠組みや特異なターミノロジーを借用したのだった。

5-3 「マス型」「インフルエンサー型」、そして「シミュラークル型」

3つの情報伝播のタイプ

私たちは常に媒介（メディア）を通じて欲望やニーズを促される存在でもある。逆に言えば、**自発的に生まれ解消する「欲求」とは異なり、「欲望」は自分の外にある「なにものか」（＝他者）によって初めて生み出されるもの**だ。近代的な大量消費社会の到来は、そのような情報メディアの発展と軌を一にしたものであった。この章ではシミュラークルというキーワードを提起しながら、現代のビジュアルコミュニケーション環境下での私たちの情報の広まり方や欲望・ニーズの生まれ方について考えることを目的としているが、本節では**「マス型」「インフルエンサー型」「シミュラークル型」**というそれぞれの形式の比較を下敷きに考察を進めたい。

マス型とは、テレビや新聞などのマスメディアを念頭に置いたものだ。**ある強力な情報**

図表㉚ 現代社会の3つの情報伝播のタイプ

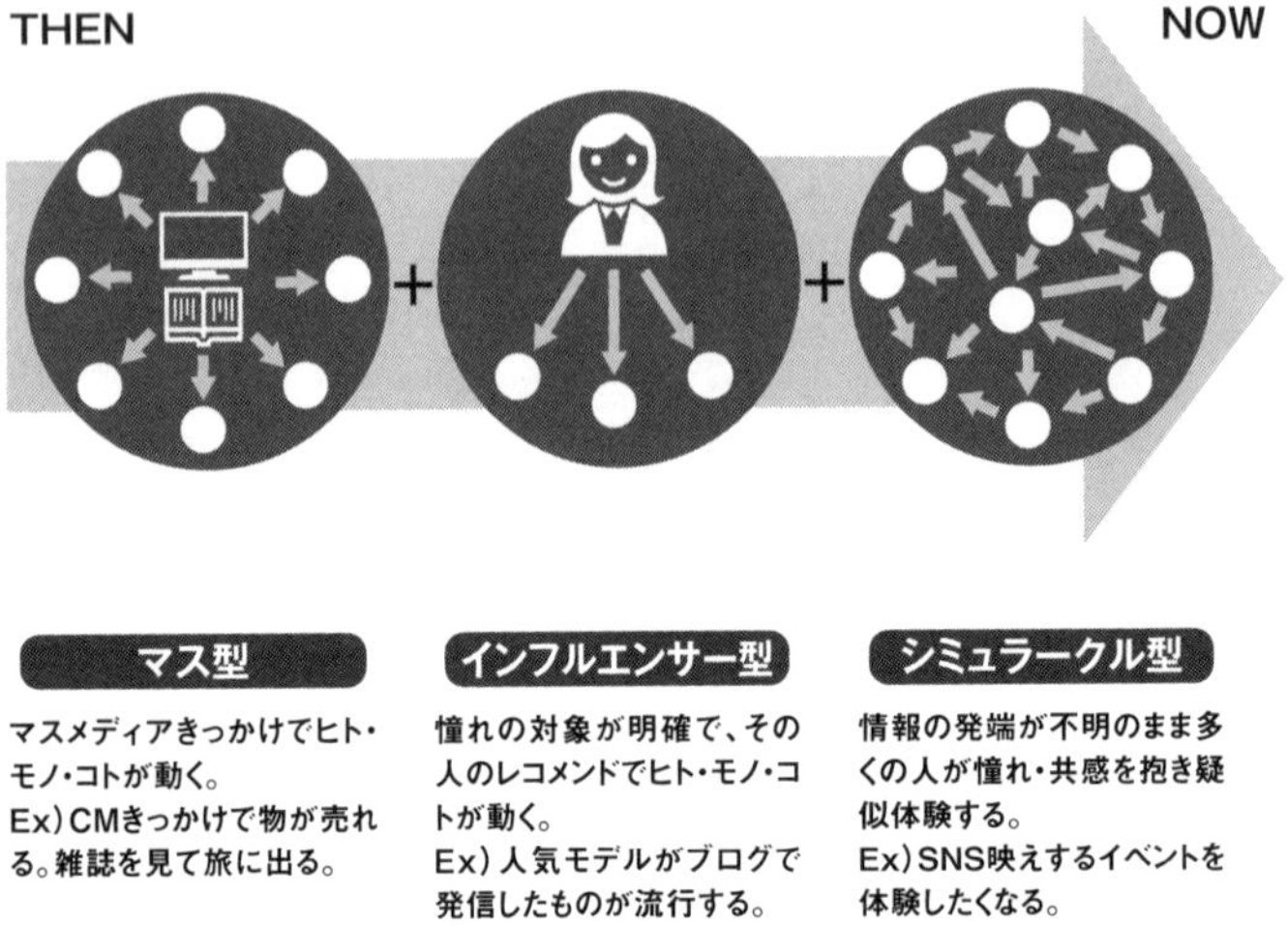
THEN
NOW
マス型
マスメディアきっかけでヒト・モノ・コトが動く。
Ex）CMきっかけで物が売れる。雑誌を見て旅に出る。
インフルエンサー型
憧れの対象が明確で、その人のレコメンドでヒト・モノ・コトが動く。
Ex）人気モデルがブログで発信したものが流行する。
シミュラークル型
情報の発端が不明のまま多くの人が憧れ・共感を抱き疑似体験する。
Ex）SNS映えするイベントを体験したくなる。

の起点から、フラットにオリジナルの情報が拡散していく機能を担っている。例えば日々の株価に関する情報、選挙の結果、政治家の発言、災害に関するニュース…など改変や解釈の入る余地がないような、均一に、かつ多くの人に届かなければならないような情報の伝播がここでは求められている。そしてそのようなメディアの力をベースとして、多くの人に届くようなマス広告のあり方も可能となっている。20世紀に成立したこのコミュニケーションの形式をここでは「マス型」と表現してみよう。そして、これを**情報の発信／受信の関係に置き換えると「1：N」の関係だと捉える**ことができる。一つの強力な情報発信源に対し

て、数えきれないNとしての受け手の私たちが対置される。**メディアプランニング時に考慮されるべきは媒体リーチ力**だ。

これに対して「インフルエンサー型」は、いろいろな関心のコミュニティーの中に存在する情報感度の高い発信者（インフルエンサー）によってなされるコミュニケーションのあり方を指しており、フード、トラベル、ファッション、カルチャー、ライフスタイル…といったジャンルごとに強い推奨者からの情報伝播を念頭に置いている。これはインターネットの発展以後に、より大きく深く膨らんできた領域である（言うまでもなく、オフラインの空間であってもこうした領域はつねに存在はしてきた）。そのような**「人」からのレコメンドで私たち生活者の欲望／ニーズが喚起される形式は、ビジュアルコミュニケーションの時代においてより一層強くなってきている**。このテーマについては次項で述べよう。なお、ここでの**発信者と受信者のボリュームは、「$\sqrt{N}$：N」**。例えばあるプラットフォームに1億人のユーザーがいるとすれば、およそ1万人くらいがそのプラットフォーム上に存在するインフルエンサーであるという理論的な概算を得る。ここでは、プラットフォームの剪定をインフルエンサーの影響力が考慮されるべきポイントとなる。

そして最後の「シミュラークル型」とは、本章でここまで紙幅を割いて述べてきたように、**明確な発信者、つまりオリジナルとしての情報の起点や発端があるのかよく分からないままに網状に情報がコピーされ、それに促されるように「あるある」的な共通認識が生まれたり、それに基づいた情報行動が起こるようになる現象**を指している。ここまでの考え方に倣えば、**発信と受信は「N:N」**と表記できる。例えばインスタグラムでハッシュタグをベースにあるモノがやイベントが流行ったり、フェイスブックを通じて友人知人の投稿を見て真似したくなったり…そうした体験はすべてこのタイプに含まれる。このような「N:N」の関係の中で、オリジナルの起点が不明なままに、誰もが情報を発信しそれに影響を受けながら体験がコピーされ、憧れを促すイメージが出来上がっていく状態に特徴があるのだ。そうした状況を把握するためにもソーシャルモニタリングの重要性が高くなる。

一つ補足しておくと、このシミュラークル型は強力なモデルではあるものの、以下のような時間的プロセスによる変化を考慮しなくてはならない。1－2でも述べたように、UGCはSNSにとって切っても切り離せないようなものだ（p.65参照）。特に、新しいサービスやプラットフォームが生まれた初期段階で最も重要になる。そこでユーザーが根付かず、UGCがやせ細ってしまえば、そのままクローズしてしまうリスクに脅かされる。しかし、UGCが十分に集まりそのまま時が経つと、今度はプロフェッショナルたちが参入し始めて素晴らしいものを生み出す方法を理解し始める。ユーチューブもはじめは一般人がホームビデオで撮影したような、牧歌的で面白いビデオがメインコンテンツであったが、今では音楽業界や映画業界などのエンタテインメント産業をはじめ、さまざまなプレイヤーが参入してプラットフォームを賑やかにしている。もちろんUGCは重要だが、インフルエンサーやメディア企業などさまざまなプレイヤーが次第にコンテンツを生み出し続けるようになる。パワーバランスは時間的プロセスの推移と密接に連関しているのだ。筆者はここまで述べてきたようなユーザー主導の情報伝達に着目しているが、万能論を唱えたいわけではない。**シミュラークルはSNSという場で起こるが、SNSはそれだけに回収しきれない場の力学を持つ。**むしろその住み分けと組み合わせを考えることが、ますます重要になっていくと考えている。

インフルエンサーの力

筆者は、**ユーザーが情報発信力を手に入れる〝個人のメディア化〟こそが、いま起きて**

いる最大のメディアイノベーションであると考えている。前項で導入したインフルエンサー型に注目する下地はここにある。振り返ると、ウェブ上には連綿と「強い発信者」と呼ばれる人々が存在してきた。「(匿名掲示板における)コテハン」「(ブロゴスフィアにおける)アルファブロガー」「(UGCサイトにおける)ミームクリエイター」…のような系譜の中で、ビジュアルコミュニケーションへとシフトした情報環境は、いわば誰もが潜在的なインフルエンサーである時代。そのあり方やマーケティングの可能性が問題となってくる。[10]

慶應義塾大学大学院経営管理研究科(慶應ビジネス・スクール)の山本晶《ひかる》准教授は、著書『キーパーソン・マーケティング：なぜ、あの人のクチコミは影響力があるのか』の中で、関西電通との共同調査結果に触れながら、**生活者にとってはより自分の立場に近いインフルエンサーからの情報取得が頼りにされるという結果**を紹介している。平易に言い直せば、持っている情報のレベルに差があり過ぎると、参考にしづらいということ。したがって、生活者寄りのインフルエンサーがいいという結論に至る。生活者寄りのインフルエンサー

10 日本では「カリスマ美容師」「読者モデル(読モ)」など一般人が有名になることへの多様な回路がメディアによって築かれてきた文化的素地がある。

というのも定義が混乱しているように見えてしまうが、これは2―1で論じておいたマイクロインフルエンサーを想起してもらえば整合的に得心されるだろう（p.111参照）。

私たちの調査では、**ネット上の有名人＝インフルエンサーに影響を受けやすいと回答した割合は男女とも若年層ほど高く、なおかつ女性の方が男性よりも高い**という傾向が示された。4―3で言及した「SNS上で影響を受けやすい発信者」のデータを思い返せば、いましがた紹介した「生活者寄りのインフルエンサー」仮説とのおさまりも良い。インフルエンサーマーケティングの隆盛も、こうしたSNSに慣れ親しんだ世代ほどに実効性があるものだとここから解釈することもできるだろう。

15～19男性は63・9％
15～19女性は70・0％
30～34男性は51・5％
30～34女性は58・5％

インフルエンサーはもともと何かをレコメンドする力を持っていたが、近年ではそれをマーケティング——多くの場合は、「プロモーション」程度の矮小化した意味合いで使われていることも多いが——の用途で活用したいというニーズが強くなっている。2—1で触れたようにインスタグラムがそのための場として最も活用されており、相性の良い商材（コスメやアパレルなど）について、インスタグラマーの生活の一部として投稿してもらうこともある。その際、インスタグラムであれば単純にモノを綺麗に写せば良いというわけではなく、例えば飲料を宣伝したい場合、そのパッケージだけ投稿しても魅力はあまり伝わらない。もちろん先述した通り、採り上げてもらいやすいようパッケージのデザインを工夫することは増えているが、せっかくインフルエンサーの力を借りるのであれば、**その飲料が最も映えるようなオシャレなグラスに入れ、最も飲むことが体験として価値が出るようなシチュエーション（例えば午後の昼下がりのテラス等）で飲むといったシーン訴求**をするとよい。

さらに、最近ではインフルエンサーとライブ動画を絡めた施策事例も増えてきている。第3章でES-M-Lのライブが重要という指摘を行ったが、それとインフルエンサーが結びつくようなかたちで、ライブコマースという市場を急速に立ち上げつつある（p.190参照）。既に中国ではこのようなインフルエンサー＋ライブコマースが多額のお金を動かす一大ビジネスチャンスを生んでいる。

いまや一つのサービスやプラットフォームに縛られることなく、インフルエンサーがさまざまな場を使い分けて情報を発信するようになりつつある。それは情報の拡散力を強めていくためにも至極まっとうな戦略であるし、**インフルエンサーの本質とはそういったさまざまなプラットフォーム上を自由に行き来しつつもその発信力を削ぐことなく、むしろ増していくような記名性にこそ求められる**のではないかと考えている。[11]

ニーズの発生地点の多様化へ

本節の冒頭に記した3つの型を比較するための図は、決して左から右へと移行していくといったメッセージを発しているわけではない。いま一度強調しておきたいのは、この**3つの型は単線的に移り変わっていくわけではない**ということだ。私たちは今でもCMを見てモノが欲しくなるというマス型の欲望／ニーズの喚起を体験するし、SNS上でのポストやライブコマースでモデルの子が使っていた商品を買いたくなるインフルエンサー

11　2017年時点で、インフルエンサー調査も並行して行っている。そうした成果についても追ってどこかで発表する機会を持ちたい。

型の消費も行っている。そして、シミュラークル型で示したように、みんながパンケーキの写真を上げていて、それを食べに行くとオシャレになるからパンケーキを食べに行くみたいなことだってある。つまりこれらが並行して起こるという意味で、**欲望／ニーズの着火点が多様化し高頻度化していることがポイント**だ。

ただし、そうした頻度とは別に、その「ボリューム」については注釈を入れておく必要があるかもしれない。というのも、マス型はその言葉通りユーザー数を多く抱えているが、インフルエンサー型になるとユーザーの数は減少するだろう。そして、シミュラークル型になると、ＳＮＳをアクティブに利用し、自分でも発信するような人がメインとなるため、ビジュアルコミュニケーションは発信の敷居を下げて発信者の層を分厚くしたとはいえ、一つ一つの弾が及ぶレンジ（範囲）はより絞られたものになることだろう。

しかしながら、爆発的に波及していくというケースだけを想定する必要はない。シミュラークルはその発生のタイミングも効果が及ぶレンジも予期できないし、効果計測も他の2つの型に比べると難しい側面があるが、**仮にたった2～3人へのシェアであっても、これはコンテンツが人をつなげていることのシグナルであり、大規模なバズ／バイラルではなくとも、人々がつながりを生成しているという重大な意味を有する。それはシェアに起**

因する社会的な価値が生まれていることを立証しているのだ。

さらに言えば、**SNSで自分から発信をするようなユーザーは概して情報感度が高く、周囲への影響力も持っている**。ボリュームだけでなく、情報感度の軸でみたとき、そこにはまた異なった評価ポイントが見い出せるように思われる。それゆえに**シミュラークルのようなものは必然的にセンスが求められるようなポストが集中し、よりSNS映えが鍵となっていくような、そんな情報伝播空間を発生させていく**のだ。このようなシミュラークル型は、自然発生的で事前の算盤弾きが難しい側面もある。しかし、こうしたフレームで課題解決に成功した事例もある。第6章のケーススタディでは、その考え方に基づいて、実際のキャンペーン事例を解説してみたいと思う。マス型とインフルエンサー型とシミュラークル型という3つを組み合わせた「ポカ写」キャンペーンだ。

5-4 これからのマーケティングオポチュニティ

動画フィルターのプロモーション活用へ：場の同期性

私たちはここまでの考察を通じてSNS映え、そしてシミュラークルといった概念を手に入れてきた。また、盛るというビジュアルコミュニケーション文化における重大な様式を確認してきた。それらのトレンドを踏まえた上での、これからのマーケティング／コミュニケーション分野のオポチュニティを紹介したい。ユーザーのシェアしたがる心理を念頭に置いた上での一つの試論である。

第3章で、「盛る」のトレンドとしての動画フィルターを紹介した（p.160参照）。こうした「動画フィルター」は単に顔を加工するだけの機能ではない。例えば**バレンタインやクリスマスなど時宜に沿ったフィルターや、ユーザーの撮影場所に応じたジオフィルター**（**地名や**

気温などを表示）の提供も可能となっており、企業のプロモーションの領域でも需要が高まっている。

アメリカの国民的イベントであるスーパーボウル（アメフトの優勝チームを決める、日本のプロ野球でいうと日本リーグ最終戦のようなもの）では、ペプシコ社のゲータレードがスナップチャットの動画フィルターを活用したキャンペーンを展開した。スーパーボウルでは、慣例として優勝チームがその勝利を祝して、ゲータレードをお互いにかけ合うというゲータレードシャワーが行われる。これは日本のプロ野球優勝チームにおける「ビールかけ」に当たるものだ。それに則るかたちで、「ゲータレードシャワー」を観客も疑似体験できるような動画フィルター（自撮りした動画にゲータレードシャワーのアニメーションが重ね合わされるもの）を公開したところ、それが広範な広がりを見せたのだ。ユーザーはそこでつくった動画をメッセージで友達にシェアしたり、ストーリーズで一般向けにシェアしていった。

もともとスーパーボウル自体が国民的イベントという背景はあるにせよ、この施策は1・6億インプレッションというパワフルな結果をもたらした。ここで注目すべきことは、この数字のインパクトだけでなく、それがユーザー同士の間で広がりを見せたという背後のメカニズムであるだろう。知人が使っているのを見て、友人からそうした動画が送られ

図表㉛ 場所に紐づいた動画フィルターの可能性

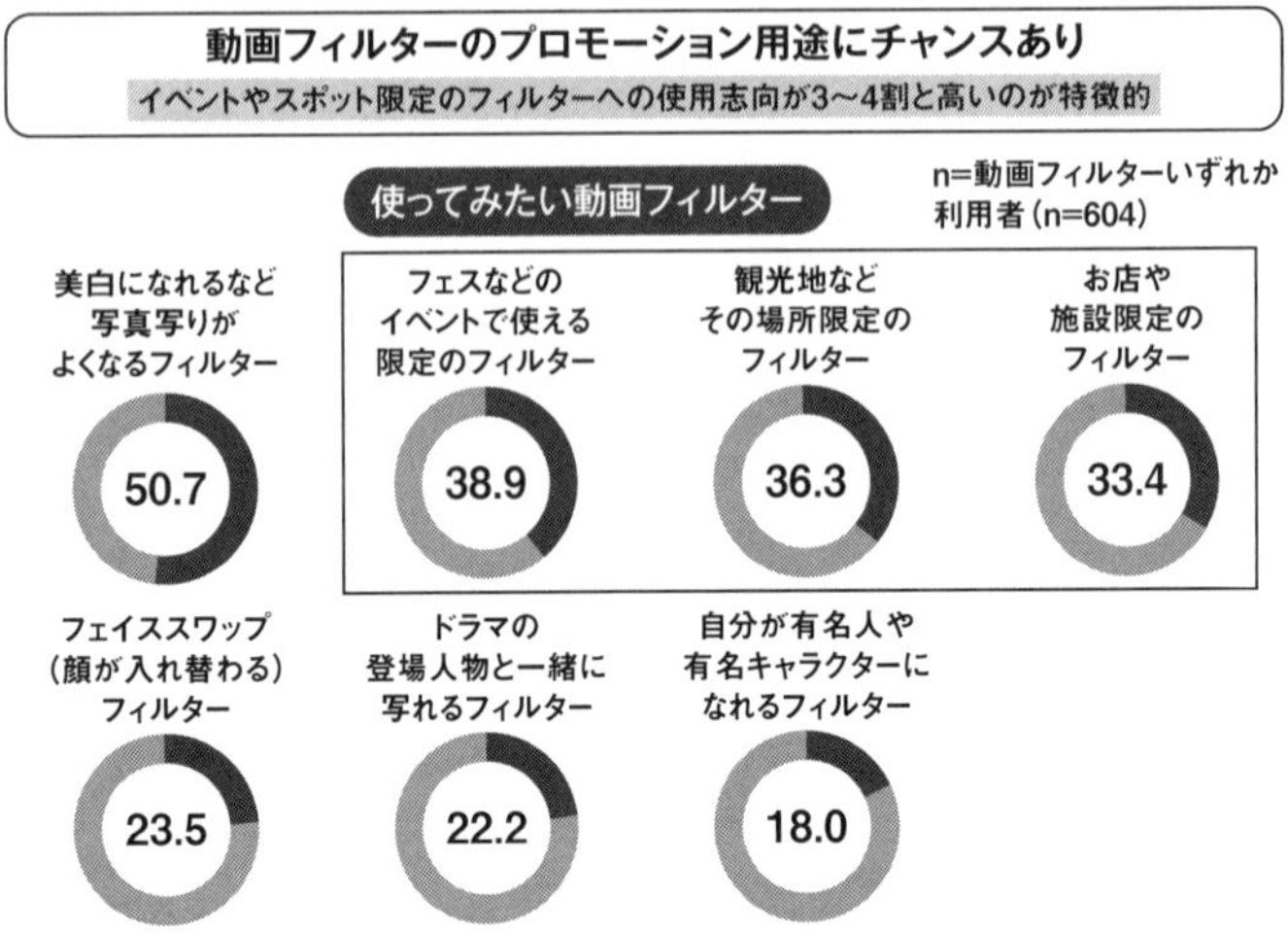

てきて、自分もそんな体験をしたくなる――そうしたユーザー同士のやりとりから行動が促され、伝播していくようなコミュニケーション環境が功を奏した。そして、このようなニュース性のある出来事が、**言葉による伝達に比べ、動画によるコミュニケーションでよりインパクトのあるリッチな体験のシェアとして拡散可能になったこと、そしてSNS上でそれらを目にした別のユーザーが興味を喚起され、同じ行動をとることで話題が自走していくこと**が指摘できる。

今後、日本においても**イベントに合わせた動画フィルターの開発や店頭の集客に向けたインセンティブとしての限定フィル**

ター配布など、まだまだビジネス的なポテンシャルが残されている分野と言えるかもしれない。そんな直観は、図表㉛のようなリサーチデータからもサポートされる。

これは使ってみたい動画フィルターについて聴取したもので、こうしたテクノロジーの今後の利用意向を推し量るための材料となる。最も利用意向が高かったのは、「美白になれるなど写真写りがよくなるフィルター」だが、ここにはあまり驚きはない。みなもちろん使いたいと思うであろうから。むしろ筆者が注目に値すると感じたのは、**場所やオケージョンと連動したフィルターの利用意向が高まっている**ことだった。美白系に次いで高かったのは、特定の場所だったりイベントだったりと紐づいて活用されるようなフィルターだった。

フェスなどイベント限定で使えるフィルター　38・9%
観光地などその場所限定のフィルター　36・3%
お店や施設限定のフィルター　33・4%

フェスについては、スノーがULTRA JAPANという都市型EDMフェスと組んで

2016年にフェス参加者のみが活用できる動画フィルターを提供していた。観光地やお店といった特定の位置情報と連動させたフィルターも、既にインスタグラムやスナップチャットではロケーションと紐づけた動画フィルターが提供されている。また、ジオフィルター機能を提供しているスナップチャットが位置情報サービスを提供するFoursquareとの連動を発表したこともそうした兆候のあらわれである。

今後、**ある観光地やイベント、お店に行った際に、そこで動画フィルターを使ってその場所でしか撮れない写真・動画をSNS上で拡散することがより一般化していく**はずだ。このように**そこでしか体験できないものが動画フィルターと共に盛ってシェアされ、それを見たユーザーがさらにその体験を模倣的に広げていく**。動画フィルターとシミュラークルの相性の良さ、そしてそれが満たす体験価値としての効用の高さを鑑みるに、こうした形式のビジュアルコミュニケーションがより広範なトレンドになって注目を要していくのは間違いない。

現に、第2章でインスタグラムのこれまでのピボットについて触れたが、それは場所という要素への回帰と解釈できる。2―1でも紹介したインスタグラムのロケーションタグなども、ユーザーがシェアする体験をどんどん拡散するような斥力として機能する（p.107

参照)。筆者は、こうした動きについて、**場の同期性をマーケティングに活用する**ことが進む兆しとして捉えている。第3章のライブ動画の場面でも触れたことの繰り返しとなるが(p.190参照)、同期性とは「周期やタイミング、内容を同一に揃えること」を意味しており、例えばテレビというのは、一つの番組やそこに挟み込まれる広告を何千万人が同じタイミングで視聴するという時間的な同期性がそのメディアパワーの源泉を成している。それをヒントにすると、ここで展開されているのは「場の同期性」と呼べるものであるだろう。**その空間でしか体験できないこと、その場所にいる人しか発信できないはずのコトが、シェアによって拡散され、よりプロモーションやマーケティングの活動と密接にリンクする**ようになっていく。

さらに付け足せば、これまでもイベントをプロモーション的に企画することで認知を拡大することなどは常套手段としてなされていたが、そのようなイベントへの参加は、生活者に時間と場所とを同時に同期させてもらう必要があった(イベントの間、身体をそこに持ってきてもらう必要があった)。しかしながら、ここでのシェアの議論は、**場所を同期させながらも、時間については非同期的に行う**ことができるものだと言えないだろうか。体験したタイミング自体は非同期的であっても、場所に紐づけられたコンテンツによって擬似的な同期体験を享受することができるのだ。4―2でも言及した濱野智史氏が『アーキテクチャの生態系』（前掲書）で分析していたことを思い出せば（p.229参照）、**ニコニコ動画のUI／UXの特徴として、コメントを書き込むタイミングは別々なのに映像視聴の上では一緒に観ているような感覚を得られる「擬似同期」が達成されている**という点が挙げられる。筆者もこのような発想に近いものが今後進んでいくだろうと予期している――つまり、**動画フィルターのシェアによる、場の擬似同期というものの可能性**である。

シミュラークルとインバウンドとの結合

いまインバウンドマーケティングの勢いが増している理由として、日本の観光地としての魅力が高まっていることに加えて、アジアを中心として世界的に中間層の所得が向上していることを指摘できる。今後もこの傾向は変わることがないので、日本への観光客は増加し、インバウンドマーケティングはより一層重要なものになっていく。

そうした中でもSNS映えは大事な概念に変わりがないのだった。自国では味わえないような非日常的な体験をもたらしてくれる、いわゆる観光名所や風光明媚なスポットはもちろんだが、**日本ならではのSNS映えとして「聖地巡礼」が関係**してくるのがここでの論点を構成する。もともとこの言葉は、教義の上で重要とされる場所へ実際に赴いてより深く学ぶという宗教的な文脈で使われるものだったが、現代日本においては、「聖地巡礼」とはアニメや漫画、小説などの物語の舞台やモデルとなった場所を「聖地」と呼んで、ファンたちが実際にそこに赴くことを指すようになった。テレビドラマや映画などのロケ地を訪れて楽しむといったことはもちろん連綿と行われてきたが、この「聖地巡礼」の波は筆者の観察では2000年代後半ごろから盛り上がりを見せてきたように思われる。それは**アニメや漫画といったカルチャーが若年層にとってのメインカルチャーの位置づけを獲得したこと、そしてインターネットが普及し、そうしたファンダム（ある趣味を共有する愛好者達のコミュニティやそこで醸成されたカルチャーの総体）でのやりとりが熱を帯びてきたことが関連**している。

そのような日本的なカルチャー理解と輸出が進む中で、最近ではインバウンド観光客もそうしたニーズを満たすための聖地巡礼を行うことが注目されている。通常の旅行から、結婚式用の前撮り目的での訪日などさまざまなバリエーションはあるが、その中で「あの作品に出ていた場所を訪れたい」「それを写真に収めたい」というニーズが生まれている。

最近では、**海外でもヒットした映画『君の名は。』の主人公同士が出会う印象的な1シーンを模した1枚を撮るのが流行っているらしい。これは、二次元（アニメ）と三次元（現実空間）が交差するようなかたちでシミュラークルが起こっていることのあらわれ**だと筆者は捉えている。みなその場所で同じポーズで写真を撮り、シェアすることでユーザーに体験が拡散されていく。筆者は第1章の視点①の中で、いましがた触れた『君の名は。』の監督を務めた新海誠について言及したが、そのような想像力、そしてそれにもとづくビジュアルコミュニケーションはいま国境を越えて広がりつつあるのかもしれない。**こうしたボトムアップなコミュニケーション、そして模倣を促す憧れの醸成が、現代のSNSオリエンテッドな世界中の生活者にとって特別な意味を持ち始めている。**

21世紀は、いわば観光の世紀。世界の豊かさが増していくに連れて——もちろんその不均衡性についての問題は摘み残されているが——、観光客はどんどん増えているし、それは余暇消費の選択肢としての観光がますます希求されていくことを含意する。ここでは紙幅や論旨の都合上、議論することを控えるが、東浩紀の『観光客の哲学』ではこのような観光客の存在がグローバル化する現代社会にとってもたらす意味を、哲学的な観点から肯定的に論じている。筆者はその立場に賛同しつつ、ここまで述べてきたような立論をそこに接続できるような可能性を感じている。誤解を恐れずに簡潔に述べるならば、**シミュラークルは国境を超えたビジュアルコミュニケーションを促進し、観光客の行き来を増やしながら、分断されつつある世界をつなぎとめることにいくばくか寄与する**かもしれない。国と国とをめぐる問題は現実的にはあまりに複合的かつ困難を伴うものだが、**私たちはそのようなリアルポリティクスとは別の位相で、分かり合えたりつながり合えたりする回路を持っている。**ここでの試論は、そのような可能性を照射するようなものであると思う。こうした問題系は、思想的な可能性はもちろん、トラベルやコンテンツのマーケット等とも複合的に絡み合いながら、今後のさらなる研究や実践へと開かれていくはずだ。

本章では、ビジュアルコミュニケーションの時代への移行、そうした情報環境の下でのSNS映えという新しい生活者サイドの行動指標の発生、そしてそれがもたらす「シェアしたがる心理」の存在とその中であらわれてくるシミュラークルという情報の拡散やトレンド伝播のあり方について述べてきた。冒頭にも述べたように技術と私たちのマインドとが共進化する中で、本稿で記してきた視点や論点は情報社会の中長期的な潮流を読み解いていく上でこれからも欠かせない視座を構成するだろう。

☑ **SNS上のあるある写真**

ビジュアルコミュニケーション社会で発生するトレンドを生み出す存在。

☑ **シェアしたがる心理**

「表現」「社交」「貢献」とそれらの背後にある「承認」のブレンドで構成されている。

☑ **シミュラークルとは**

みんなの憧れのイメージを反映したオリジナルなきコピー。SNS映えを意識した生活者達のシェアしたがる心理によって生み出される。(視点⑦)。

☑ **シミュラークルが広まる要因**

ユーザーが手軽に自分の体験を写真や動画でシェアできるようになったこと、そして交換価値がモノからコトへ拡張してきたことが挙げられる。

☑ **コトの交換価値とは**

「いいね!」によって担保される新たな価値観。私たちは評価が可視化/定量化される以前の社会には戻れない。

☑ **マス型／インフルエンサー型／シミュラークル型とは**

現代の情報伝播の３つのパターン。どれかが無くなるということはなくニーズの発生地点は多様化していく。

☑ **位置情報＋動画フィルター**

新しいマーケティングオポチュニティを切り拓く。観光地やプロモーションイベントなど場所と結びついた切り口で効果を発揮する。

☑ **「場の同期性／擬似同期性」**

「その空間でしか体験できないこと」が拡散される新たなシェアの形。マーケティングへの活用が注目される。

☑ **インバウンド消費の可能性**

シミュラークルによって活性化されるとともに、それを通じて世界中のユーザーをつなげうる。

CHAPTER 6

SNSを活用したケーススタディ（キャンペーン事例の分析）

6-1 ビジュアルコミュニケーション時代のキャンペーン&ブランディング

この節では具体的なキャンペーン事例を紹介しながら、ここまでの議論をさらに立体的に理解することを目指したい。4つのケーススタディを採り上げよう。

日本中央競馬会（JRA）「UMAJOプロジェクト」

UMAJOは馬＋女。競馬業界の新規ファン獲得のために実施されたプロジェクトで、競馬場に来てくれる女性客を増やしたいという目的で2012年から各種施策をスタート。2015年には女性の来場者数が約100万人となり全体に占める比率は15・8％へ。2011年の同約83万人、同13・5％から大きくスコアを上昇させた。

この施策の鍵の一つは、**「興味はあるが居場所がない」と感じていた潜在的女性ファンに向けて、カラフルな壁紙を配した女性専用エリアであるUMAJOスポットを準備したこと**。そしてもう一つは、**SNSでの写真投稿を促すキャンペーンを展開したこと**だ。

競馬場内で写真を撮影するとUMAJOオリジナルのグッズがもらえるような枠組みのおかげで、緑の映えるターフなど**競馬場内のインスタ映えするスポットの写真が数多くシェアされていった。**

その他、若手騎手の魅力を伝えるためのコンテンツなど多面的に展開していったが、やはり女性ファンを取り込むための入り口の設計が、ターゲットのインサイトや情報行動の勘所をしっかり捉えていたことが勝因であったように思われる。

NTTドコモ「〝卒業盛ルバム〟プロジェクト」

若年層のファンづくりという課題に向けた、本書でも紹介したスノーとのコラボレーション企画。卒業アルバムは総じて写りのクオリティに満足いくことが少なく、後で掘り返されたときに恥ずかしい「黒歴史」的な扱いを受ける…そんな若年層のインサイトをうまく踏まえて、**後で見返したくなるような盛れてる卒アルがつくれる**という施策を設計。

抽選で当選した学校にスノーで製本した「卒業〝盛ルバム〟」をプレゼントしたことに加えて、誰でもつくれる〝盛ルバム〟ジェネレーターを作成し、簡単にシェアできるようにしたという二段構え。キャンペーンのタグライン「#最後くらい盛らせろ」はまさにいまの若年層の気持ちを捉えた表現で、反応も非常に上々だったという。

ハーゲンダッツジャパン「ハーゲンハート・ハンティング」

カップアイス「ハーゲンダッツ」の写真投稿キャンペーン。ハーゲンダッツの蓋を開けると、ハート形のくぼみが現れることがあるのをご存知だろうか。そんな現象にスポットを当てた施策で、それを＃ハーゲンハートと名付けてシェアを促した。**それを見つけた瞬間の嬉しさを記録したい！というユーザー側のインサイト**にも合致した企画性を具えている。

ブランドの「幸せだけで、できている。」というコピーにも整合的なキャンペーン設計で、少しずつかたちの異なる11種類のハーゲンハートを「スマイルハート」「涙ハート」等とネーミングして、見つける楽しさもしっかりとデザインした。ユーザーからのシェア、また公式アカウントへのいいね！などのインタラクションも非常に積極的に行われた。

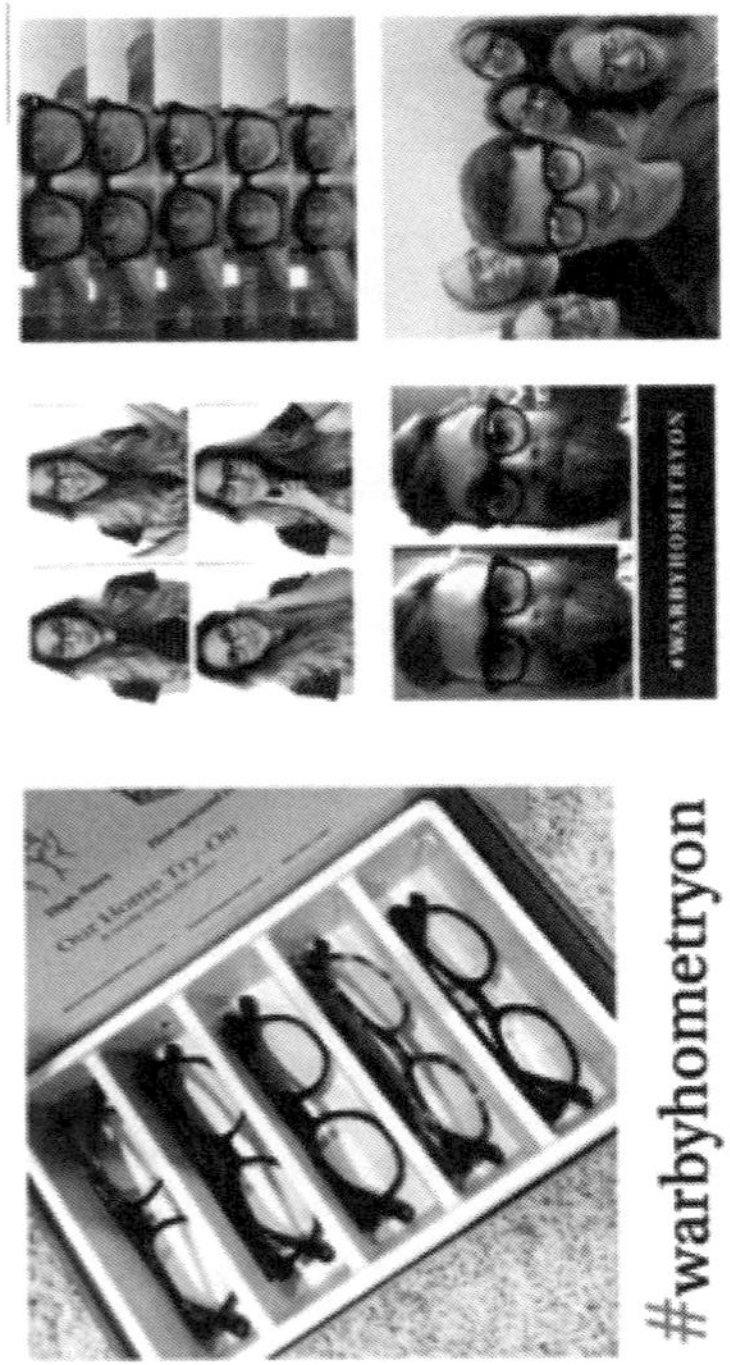

Warby Parker

Fast Company[12]というアメリカのパブリッシャーをご存じだろうか？　デザインやイノベーション、テクノロジー、メディア、コミュニケーション／マーケティングに関するトピックスが多く、クリエイティブ×ビジネスという切り口では世界的なリーディングメディアだ。

そのFast Companyでは毎年イノベーティブな人や企業を評価・表彰している。どちらも大変な名誉を意味し、それゆえ注目度も高い。日本人のクリエイターが選出されることも多いため、日本では「Most Creative People」のほうがよく知られて

12 https://www.fastcompany.com/

いるかもしれないが、今回議題にあげたいのは、「世界で最もイノベーティブな50社（The World's 50 Most Innovative Companies）」という企業版のランキングだ。

このランキングでは、2015年にランキングのトップをめぐってちょっとした「波乱」が起きた。第2位以下にApple、Alibaba、Google、インスタグラム…とそうそうたる企業が名を連ねる中で、並み居る強豪をおさえて第1位に輝いたのは、「Warby Parker（ワービー・パーカー）」というアイウェアの会社だった。設立は2010年と歴史も浅い。若者に人気のブランドではあったものの、それがなぜこのような圧倒的な評価につながったのだろうか？

その選定理由は、**「For building the first great made-on-the-internet brand.」というもの。すなわち、インターネット由来で誕生した初めての偉大なブランド**である。筆者のここまでの立論に沿っていえば、**SNSの情報環境を熟知した上での巧みなビジュアルコミュニケーション戦略がそこにはあった**ように思われる。主に3つの視点から説明することができる。

（1）ユーザーへのレスポンスの重視

ワービー・パーカーにとってSNSを通じたユーザーへのリアクションはマスト。ブランドのアカウントそのものへのコメントはもちろん、そうでなくても、**ブランドに関するハッシュタグを検索してまでユーザーのカンバセーションを拾い上げてリプライを返している。まさにブランド自身がタグることの効果を証明**しているのだ！

（2）「中の人」を透明性高く保つ

ワービー・パーカーのインスタグラムなどを見ていると、頻繁に従業員が登場していることに気付く。ここまでの話では、**ビジュアルコミュニケーションのうちその「C to C」の領域にフォーカスしてきたが、もちろん「B to C」も重要であるし、「B to B」にも作用するようなことが大切**だ。また**ブランド関連イベントの舞台裏（behind the scenes）も頻繁にSNS上でシェアすることで、ファンを同じコミュニティにいざなう。ビジュアルコミュニケーションの使い手は徹底的にフレンドリーであるべし。**

（3）ユーザーの体験を押し出す

ワービー・パーカーの施策から感じ取れるのは、**プロダクトだけでなく、その商品のショーケースを示す**のだという姿勢。それが具体的にあらわれたのが、無料のトライアルプログラムである「Home Try-on」だと筆者は考える。このプログラムを利用するとメガネを5本まで選んで試着することができる。しかも送料は無料で、気に入ったフレームを選んで送り返すだけ。そして自宅に送られてくる箱は、客の期待を高めるデザインが施されている（箱を家に招き入れたときのドキドキ感は、アップルで買い物するときのことを思い出す）。

利用者は、ハッシュタグをつけて試着姿のセルフィーをSNSでシェア。そのときの文言は例えば「どれが一番、似合うと思う？ #warbyhometryon」など。まさにビジュアルコミュニケーションを通じてユーザー間で情報が広がっていく構図だ。この施策を試したユーザーはそうでないユーザーより50％高い確率で購買へと結びついたという。そして、このハッシュタグをつけるよう送った箱でガイダンスしたことで、ユーザーからのシェアは40％増加したという。[13] 体験の価値をここまで何度も議論してきたが、**体験は何も売場だけの占有物ではない。私たちの自宅、自室も「それ」が起こる場になるということ**

13 http://www.thegeniusworks.com/gamechanger/warby-parker/

と。ワービー・パーカーはその仕組みを整えたことで、ユーザー達の感情の高まりを生み出し、SNSの拡散を後押しした。

そのようにしてユーザーがシェアしたものを、ワービー・パーカーのオフィシャルアカウントもリポストする。ユーザーがシェアしたものは、再シェアされることで多くのユーザーの目に触れる。そのように採り上げられるとうれしいので、多くのユーザーがそこに続いていく。**ユーザーの発信力と拡散力が高まっていることを前提に、その力を借りることでブランド・アセットを築いていくという方向性**だと言えるだろう。まさに、第7章で述べる「発信する生活者」視点を体現した戦略だ。[14]

14　もちろん、ワービー・パーカーの素晴らしさは上記のような説明ですべてをカバーできるわけではない。目配せしなければならないのは、店舗デザインの秀逸さや顧客との円滑なコミュニケーションを行うためのコールセンターの教育、日々のオペレーション、いわゆる高価格帯の「ブランド」とは違う、手の届く範囲で、上質感があり、憧れや共感を持ちうるブランドのストーリー…など多岐に渡るだろう。上記で試みたのは、あくまで本書の視点に沿った、ミレニアル世代の選択の受け皿となるまでの経緯だ。

6-2 インフルエンサーからの示唆：ネイルアーティストHana4さんへのインタビュー

私たちは、Hana4（はなよ）さんへのインタビュー取材を2016年8月に実施した。ネイルアーティストとして著名な彼女は、インスタグラムを活用して自身の作品の認知とその世界観の広がりを実現してきた。ビジュアルコミュニケーションのプラットフォームをうまく活用して、ファンとのコミュニケーションを進めてきた、インフルエンサーとして大変参考になる存在だ。

経歴としては、ファッションプレス、エディターアシスタントなどさまざまな職業を経て、ネイリストからフリーランスネイルアーティストとなる。現在はサロンを持たず、アーティストHana4として撮影や講師の仕事を精力的にこなしている。日本ではネイル雑誌はもちろん、さまざまなファッション雑誌にも作品を展開している他、海外での活動も盛んである。

日本中にネイルアートを根付かせるため「Nail meets Art」というテーマでさまざまな

図表㉜ Hana4さんのインスタグラムのフィード画面

ブランドとコラボレーションし、将来的には世界中の美術館を舞台にネイルアートを広めていきたいというビジョンも持っている。

そんなHana4さんがインスタグラムで情報発信を行う上で大切にしている点をまとめると以下の３つに集約できる。

 # Lifestyleを見せる

ネイルアーティストとして注目されているという前提はありつつも、ライフスタイル全般を伝えることによって、発信者としてのHana4さんを多面的に表現することができる。彼女のフィードを見ていると、訪れた旅行先の写真や日々のコーディネー

図表㉝ 辞書登録されたハッシュタグ

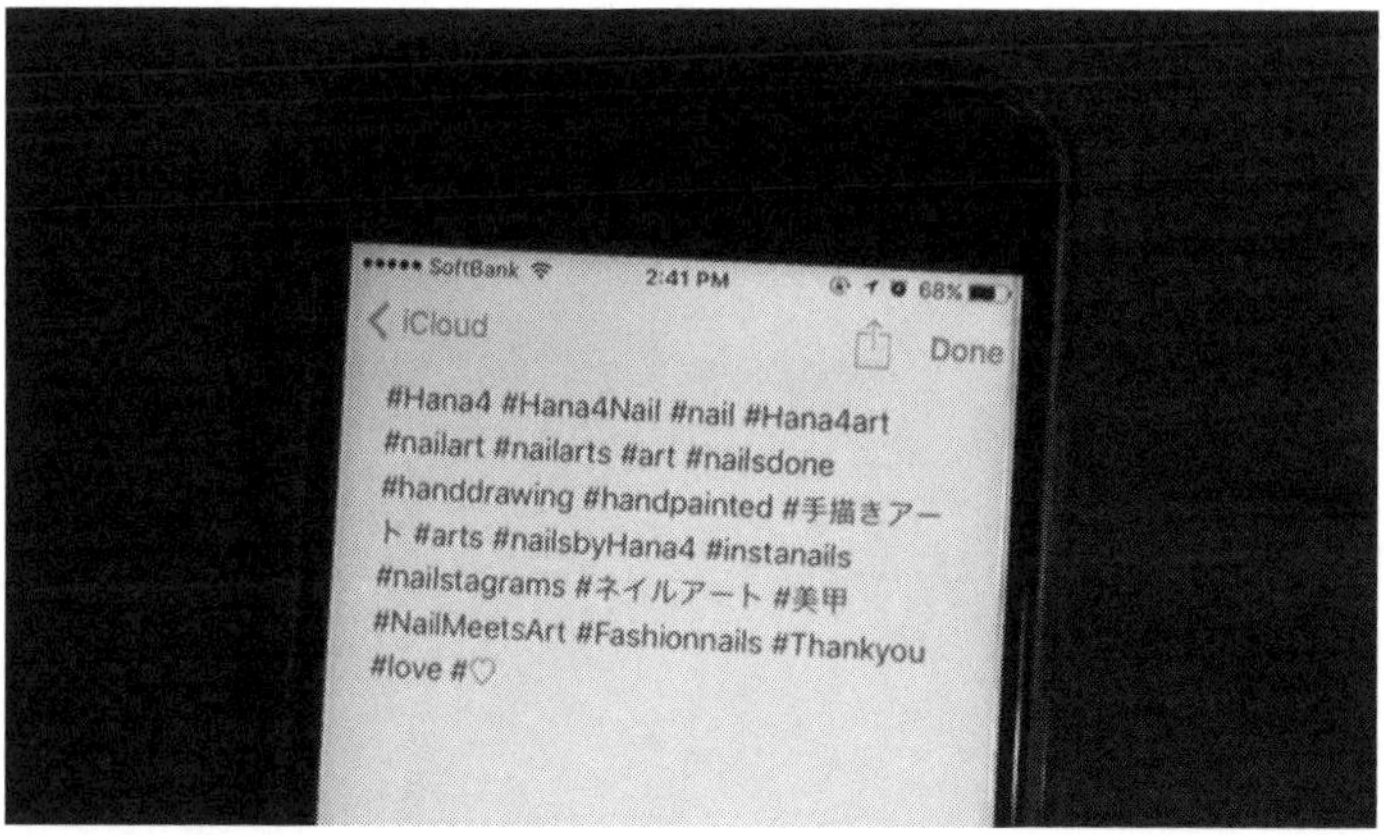

トを載せていて、そのような文脈の中で映えるネイルというものが意識される。インスタグラムはユーザーの関心に紐づいたコミュニティがゆるく層的に重なり合った空間なので、**ジャンル縦割りに限らない情報発信を行うことで、より多様なユーザーのインタレストにマッチできる**ということ、そしてフォロワーとの親近感のきっかけづくりに役立つということがあげられる。

 # 検索されやすいタグの設定

これは第4章で論じてきた「タグる」にも関連する。Hana4さんも、アカウントをつくり運用していくタイミングでどうすればフォロワー数を増やせるのかを考え、ハッシュタグを丁寧に配置して発信することに辿り着いた。特に**インスタグラムはビジュアルコミュニケーションのプラットフォームであり、ネイルアートというビジュアルで美しさや技巧を伝えられるテーマの特性もあいまって、海外との接点が生まれていった**という点も示唆深い。具体的な工夫として、Hana4さんは**スマートフォンの辞書機能を活用して、ハッシュタグの入力を省力化する**という技を教えてくれた。図表㉝のようにして、毎回ハッシュタグを一から入力していると億劫になって発信頻度が下がってしまうといったことを防げる。「はっしゅたぐ」と入力すると、変換候補のなかに「#Hana4 #Hana4Nail…# ネイルアート…# 美甲…（以下略）」といった登録済みのハッシュタグ一覧が表示されるようになっている。さらに、**日本語、英語、中国語と言語をミックスすることでグローバルに訴求する**ことも忘れていない。

「統一」と「継続」

Hana4さんはインタビュー中にいくつものキーワードを残してくれたが、そこで最も大事だと思われたものの一つが「統一」と「継続」であった。**スタイルや見せ方を継続すること、そしてそれによって生まれてくる統一感を大切にすること**。先ほど紹介した写真のように、Hana4さんもフィードのデザインで自身の発信のパターンや作品の見せ方を確立させ、それによって統一感のある世界観を提示することに成功していた。Hana4さんのようなインフルエンサーはもちろん、ブランドや商品にとってもそのような一環した世界観を構築することの重要性は論を俟たない。

このような**ビジュアルによる世界観の統一はインスタグラムならでは**だと言えるだろう。例えばブランドやパブリッシャーが日々のニュースを流すならフェイスブックやツイッターなどのSNSの方が適しているだろうが、**世界観の構築はインスタグラムの方が適している**。それぞれのSNSには、ビジュアル要素をどのように位置づけるかに関してのUI／UXの違い、およびその背後にあるサービス哲学の違いが存在する。インスタグラムという場におけるビジュアルコミュニケーションの特性をうまく言い表しているのが、ここでキーワードとして掲げられた「統一」と「継続」である。

6-3 「#ポカ写」が示唆するシェアの可能性

ポカリスエットにまつわるビジュアルコミュニケーションを巻き起こせ

この節では、実際の広告キャンペーン事例のプランニングに関わった方々へのインタビューをベースとしたケーススタディを紹介したい。採り上げるのは、誰もが知る国民的飲料である、大塚製薬株式会社のポカリスエット。発汗により失われた水分・イオン(電解質)をスムーズに補給するための健康飲料として、発売から35年以上もの長きにわたって愛され続けている。

このポカリスエットの2016年キャンペーンより、デジタル施策「ポカ写」チームの眞鍋亮平クリエイティブ・ディレクター、水本晋平さん、塩見拓也さん(以上電通)、前原哲哉さん(電通アイソバー)にお話を伺った。どのように施策を組み立てていったのか、実施する中でどういった工夫やアイデアを施したのかをヒアリングさせていただいた。なお、このインタビューは２０１６年7月に行われたものである。

本施策の出発点として、若年層にとってポカリスエットは「熱中症対策に飲む」「風邪のときに飲む」といった対策飲料というパーセプションが築かれており、より若い人が日常的に飲用されるようなイメージを獲得していきたいという課題意識があった。そうした課題を解決するために、若年層にこれまでとは異なるかたちでどのようにアプローチするべきなのかが検討点となっていた。そこで実施されたのが「＃ポカ写」キャンペーンである。ユーザー投稿型の立て付けで施策を行うのは初めてだったにもかかわらず、**多くのユーザーが「＃ポカ写」を付けて写真をシェアし、ブランドと生活者をつなぐ広告的なコミュニケーションとしても昇華された**という素晴らしい結果を残した。

また、日本広告写真家協会（ＡＰＡ）主催の「ＡＰＡアワード２０１７」においては、広告作品部門の中で最高賞にあたる経済産業大臣賞を「＃ポカ写」が受賞している。選考の理由として、「ソーシャルネットワークサービス時代の若者たちの目線に沿った表現力のある作品に仕上がっており、時代の波に乗っている」と評価されたのだった。もちろんこの受賞自体は広告作品としてオフィシャルに広告主が発表したものが対象になってはい

図表㉞「＃ポカ写」広告グラフィック

るが、そのクリエイティブは「＃ポカ写」との通奏低音を十分に感じさせるものだ。

ここで、このように華々しい結果を残した本キャンペーンの概要を改めて共有したい。まず大前提として、本論ではデジタル施策にフォーカスするが、あくまでテレビコマーシャルも含めた統合的なキャンペーンが実施されたのだった。テレビCMでは「潜在能力を引き出せ。自分は、きっと想像以上だ。」というタグラインによって、若者が飲む印象やシーンを伝えるとともに、学校生活の中での飲用シーンの訴求も行われていた。そしてデジタル領域でも、そのタグラインを引き受けつつ、スマホとSNSがメインとなった若年層のメディ

図表㉟「＃ポカ写」キャンペーンの情報の流れ

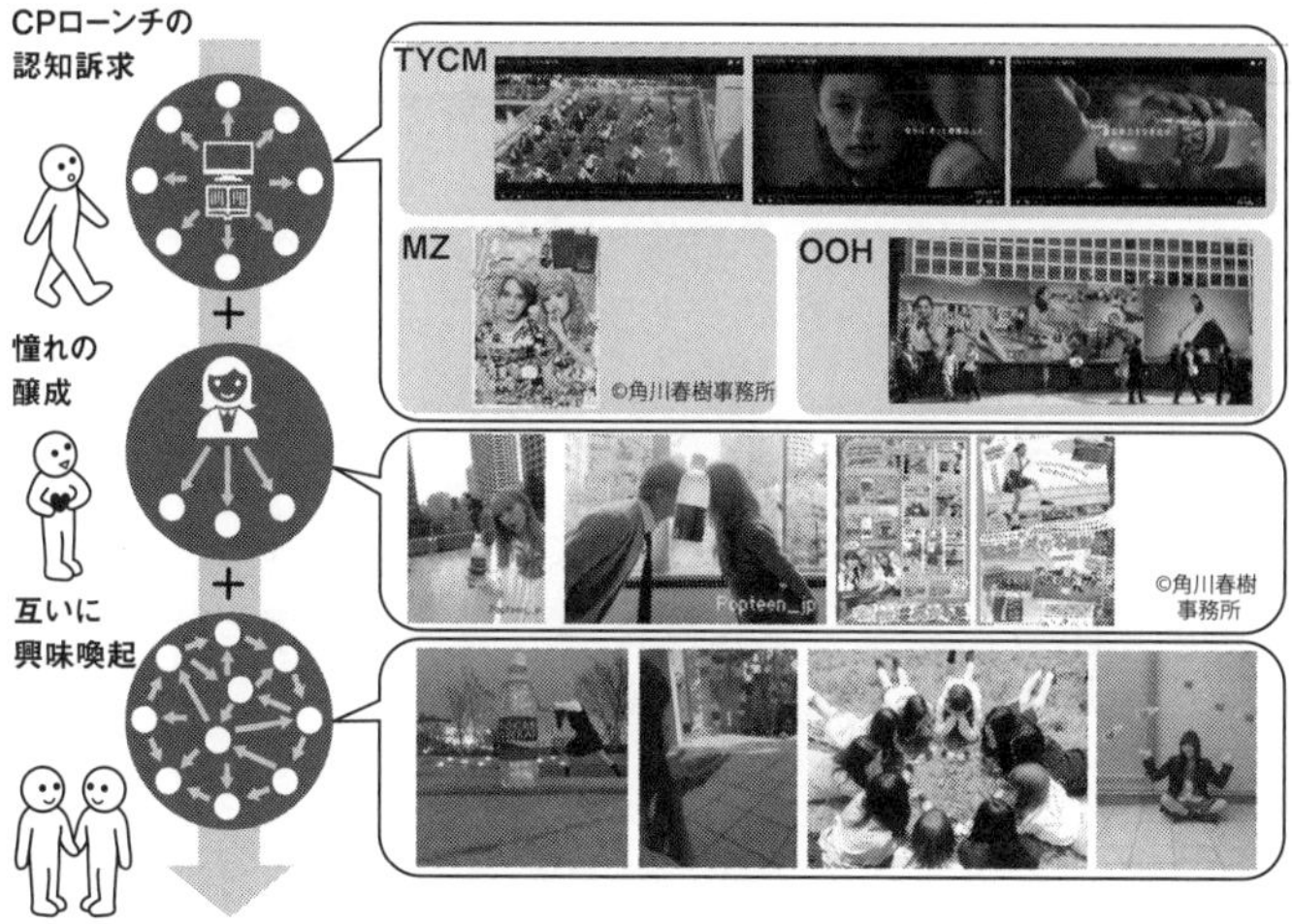

ア環境にフィットしたコミュニケーション施策を展開。ポカリスエットによって潜在能力がひき出された瞬間の写真（＝ポカ写）を、ハッシュタグ「＃ポカ写」をつけてツイッターかインスタグラムで投稿してもらう。ポカ写先生から「金」をもらえたポカ写は、雑誌『Popteen』に掲載されるチャンスがあるというインセンティブの設計もなされていた。これをここまでの議論に引き寄せつつ換言すれば、まさに若年層の間でポカリスエットにまつわるビジュアルコミュニケーションを巻き起こせ――というものだった。

そして本書でこのケースを採り上げたいと思ったのは、第一に**「潜在能力を引き出**

せ。自分はきっと想像以上だ。」というブランドのタグラインのもとで、一気通貫した統合プランニングをすることで商品メッセージを浸透させ、ターゲットとの距離を縮めることができたことに加えて、第二に図表㉟で示したように**キャンペーン全体の構造が5―3で導入したマス型、インフルエンサー型、シミュラークル型の整理と高い照応関係を持っている**ためだった（p.275参照）。テレビCMや渋谷駅などで大々的に展開されたOOHでの情報発信はマス型。また今回は雑誌『Popteen』とも協業し、10代に人気のモデルをアサインしながら、キャンペーンの投稿へと促すための憧れの醸成を進めていった。誌面でもモデルが参加したポカ写を掲載し、インフルエンサー型の情報伝播を進めた。そして、ユーザーがシェアした写真がユーザー間での興味喚起を引き起こし、最終的により多くのユーザーの投稿に結び付いたのだった。これはまさにシミュラークル型だと言える。特に「#ポカ写」でシェアされた写真の数々は青春のキラキラ感をまとっていて、女子高生にとってシェアしたくなってしまうタイプのものであった点も指摘しておきたい。

SNSのコードを活かす

私たちがここまでの議論で確認してきたのは、どんな場でどういった写真を投稿するかということが実に複雑な問題であるということだった。「写真を出す場など関係ないのでは？」というのは、ここまで読んできた私たちにとっては退けるべき視点となる。**ユーザー達はどのプラットフォームにどんな写真をシェアするのか細心の注意を払っており、そうした出し分けが求められるのは、とりもなおさずそれが「コミュニケーション」であり、さらに言えば意志と目的を伴ったビジュアルコミュニケーションであるため**だ。それぞれのSNSでどのようなビジュアルコミュニケーションが求められているのか、第5章で述べたような「コード」の存在は（p.264参照）、この「#ポカ写」キャンペーンでシェアされた写真からも十分にうかがい知れた（権利の関係で写真素材を引用することができないので、ぜひそれぞれのアプリでタグって確認してみてほしい）。

インスタグラムでシェアされた写真の特徴…

（1）上質で統一されたトンマナ

(2) 手の込んだ巧みな加工
(3) たくさん撮影した中のとっておきの一枚

ツイッターでシェアされた写真の特徴…
(1) ウケを狙ったネタ的投稿
(2) 「でき」より「盛り上り」
(3) やってみた系の複数の写真

そのような使い分けのもと、**ネタとしても、そしてずっと残しておきたい美しい青春の一枚としても、どちらにも効くものとしてのポカ写となった**のだ。

インタビューの中で印象的だったのは、**こうしたキャンペーンの時に重要なのは、ユーザーの自己表現の場を汚さないことを心掛けること**だと指摘されたこと。**SNS（特にインスタグラムのフィード）は、ユーザーが自分自身をプロデュースしている場。**従って、キャンペーンの写真がシェアされた時も、そのチェック項目が満たされていることが必須要件となる。シェアをするということはまさにコミュニケーション以外のなにものでもなく、一方的な誘導やお願いなどは、逆効果になってしまうことすら考えられる。**ユーザーのフィードを演出するために「利用したくなる」道具となれるかが、成功の鍵を握る**のだ。その考え方を裏付けるものとして、ポカ写チーム内ではポカリスエットと一緒に写ることを与件にするかどうかさえもいっときはゼロベースで検討していた程だったという。

4－1で述べたように、SNSの発信モチベーションは、1位「自分自身の体験のストック」、2位「つながり、コミュニケーション」、3位「生活のアピール／演出」となっていた（p.212参照）。そのような、ユーザーの発信が日々なされるSNSといういつもの日常の場にいかに入り込むか。ユーザーが普段から目にしているメディア、ないしはコミュニケーションしている場所に、押しつけではない、邪魔しない形で商品が出ていかなければならないという前提はあるにせよ、これは**ブランドやパブリッシャーにとってはエンゲージメントを築くためのチャンスが得られることを意味している**と明記しておきたい。

ユーザーを巻き込んでよりキャンペーンを盛り上げていくために

ここまで整理してきたようなかたちでキャンペーンの仕組みだけ整えれば、ユーザーのシェアが自走的に広まっていったかというと、そういうわけではない。以下、説明していくような運営側の工夫や汗の賜物でもあるのだった。３つのポイントがインタビューでは語られた。

(1) 模範例のお手本を示して分かりやすく行動喚起

「投稿してください」のような投げっぱなしではなく、はじめは助走期間的に模範例のお手本を示すとより投稿が集まり、ユーザージェネレーテッド感が高まりを見せる。ここでは、先んじて引用した広告ビジュアルや『Popteen』のインフルエンサー達自身の投稿／シェアの力も借りている。

（2）承認欲求を満たす評価する仕組み

これも投げっぱなしにしないという点に関わるが、**投稿したものを評価するというインタラクティブ性も重要だ。**このキャンペーンでも、関西弁をしゃべる「ポカ写先生」が登場して、良いポストはダイヤ・金メダル・銀メダル・銅メダルなどのモチーフを活用して表彰する。これによって**シェアしたユーザーはモチベーションを高めるし、また周囲へも情報を広げたくなる**だろう。さらに、良いポストの特徴や傾向がなんとなく輪郭を結ぶようになってくると、後続のユーザーももっとシェアしようという気持ちになる傾向が確かにある。

（3）ユーザー自身の想像力を創発させる余白

また（1）や（2）と少しバッティングするようでもあるが、ユーザーの投稿を縛りすぎないことも重要である。**お題をあえてゆるく設定しておくことで、遊べる余白を残しておくこと。これによって創意工夫が生まれ、バリエーションが出てくるのでユーザー自身が参加するモチベーションが高まる。**写真投稿、さらにいえばユーザージェネレーテッドな施策を行う上で大事な視点となるだろう。

以上のようなポイントにまとめることができるが、これらの方向性に共通していたのは、**ユーザー視点で考える**ということだった。どういう形であればこのキャンペーンにユーザーは乗っかって写真をシェアしたくなるのか、どんな「ネタ」なら受け入れられるのか、それをユーザー視点で捉える。このユーザー視点というのはあまりに自明の理でいま主張することに新鮮味はないが、しかしそれでもやはり多くのキャンペーンはユーザー視点を貫き切れていないようにも思われる。「こちら側」の拡散してもらいたいという気持ちばかりが前に出てしまっている。それだけをお願いしたり、ユーザー側の楽しさやメリットがあまり感じられないことが多い。このポカ写キャンペーンの上手さは、そこをうまく回避している点に集約できる。

またインタビューでも指摘されていた印象的なポイントとして、**「ポカリ女子」「まかんこうさっぽう」など、キャンペーン以前に存在していたインターネットミームをチーム内で意識していた**のだという。そうした**SNS上でのコミュニケーションの文脈を把握して仕掛けたことによって、ユーザーが「#ポカ写」をやることの必然性は高まる。**特にこの2つのミームは写真に関連することだったのが大きく、そうした文脈に乗っかったことで、ユーザーはより発信に対して前向きになることができたのは間違いないだろう。

このキャンペーンはとても好評だったため、ユーザー達が投稿してくれた写真を集めた「#ポカ写展」を2016年8月に、女子高生たちの聖地であるラフォーレ原宿にて開催した。ポカ写先生からメダルを授与されたものを中心に、さまざまなユーザーからシェアされた創意に富んだ写真が展示されていた。筆者も実際に足を運んで見学をしてきたが、「潜在能力を引き出せ」というお題に沿うように、画角を工夫したり錯視的なアイデアを活かしたりとさまざまな技が織り込まれていて、この世代のビジュアルコミュニケーションのレベルの高さに感心してしまったのだった。

実際にシェアされたものを見ながら筆者が考えたのは、このキャンペーンはポカリスエットが提供するベネフィットのシフトさえ起こしたのではないかということだ。

×「モノを売る」

○「コト（体験）を売る」

もちろん売っているのはプロダクトとしてのポカリスエットだが、ユーザーが効用を感じるのはもう少しそのプロダクト起点で広い範囲へと及ぶものだ。それを買うことでどんな体験ができるのか。**「モノを売る」のではなく、「コト（体験）を売る」視点**、それは手に取った後の体験の可能性を広げてあげるということなのかもしれない。間違いなく、#ポカ写はそれに成功していたキャンペーンであるし、このケースから私たちは逆にモノだけを売るのはもったいないとさえ感じてしまう。このキャンペーンは彼女たちの「青春の1ページという体験」を売ること・提供することができたのだ。**お金を出して買ったプロダクトとは別に、値付けができないようなかけがえのない体験もブランドと紐づけられてシェアされていった**のだと言える。

「共創」という言葉が注目されるようになって久しいが、そうした戦略性が生むブランド価値というものもこのビジュアルコミュニケーション時代においてより更新的に捉えられてしかるべきではないだろうか。ユーザーのフィードには、いつまでもその体験が――さらに言えば、ポカリスエットというブランドとの絆が残っていくだろう。そしてビジュアルコミュニケーション時代のユーザーにとって、フィード／ウォールとはアイデンティティそのものに他ならない重要なものであった。私たちは**ユーザーのフィード／ウォールにブランドの痕跡が残ることの意義**をより強く認識するべきであると思う。デジタル施策の長所はあらゆるコミュニケーションをトラッキングし、データで測定できるところにあるが、今回の施策はそのようなキャンペーン測定の術では必ずしも把持しきれない、価値測定のできないようなプライスレスなものであったと言えるのではないだろうか。

☑ **ユーザーのシェア行動のビジネスインパクト**

さまざまなキャンペーンを活かして、成果が上げられている。Warby Parkerのようなミレニアル世代向けブランドも生まれている。

☑ **インフルエンサーのインスタグラム活用**

世界観構築のための場として活用している。そのために重要な指針は、シェアするもののトーン&マナーにおける「継続」と「統一性」。

☑ **「#ポカ写」からの気づき**

ウェブでコミュニケーションをしかけるには、既に存在するミームに乗っかることが突破口となる。ブランドやパブリッシャーにおいては、そのようにしてシェアされたものへのフィードバック（評価や再活用）も大切。

☑ **SNS映えするコト化**

ビジュアルコミュニケーションを通じてユーザーがシェアしあう社会においては、

プロダクト＝モノを訴求する上でも鍵を握る。

☑ SNS時代のブランド資産とは

ビジュアルコミュニケーション時代ならではのユーザーの巻き込み（シミュラークルが有効）と、それによるユーザーとの共創によって築かれる。#ポカ写はそのような事例としてのベストプラクティスを示した。

CHAPTER 7

結論に代えて:
SNSの
情報環境の
これまでと
これから

7-1 各章の振り返り

本書で重視してきたのは、特定のアプリやサービスに肩入れしたり、そればかりを注視したりするのではなく、多様なスマホユーザーのコミュニケーション環境を見渡し、俯瞰的に各々のアプリやサービスの重要性を把握するということだった。いまAというアプリが流行っている時だからこそ、Bというアプリ、Cというアプリ…の特性をおさえ横比較できる高度を維持すること。ブームやトレンドに乗りつつも、それには踊らされず、能動的に乗りこなす姿勢をキープすること。

私たちはそうした観点からここまでどんな議論を進めてきたのか。きわめて簡潔にサマリーすると、このような話になる。**スマホへのデバイスシフトによってビジュアルコミュニケーション優位**になり、インスタグラム、スナップチャット、スノー、フェイスブック、ツイッターなどの浸透も手伝って生活者は**「発信する生活者」**へ姿を変えた。SNS上での写真や動画のシェアが活発化する中で、**日々の情報摂取は「ググる」から「#タグる」**

へと推移するとともに、**いいね！（に代表されるユーザー同士の評価のインタラクション）とそれがかたちづくるアーキテクチャによってＳＮＳ映えが強く意識される**ようになる。そのような水路づけの中で生まれてくるものが、**オリジナルなきコピーとしてのシミュラークル**であり、そこには、**使用価値だけでなく交換価値へ＆モノだけでなくコトの水準へと消費効用が拡張する大きなトレンド**も絡む。そのような中で、ケーススタディの6章で確認したように、**発信する生活者を巻き込んだ共創の価値がよりレバレッジを持つ**ようになる。

本書の7つの視点を改めて再掲しよう。

視点①：ＳＮＳのビジュアルコミュニケーションシフト
視点②：体験のシェアとＳＮＳ映えの重視
視点③：なぜいま「消える」動画が求められるのか？
視点④：動画フィルターに至るまでの日本の「盛り」文化を紐解く
視点⑤：ライブ動画のＳＮＳシフトに注目
視点⑥：「ググる」から「タグる」へと拡張する情報行動

視点⑦：シェアしたがる心理とそれが生み出す「シミュラークル」

私たちの議論は第6章までで、既に一つの結論に達してはいる。しかしながら、まだ摘み残している問いがある。これからに向けて考えなければならない問いを、3つのアジェンダとして本章では採り上げたい。本節でそのアジェンダを共有し、7―2、7―3、7―4でそれぞれ考察を深めよう。

第1の問いは本書のキーワード「シミュラークル」に関わる。念のため確認しておくと、それは与える情報量が多く伝播性も高いビジュアルコミュニケーションのやりとりの中で表れてくる、ある種のビジュアルのパターンであり、私たちの憧れやニーズが媒介の連鎖を辿る中で結晶化してくる「オリジナルなきコピー」としての欲望のイメージと表現できるものだった。**人々の欲望は複製され、ユーザー間で「こういうことがしたい」という体験消費への欲望が創発される。**

本書で筆者はこれを肯定的に採り上げた。オリジナルとコピーとの序列性を無前提に受け入れないという、本書をつらぬく一つの思想的立場に従って。新しいコミュニケーションがつくりだすオルタナティブなリアリティについて、それを生きるリアリティを掬い取り、描き出すのがリサーチの仕事の重要な一端であるという視座に則って。しかしながら、それは現状を無条件に肯定するということを意味するわけではない。**進化し続ける情報技術に対しながらユーザーがリテラシーを涵養《かんよう》し、それに正しく向き合うということの意義は遂げることのない未完のミッション**だ。7―2で論じよう。

第2の問いは**情報技術の未来**について。ビジュアルコミュニケーションの行く末なるものを、いま手元にあるヒントを用いながら見晴らそう。その1.5歩先の進化をめぐっては、**画像解析技術や拡張現実技術**などがそのトピックスになる。テクノロジーの視点はもちろん、それのみに陥らないユーザーファーストの留保的な視点からも議論を構成する。

第3に、**発信する生活者とシェアの未来**について議論する。シェアしたがる心理というテーマを本書では追いかけてきたが、そもそもシェアというものが持つ現代的な意味は何であるのか？　最後に問い返す意義があると思う。

7-2 情報が高速並列化する社会の課題／可能性

攻殻機動隊STAND ALONE COMPLEXからの示唆

ビジュアルコミュニケーションは、ユーザーの体験を広く高速にシェアさせていく。そして、私たちはその更新のスピードこそを楽しむようにもなっている。量は質に転化するという言い方に倣えば、速さは密度に転化すると言ってしまえるかのようだ。現状では、**情報を摂取するスピードこそが満足感の一つのトリガー**になっている。

第1章の視点①で動画のコミュニケーションがいかに高速になっているかといった点を論じたが、私たちが実施したユーザーインタビューの結果によれば、ある20代前半の男性は**「ユーチューブやヴァイン（Vine）で見られる動画の魅力は、つくっている人はアマチュアだが更新頻度が高くて見飽きないところにある」**と述べる一方で、「テレビに出ているようなプロは、同じネタをやっているように見えてしまうんだ」と話していた。ここでは、**一つ一つのネタや動画の質といったコンテンツの中身の問題というより、それが届けられるスピードや選択肢の話にフォーカスされている**ことが分かる。いかに今のユーザーのアテンションが高速で遷移するか、それが楽しさを構成するのかを物語っている。消費の仕方の変化として象徴的な事例だ。

ヴァインについて展開するために、少々補足を行いたい。ヴァインは、2012年にローンチされ、6秒限定の動画を投稿するというユニークな特性が世界中で支持された。Twitter社に買収されたのち、2017年初頭にクローズし、現在は動画をシェアするためのプラットフォームから、ループ再生する6秒動画を作るためのツールへというピボットがなされたことになる。ヴァイン上で投稿することはできないが、ツイッターなど他のプラットフォームへはヴァインでつくった動画をシェアすることができる。

残念ながら動画シェアの機能は失われてしまったが、かつてこのヴァインはクリエイティブな動画が数々シェアされるプラットフォームであった。第1章でも触れたように、このようなプラットフォームははじめクリエイティブのツールとしてユーザーの中での認知や位置づけを得る。そして、そのつくりやすさと拡散力に魅せられて若くて才能あるクリエイターが参入し、ヴァインらしい動画というものがプラットフォームを賑わせていくことになる。特にヴァインは6秒という「制限」が絶妙で、ハードルが下がったことで多くのユーザーが参入。**面白い動画やそのモチーフが拡散するような一大ミームジェネレーターとなっていた**のだ。

ヴァインがオフィシャルに公開していた「トレンズオンヴァイン（Trends on Vine）」というサービスでは（現在は閉鎖中）、ある動画が他の人にどのようにマネされミームとして拡散していったのかが追跡して分かるようになっていた。例えば、ある動画が人気になってバズったとき、その登場人物だけ抜き出して別の動画にはめ込んだり、音声をあてて面白くしたり…と、「元ネタ」がどのようにさまざまなネタへと広がりを見せていくのかが分かるようになっているのだった。そのようなズレそのものがクリエイティビティの源であることを思い起こせば、これはヴァインという場が持つ創造性をプレゼンテーションするような意味合いもあったように思われる。

このサービスを見て筆者が思い出したのは、濱野智史さんがニコニコ動画の場としての強みを説明するときに言及する**「N次創作」という概念**だった。オリジナルの作品をベースにしつつ、まったく違う作品を生み出すことを「二次創作」と呼ぶ。これは日本の詠歌文化から、さらには近年のオタク文化に至るまで広く見られる作法だ。ここからさらにその言及と創作が連鎖すると、三次創作、四次創作…と延長されていく。**ニコニコ動画は、4−2で触れたようなタグるためのシステムによって、そうしたコンテンツへの言及からなる「N次創作」を発生させるための場となった**という分析だ（p.228参照）。Trends on ヴァインで扱われていたミームとその拡散は、まさにN次創作の発現であった。

トレンズオンヴァインを見ていて筆者が感じたもう一つのことは、**そのようなN次創作がいかに高速になされ、そして次のネタ／ミームへと移り変わっていくかということ。そして、当然ながらシミュラークルにも似たような構造が背後には横たわっている。**

このような筆者の問題関心は、2002年から放送が開始された『攻殻機動隊 STAND ALONE COMPLEX』にて深く先取り的に描かれていたように思っている。この作品の主題から、情報があっという間に並列化される社会の課題はどこにあるのか、素描を試みたい。

※以下では物語の核心に触れる面があるため、知りたくない方・未見の方は次項へジャンプしてください。

『攻殻機動隊 STAND ALONE COMPLEX』は、草薙素子少佐率いる公安9課が「笑い男事件」と呼ばれる劇場型犯罪の解明に向けて捜査を進めるストーリーラインが中心に据えられている。このエピソードの終盤では、「笑い男」自身が事件の顛末を振り返りながら述懐する場面がある。キーワードは「オリジナルの不在が、オリジナル無きコピーを作り出してしまう」こと。笑い男自身は沈黙し、事件の表舞台から姿を消したとき、何の命令も指示も存在しないにもかかわらず、笑い男が持つであろう思想やアイデアを内面化した模倣者達が大量に発生していった。彼らはまさにシミュラークルである。「新作を発表しないことでその存在を誇張されてしまう作家」のような存在として、笑い男自身が扱われたためだ。**情報が高度に並列化される社会においては、オリジナルの存在しない情報の拡散が人々の予期せぬアクションを引き起こしてしまう**ことをドラマティックに描いている。

その後、笑い男は「今の社会システムにはそういった現象を引き起こす装置が、初めから内包されているんだ。僕にはそれが絶望の始まりに感じられてならないけど、貴方はどう？」と草薙少佐に問う。「さあ、なんとも言えないわね。だけど私は情報の並列化の果てに、個を取り戻す為の一つの可能性を見つけたわ」と返答の後、「因みにその答えは？」

という切り返しに、草薙少佐は「好奇心、多分ね」と応答する。

この物語は情報社会の未来はディストピアでもなく、またユートピアでもないと思わせる、不思議な読後感を与えるものだった。米国『WIRED』誌の創刊編集長でもあるケヴィン・ケリーの言葉を借りれば、「プロトピア」（ユートピアのような希望でもディストピアのような絶望でもなく、未来に向けて漸進的な改良がなされ、少しずつ良い明日が迎えられるようになるという状態の謂い）に近い。笑い男は「絶望の始まり」と評しているが、筆者はそのようにはあまり考えていない。

社会の変革は、情報の伝播によってドライブされる。それは、以下のような歴史からも明らかだ。活版印刷の発明によってまとまった量の情報を伝達するためのコストが下がり、宗教改革への道が開かれたこと。そしてテレビの普及によってグローバルな情報伝達が可能となり、冷戦体制の終結に少なからぬ役割を果たしたこと。歴史の新しい扉は、常に情報のシェアによって開かれてきた。ひるがえって、体験のシェアが容易になった現代社会はどのような変化の扉を開けるのか？　ここで与えられた紙幅でとても語り切れるものではないが、5―3で述べたシミュラークルとインバウンドのような新しいつながりかたの創発は一つの視座になるかもしれない（p.275参照）。

先に引用した対話の中で、草薙少佐は「好奇心」という言葉を語っている。情報の並列化の中で個を取り戻すには好奇心が必要なのだと。筆者も同意しつつ、個であることと固有の好奇心を持つことはある現象の表裏であり、少々トートロジーの印象を受けた感もある。筆者なりに仮説的に思考を前に進めると、ポイントは好奇心を確固としたものとして想定するのではなく――すなわち、**好奇心を内在的にそこにあるものと捉えるのではなく、情報のインプットとアウトプットを継続的に繰り返すことを通じて創発していくような、そのようなプロセスの果てに事後的に見出されるものと扱う**のはどうか。そんな流体的なコンセプトとして捉えてみることで、**個そのものをソリッドな存在として扱うのを回避してみる方向性**はないだろうか。

そのようなヒントを次項で確認したいと思う。

情報の表現と摂取

ビジュアルコミュニケーション社会におけるシミュラークルという現象を一つ象徴的な

例として挙げながら、変わりゆく情報伝播のかたちについて、また速度を増し続ける私たちのシェアのあり方について考察してきた。そうしたテーマを考える上で、本書でも何度か採り上げてきたドミニク・チェンさんの著作『電脳のレリギオ』における、「表現と摂取」というキーワードが大切な意味を持つと思う。この表現と摂取は、**情報の並列化が高速で行われるこの現代において、正しく好奇心を持ち続けること、それを保ち続けることが持つ意義**を提供してくれる。座談会から、そのことについて触れたパートを紹介したい。

放送（注：ドミニクさんがナビゲーターを務めるニュース番組のこと）で取り上げたのは、自然公園の中で野生のクマがいるのに頑張って自撮り棒で撮って襲われてしまったユーザーの事例。これに限らず、最近では自撮りのために危ない目に遭ってしまうユーザーが増えています。これらのケースは極端ですが、命を懸けてるというよりは、ネット的な価値基準が身体の判断基準を上書きしてるんですよね。身体的な危険性はどこかにいっちゃって、これでアップしたら超リツイートされる、超いいね！してもらえる、という方が優勢になってしまっている。

こういう状況に対して、もっと身近でプライベートな空間をネット上でも確保するというのが大事だと思っています。パブリックな場所での承認よりも、いかにクローズドな場所でのたわいもないコミュニケーションに向き合う時間を増やせるか（中略）例えば子どもや家族の写真までパブリックに盛り始めると、究極的にはプライベートな人間関係がパブリックなブランディングのための手段になってしまう。パブリックな情報の価値がすごい勢いで入ってくる今日こそ、逆にそういう閉ざされた人間関係に注意をフィードバックするようにバランスを取ることも求められるのではないでしょうか。

ここには、**発信する情報の期待水準を自分でコントロールすることの大切さ**が示されている。**ビジュアルコミュニケーションは発信のハードルが低く、そして縷々指摘してきたように盛ることがたやすい。言ってしまえば、期待水準のインフレ状態にすぐに陥りやすいといったことが裏面では課題とならざるを得ない**。ドミニクさんはこのようにコメントを続けている。

当日の放送でコメントしたのは、そういう世界を僕たちはつくりたいと思っているのか、という問い返しでした。ビジュアルコミュニケーションであろうとテキストであろうと、発信し続けている人の方が基礎体力は絶対的に強くて、今はそこにデジタルデバイドみたいなものが生まれているように思える。

僕も幸運なことに学生のころから文章を書かせてもらう機会を与えられて、10年間書きためたものを時折見ていると、自分の関心とか欲望とかコンセプトが変化している部分もあるし、変わってない部分も見えてきます。でもそれはアウトプットしたからこそ見えるものだと思うんですよね。

テキストというのはディープなアテンション、つまり特定の対象にダイブして思考して、そこから論理を介して身体にフィードバックする方法ですが、ビジュアルコミュニケーションはハイパーアテンション型。つまり、ハイパーリンクをどんどん踏み続けるような、論理を要さないがゆえにどんどん辿ったり応答したりできる。

だからインスタグラムで毎日パンケーキでも洋服でも尽きない関心に関するビジュアルをアップし続ければ、その表現に対するレスポンスを得る過程で気付きを得てセルフィードバックがかかり、変化していく。しかし、追従的にシミュラークルの流れの中の一結節点だけになってしまうと、表現よりも摂取の量の方が多くなってしまうので、旧来の意味での「自分」というものは浮かび上がってこなくなるのかもしれない。

（…）

個人が他律的に影響を受けやすい情報環境がどんどん広がっていく中で、それが良いことか悪いことなのかという価値判断を保留すれば、Individual（個人）が Dividual（分人）にゆるやかに解体されていると見ることもできると思うんです。

ではその行き着く先に、個人が持っている欲望とかインタレストというのがどれだけ自律的に生成できているものなのかということが、情報社会を生きる人間のコミュニケーションの問題として改めてフォーカスされるようになると感じています。

また、こうした視座からの議論として、SNSそのものが持つユーザーをハマらせる巧みなしかけ自体を問題視する立場もある。前掲の Adam Alter（2017）は、behavioral addiction というキーワードを提示し、SNSという情報空間にひたりがちな現代人に警鐘を鳴らしている。私たちはSNSを通じて日々どんなものを摂取し、そして表現しているのか——そこは問い返されるべき重要なポイントだ。

その一方で、**素朴な主体論とでも呼びうるものへの回帰を回避しながら、いかに私たちがいま感じているリアリティをうまくつむぎ直すロジックを開発するのか**ということへのチャレンジを怠りたくないとも感じている。筆者の立論は、シミュラークルというキーワードを掲げていることからも示唆されるように、**「本当の自分の欲望」とそうではない「偽物の欲望」という分割線自体を問い直してみよう**というものだ。インスタグラムの写真を見てナイトプールに行きたくなって、そこでみんなと同じような写真をアップしてシミュラークルの結節点となった女の子の体験は、本物ではなくまがい物と呼ばれなければならないのだろうか？

筆者は、**そういったものがあらわれ消費される時代の必然性のようなものを視野に捉えながら、そのようなかたちでドライブされる欲望のようなものの持つ熱気は、ある一面ではもっと肯定的に語られてもいい**と思っている。欲求や欲望という無意識の中の本質的な駆動力をビジュアルコミュニケーションは表に出してくれる。そしてそれは、**往々にして言語化されずにいた、自分の中の非自分に属するようなもの**でもあるかもしれない。だからこそ意義がある。（コンピュータの語彙《ごい》を使うならば）そこに「バグ」を招き入れることに相当する。

私たちは、そういったもののポジティブな側面を発見するための議論をここまで展開してきた。オリジナルとコピーという序列をあてはめて、後者を指弾して安心してしまうのではなく、両者が交わるその空間に、そういうものだと知りながらあえて乗ってみること。シラケつつノリ、そしてクールに没入してみる。それは自分にとって新たな表現を生み出すための摂取として、そしてこの時代に正しく好奇心を持ち続けることとして機能するはずだ。

7-3 ビジュアルコミュニケーションの次の一手について考える

ビジュアルサーチの隆盛

本書は、基本的に現在進行形で影響力をもたらしている技術や情報行動について議論をしてきたが、この節ではいま〜これからのタイミングでその萌芽があらわれつつある流れについて触れたい。まず本項では、**「ビジュアルサーチの隆盛」**をテーマとする。この本の主題の一つは、ググるからタグるへ——という情報の検索手段についてのものだったが、情報の検索手段は、テクノロジーの進展と共に今後も拡張していく。そうした中で、いま普及に向けたティッピングポイントを迎えつつあるものこそ、ビジュアルサーチと呼びうる技術だ。

マシン・ラーニング、ないしはディープ・ラーニングといったデータ処理方法の進化によって、コンピューターは「目を獲得」したと説明される。ビジュアルデータ自体も探査や操作の対象となるような動きが進む中で、そのような画像解析技術の発展という背景のもと、ビジュアルサーチをサービスに採り入れた事例も散見されるようになってきた。

ある統計によれば、毎日30億以上の写真がインターネットで共有されており、生活者はテキストの6万倍のペースで画像を処理している。**そうした中で、テキストだけでなくビジュアルでもサーチができるようになれば、より情報流通は高度で深いものへと変貌するはずだ。**市場調査会社マーケッツ・アンド・マーケッツ（Markets and Markets）によると、画像認識市場は2019年までに、2014年の96億5000万ドルから216％増の256億5000万ドル規模になるという。[15]

国内でもこのような動きはどんどん顕在化している。例えば、SNAP by IQONは、人気のインスタグラマーのポストに写った洋服と似たようなものを検索し、ユーザーに購買できるよう促してくれるサービスだ。いくつかの選択肢の中から、デザインや値段が希望と近いものを選び、各通販サイトで実際に購入できるという仕組み。**ファッションのような感性で選び取るようなものは、スペックに分解することが難しく、従来のように文字で**

15　http://digiday.jp/brands/cheatsheet-know-visual-search/

探すだけでは目当てのものに行き着くのも困難だった。そのせいで本当は買いたかった商品をあきらめてしまったという経験を持つ人も多いかもしれない（筆者自身もそうなので）。そのような生活者側の課題に対処するべく、ユニクロも、雑誌で見た服などをスマホのカメラで写せば、それに似た商品をユーザーに自社EC内で提示してくれるビジュアルサーチのアプリを提供し始めている。これらはアパレルの事例だが、アマゾンのような巨大ECプラットフォームもそういった「スキャン機能」を既に提供しており、ほしいと思ったものをビジュアルのまま探し、そして購買までつなげるような仕組みを構築している。

広告キャンペーンにおいても、画像解析に則ったターゲティングはこれからのトレンドになるかもしれない。海外の事例になるが、コカ・コーラは2016年夏、紅茶とコーヒーの新ブランド「ゴールドピーク」の広告で、アイスティー好きの人をターゲティングするために、フェイスブック、インスタグラム、ツイッターに投稿された写真をチェックし、それに基いてターゲティングを行った。[16] 具体的には、画像認識エンジンを利用して、アイスティーが入ったグラスやポットと共に、楽しそうな表情で写っている写真を投稿した人々を特定。競合ブランドの缶やボトルを写した写真を投稿した人々を見つけ出し、こ

16　http://digiday.jp/brands/how-coca-cola-targeted-ads-based-on-peoples-フェイスブック-インスタグラム-photos/

れらの人々がインスタグラムやフェイスブックやツイッターからモバイルサイトやアプリに移ったときに、ゴールドピークの広告を提示するという施策を実施。結果はかなり上々のものとなったようだ。こうした分析手法の進展は、広告ビジネスにおいてもより重要性を増していく。先に触れた通り、ビジュアルコミュニケーション中心となったSNSの情報環境はユーザー達のインタレストの集積地である。こうした情報が企業のマーケティング活動にとっての新しい武器となることは間違いない。

さらに、こうした波にはSNS事業者も乗り始めている。スナップチャットは、2―2で紹介した通り、カメラを再発明する「Camera Company」であると自社を位置づけているが（p.131参照）、筆者なりにそれを解釈すると、**カメラを撮るものだけでなく「見る」ものとしても活用する**というニュアンスが込められているようだ。**これまでのカメラの「撮る」機能は私たちの記憶をより強化するものだったが、これからのカメラは、画像認識技術を活用したアプリケーションと一体化することで、私たちの視覚をさらに強化するような「見る」ことの領域へと拡張される。**

公開されているスナップチャットの特許資料を参照するとそのヒントを得られる。[17] 資

17 https://www.cbinsights.com/research/ スナップチャット -patents/

図表㊱ 画像認識とビジュアルイメージの重ね合わせ

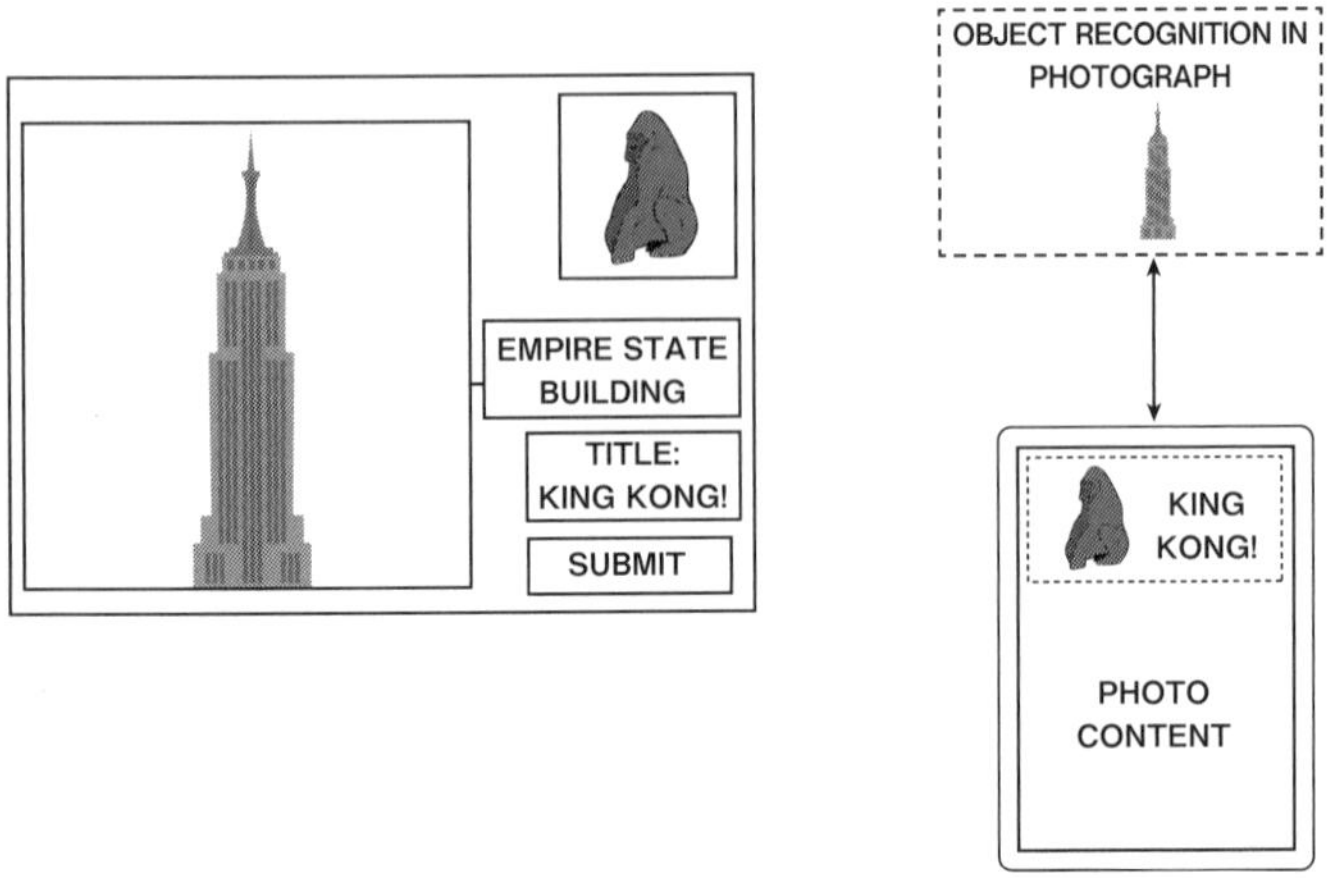

料内の「OBJE CT RE COGNITION」の項目を見ると、スナップチャットで撮ったエフェメラルな写真やビデオ（ストーリー機能も含む）に映る対象を認識し、それに適合的なフィルターを自動で表示することが想定されている。図表㊱では、エンパイアステートビルを認識して、そこにキングコングのフィルターが自動で表示されるというテストケースが示されている（なぜキングコングかといえば、それが映画でエンパイアステートビルをよじ登ったという意味的なつながり、コンテクストがあるためだと念のため補足しておく）。

　また同資料内には、スポンサードコンテンツの新しいかたちについても言及があ

図表㊲ 物体を認識しリアルタイムで広告コンテンツを重ね合わせる技術

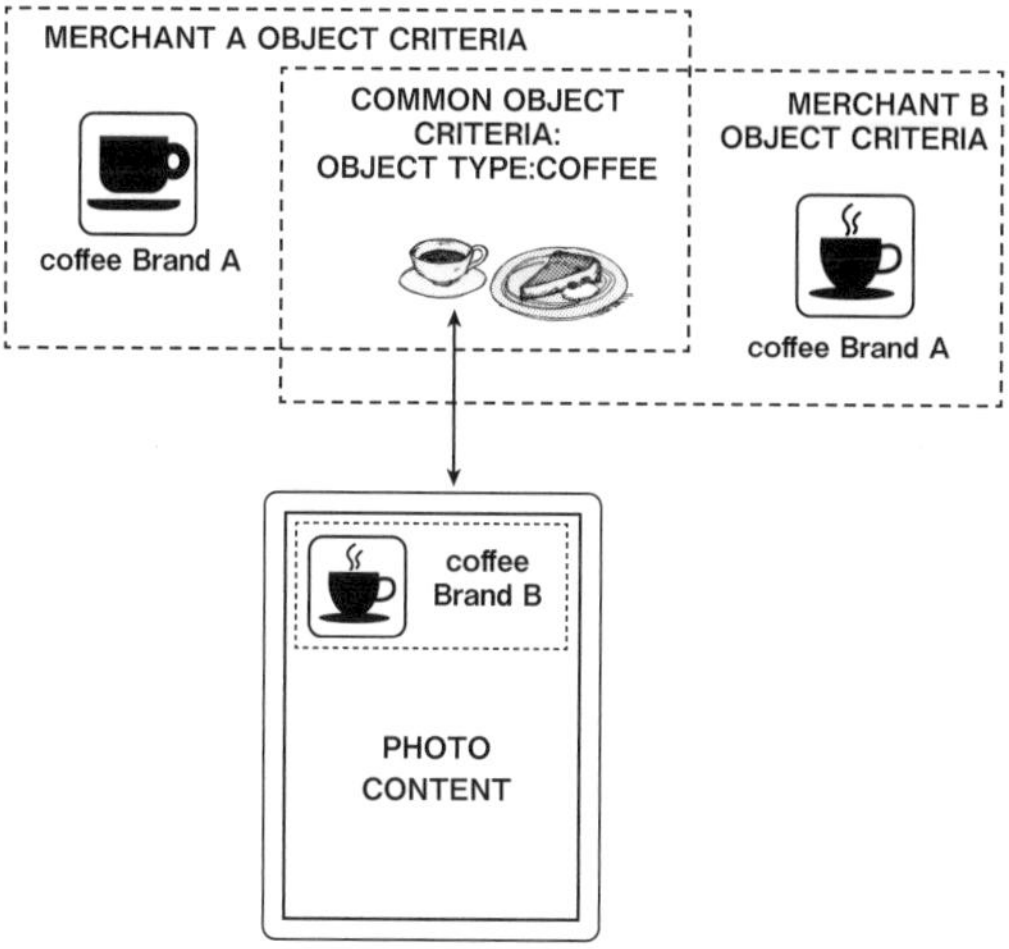

る。このような技術が広まっていけば、ブランドと生活者とのコミュニケーションが生まれていく場が醸成されることを意味する。図表㊲では、コーヒーが認識されると、そのコーヒーに対して広告枠を購入している企業の広告が表示されるケースが図解されている。このように、**Augmented Reality（拡張現実）といった技術もここに絡んでいくことで、ビジュアルコミュニケーションはより一層の飛躍的進化を迎える**ことになるだろう。Snap,Inc. はこのような技術を「ワールド・レンズ」と読んでいるようだ。まさに、**現実世界の体験を拡張するための撮るだけでなく見るためのカメラ**であるということを含意している。

体験シェアの次のステージ——VR／ARへの期待と留保

もう一つ、近年注目度がどんどん高まっているテクノロジーがVirtual Reality（仮想現実）とAugmented Reality（拡張現実）。簡潔に定義を確認しておくと、VRはコンピューターグラフィックスや映像技術を使って人工的な環境を作り出し、あたかもそこにいるかのような感覚を体験できる技術を指す。個人でも手軽に体験できるようなデバイスが発売されており、フェイスブックによるOculus Riftやソニーによる PlayStation VRなどが代表的。一方のARは現実の空間に視覚的な情報を重ね合わせ、よりリッチな情報体験ができるような技術を指す。最近ではスマートフォンアプリのかたちで提供されるものも増えており、スマホをかざすと目の前の風景に視覚的な情報が重ね合わされる。前者は現実世界とは切り離された仮想世界に入り込むが、後者はあくまで現実空間の上でなされるという違いがある。機能の具体的な説明はさまざまな解説が既に世の中でなされているのでここでは繰り返さず、SNSの情報環境に与える影響にフォーカスしたい。

SNSの雄であるフェイスブックはVR／AR領域それぞれへの取り組みを発表している。VRについては、いま言及したようにOculusというVRのデバイスを開発する企業を2014年に買収し、既にOculus Riftというプロダクトを発売している。CEOのマーク・ザッカーバーグは、VRが未来のソーシャルプラットフォームになるといった発言を各所でしている。**10年前は使っている人の方が少数派だったスマホが現在では生活必需品になっているように、没入型VRが人々の日常生活の一部にいずれなっていく**と考えており、そのための長期的な挑戦をしているのだと述べる。VRはコンピューターの新たなインターフェイスとなって、ユーザーによる体験のシェアを、そしてそれを通じたコミュニケーションをサポートする存在として定着していく可能性が大いにある。例えば、いままであれば旅行に行った体験をおさめた複数枚の写真を友人知人にシェアするが、今後は360度の画角で撮影した旅行先の映像をシェアし、友人知人がVRデバイスをつけてその場に実際にいるかのような臨場感を味わうことができるようになる。

ARについても開発者用のキットを提供している。そして、それにとどまらず開発者がつくったアプリケーションをユーザーに届けるためのマーケット整備も進めていることから、ユーザーはさまざまなARアプリケーションを日常的に駆使していくような――

いまや誰もがアプリのマーケットから、好きなアプリを自身のスマホにインストールして使用しているのと同様に——世の中が遠くない未来に訪れそうだ。さらに、オブジェクトにかざすと広告が表示されたり「Buy Button」のようなかたちで購入ができたりするようになるという展開も構想されているようだ（前項のスナップチャットの戦略とも近い）。**テクノロジーに応じて体験のシェアはよりリアルに、解像度高く、臨場感を伴うようになっていく**。そして、私たちはそうしたものに頼ってコミュニケーションを行うようになっていくのは間違いない。SNSは私たちの体験をシェアするためのプラットフォームとなっていることを本書では縷々述べてきたが、そこでシェアされる体験の質自体はテクノロジーの発達と共に変化していくのだ。

しかしながら、筆者の仮説では、解像度の高いものへと人々が一斉に移動すると捉えるのは少々テクノロジー寄り過ぎる視点とも思われるのだ。5—1でも言及したジョン・バージャーの議論から参照すべきは、**ビジュアルイメージにおいては解像度の低さこそが憧れを生み出す側面が間違いなくある**ということだ（p.250参照）。これは、先述の「ほのめかし」の現象とも深く関わっている。**解像度の低さという「読み取れなさ」に、逆に人は想像力を備給して自分なりの解釈を重ねる。そして、それは実は高度なコミュニケーションの実**

践に他ならないということをも意味していた。もちろん、VR／ARのような新たな情報コミュニケーションのかたちはこれまでにないシェアの形式を普及させていく。しかしそれ一辺倒になるわけではなく、現在のようなタイプのやりとりも依然として残り、そして併存していくことになるだろう。テクノロジー側のロジックとユーザー側の受容とは、別のベクトルで動いていく。それは噛み合った歯車のようにカップリングすることもあれば、そうでないこともある。ユーザーリサーチの意義がいつまでも薄れないのはこのような意味合いがあるためなのだ。

7-4 生活者視点から「発信する生活者」視点へ

―あるいはシェアの持つ価値について

第1章で触れたように、テクノロジーの革新はその情報技術＝メディアの担い手のひろがりをもたらす。インスタントカメラの時代、デジカメの時代、そしてスマホの時代へ。今後、前節で述べたようにVR／ARの時代にはまた新しい発信の担い手や表現のあり方が芽吹きを見せるだろうし、ポストVR／AR時代のコミュニケーションというものも長いスパンで見ればきっとあらわれてくる。

そうしたシェアラブルな情報社会の中で、「生活者」視点はもちろんとして、さらに一歩進めて「発信する生活者」視点がますます重要になっていくだろうと筆者は考えている。3－5で述べた通り、生活者のメディア化は留まることを知らない（p.202参照）。**アンディ・ウォーホルがかつて述べた「誰でも15分間は有名になれる時代（15 minutes of fame）」が現実化**したと言える。ブランドもパブリッシャーもその波に乗りながら、第6章で紹介したような共創の可能性へと賭けなければならない。warby parker もポカ写も、その他紹介してきたブランドも、すべて発信する生活者の力を借りて結果を出してきたのだった。

発信する生活者達のコミュニケーションは、情報のシェアという大きな目的を伴っている。情報をシェアすることによって、人と人とがつながり合う。私たちは昔から常に既にそうだったとも言えるし、ウェブはそのようなあり方を加速させたとも言える。もちろん、情報のシェアという合目的性のあるやりとりだけをコミュニケーションと名指すわけではないが、インターネットが私たちの生活に普及して以降、届けるべき相手に情報をシェアするという発想はより強まっているように思われる。

ニュースサイトBuzzFeed（バズ・フィード）のCEOであるジョナ・ペレッティは、そのような当世のシェアの価値についてとても印象的な発言をしている。[18] そこでの議論を導入させてほしい。

ペレッティは、オンライン上のニュースサイトとして草分け的なHUFFPOST（ハフィントン・ポスト）の共同創業者でありながら、より実験的に自分のプロジェクトを進めるべく2006年にBuzzFeedのファウンダーとなった。BuzzFeedは一般的にはニュース

18 https://www.recode.net/2016/12/19/14010044/buzzfeed-wins-internet-future-of-media-online-social

サイトに分類されるが、特徴は自らのサイトにユーザーを誘導するというよりは、主にSNSでシェアされて広く見られていくことを念頭にしたコンテンツ配信の戦略を取っていること。いまでこそそのような運営方針をとっているメディアやニュースサービスは珍しくないが、そのような**分散型メディア（一つの場に据えられた固定的なメディアではなく、さまざまな出し先にコンテンツを配信するようなネットワーク型のメディア）の嚆矢《こうし》的な存在**だとも言える。そのような方針で運営されているBussFeedは、したがってユーザーがシェアして記事を広める契機を重要なものと捉えている。それはまた、ユーザーにシェアされるようなネイティブアドをとても精度高くつくることがビジネスの好業績につながっていることとも関連する。

ペレッティは、**ソーシャルメディアの登場により、コンテンツとコミュニケーションの融合が始まった**ことを指摘している。**コンテンツはその情報の価値のためだけに消費されるわけではなく、ユーザー同士のつながりの仲介をするという機能や価値を帯び始めた**のだと。それは、踏み込んで言うなれば、**シェアするという行為は人と人の間にソーシャルなつながりが生まれたことを示す最も明確な指標だと表現できる**だろう。そして、シェアが発生する際には、価値の交換が起きているとも指摘している。

そう、そこではまぎれもなく価値がやりとりされている。ユーザーにとっての価値のありかを研究し、システムへと実装することがサービスの競争優位性を築く。「コンテンツをシェアする人にとっての価値はなにか?」、「シェアされたコンテンツを受け取る人にとっての価値は何か?」、「お互いにシェアを行う際の共有するつながり(bond)にとって、その行為の意味は?」…など、デジタルな環境でコミュニケーションビジネスを行う以上、そのようなソーシャルな性質を理解できることは大きな武器になるという認識がここでは強調されている(逆に言えば、そうした性質への理解が及んでいない、実務へフィードバックできていないということは、いくばくかの経営資源の毀損につながるものだと言うことができる)。

これはパブリッシャー側の視点に過ぎないだろうか? そうではない。かつて作家・クリエイターの高城剛氏は、**「女子高生にとって最大のキラーコンテンツは彼氏からのメールである」**という名言を残した。ここから引き出すべき教訓は、**パブリッシャーもブランドもユーザーも、それぞれがそれぞれの情報を発信し合っており、フラットな競争環境の中で、いまではシェアのシェア(割合)を奪い合う競合関係になっている**ということだ。

そのようなリアリティの中で私たちはシェアを行い、シェアを通じてコミュニケーションを日々積み重ねている。しかしながら、**インターネットの面白いところは、そこに誤配**

（届け間違い、予期せぬ宛先への到達）のような契機が含まれていることではないだろうか。価値はどこで生まれ、そしてどのように手渡されるのか事前には決定できないのだ。例えば週末に行った都内のオシャレカフェの写真を友達に見せるためにインスタグラム上でシェアした――その写真は、ハッシュタグを通じて地球の裏側のユーザーに届いているかもしれない。そのユーザーは宛先ではなかったとしても、そのような誤配は確かに予期せぬ価値を創出したと言える。このようなことは、実は頻繁に起こっている。タグることが持つ可能性は第4章で集中的に検討したが、それはとりもなおさず**人と人とのつながり方を有機的に編み直す実践として位置付けられる**ものだ。

最近の研究では、「ソーシャルの失敗」という概念が提唱されている[19]。つまり、いかにまだそこに生まれていない（＝その欠如状態がソーシャルの失敗と呼ばれる）、成功していないつながりのかたちを生み出すか？　それが、サービス提供者側にとっての競争リソースになるという指摘だ。**私たちはつながりが過剰な時代に生きている。しかし、それと同時にまだないつながりへの期待を抱いている。**事業者にとっても、ユーザーにとっても、あるいは投資家などにとっても。そのようなあわく共有された期待感が、現代のコミュニケー

19 『ハーバード流ソーシャルメディア・プラットフォーム戦略』参照

ション環境の進化を推進する強力なベクトルとなっており、私たちもユーザーの立場からそうした「つながり」を希求し続けている。

ペレッティが言うようにシェアこそが現代における主要なつながりの契機なのだとすれば、**私たちの中にある「シェアしたがる心理」はそのようなつながりへの志向によって支えられている**と表現できそうだ。そして、そうであるならば、来たるべきつながりのかたちへの希求は、同様にしてまだ見ぬユーザー達のシェアしたがる心理とその実践を未来に準備していることに他ならないのだ。

☑ビジュアルサーチとは

ビジュアルでダイレクトに情報を検索すること。今後も普及が進み、新たなコミュニケーションが生まれる。

☑VR／ARのこれから

フェイスブック社の企業戦略からも明らかなように、VR／ARは今後SNSと結びついて、さらなる解像度の高い体験をシェアする方向へ。しかし、ユーザーは解像度の高い体験だけを望むわけではなく、またそのようなコミュニケーション形式こそが憧れを生むという側面は必ず残る。

☑情報の摂取と表現とは

情報が高度に／高速に並列化される時代において好奇心を涵養するための行動。個を保つためのスタンスとして重要。

☑ 生活者像のアップデート

生活者視点ではなく、これからは「発信する生活者」視点へ。それをいかに味方につけるかがブランドにもパブリッシャーにも問われる時代を迎える。

☑ シェアが持つ本当の価値

コンテンツとコミュニケーションが隔てがたい時代においては、シェアは人と人とのつながりを生む。シェアが持つその価値は今後も高まり続けるし、シェアしたがる心理もそこに深く立脚している。

調査概要について

調査（1）

電通総研メディアイノベーション研究部
「ビジュアルコミュニケーションに関するグループインタビュー調査」
調査会社：株式会社ビデオリサーチ
調査時期：2015年9月
調査手法：グループインタビュー
サンプル構成：首都圏在住の男女18〜25歳（大学生ないし社会人）17名（5名×2グループ＋7名×1グループ）

調査（2）

電通総研メディアイノベーション研究部
「若年層のSNSを通じたビジュアルコミュニケーション調査」
調査会社：①株式会社グラフィティ／②株式会社ビデオリサーチ
調査時期：2016年4月〜11月
調査手法：①グループ／デプスインタビュー調査／②ウェブサーベイ調査

サンプル構成：①17～21歳の首都圏在住の男女15名
②15～34歳の全国の男女1600名
※②は「インスタグラム、フェイスブック、ツイッター、スナップチャットのいずれか2つ以上を週に一度以上発信（送信・投稿）する人（※シェアを含む）」という利用条件でスクリーニング

あとがき

投資会社バークシャー・ハサウェイの会長兼CEOを務め、世界でも五本の指に入る資産家としても著名な、「オマハの賢人」と称される世界的投資家のウォーレン・バフェットの箴言《しんげん》にこんなものがあります。

「わたしは事業家であるがゆえに、より良い投資を行うことができ、わたしは投資家であるがゆえに、より良い事業を行うことができる」

この言葉に感銘を受けたのは、2つの領域にまたがっているからこそ、それぞれの領域でより良い成果を生み出せるのだという宣言が、創造的なアイデアを生み出すことを生業とする広告会社のリサーチ組織で働くという自分の立場を勇気づけてくれるように思われたからです。

ロジックとクリエイティブ、検証と発見、ナレッジとアイデア、アナリティクスとプランニング、調査と制作、確実なファクトと不確実なリープ…一般的には対立的に捉えられる両者について、それぞれに踏み込むからこそ、より核心へ向かえるのだという姿勢。これを先の箴言にならって敷衍《ふえん》すれば、分析の仕事を突き詰めるからこそ、もっと濃密かつ自由に思考することができるのだ――いまいる組織のミッションにおいては、リサーチからプランニング、そしてプランニングからリサーチへと深く往還することに相当します。本稿はもちろんのこと、その2つが交錯するような、そんな仕事をこれからも積み重ねていきたいと考えています（この一冊でどれだけそうしたことが達成できているのかは読者のみなさまのご判断に委ねたいと思います）。

また、2つの領域へのまたがりという意味で言うと、僕のような「文字側」の人間がこのようなテーマに挑むこと自体がそうした実践でもありました。ビジュアルコミュニケーションが大事だと主張しておきながら、それについて本のかたちで文字を連ねて説明するということの遂行的矛盾（?）みたいなものと葛藤しつつ、でも結局テキストを積み上げることによってしか説明できない視点・アイデアのようなものは存在した――と振り返ってみて思います。誰もが写真や動画をシェアし合って楽しむような時代の空気感というものを、逆説的にテキストによってのみ定着しうることの興味深さを感じます。この一冊は、そうしたビジュアルカルチャーの真っ只中から半歩ほど外に位置する僕のような「観光客」的立場から見た、ルポルタージュのようなものだと捉えていただければと思います。

そもそもこうしたテーマで上梓したのは、メディアビジネス的に大事だから、マーケティング的に欠かせないから…という理由ももちろんあるものの、まだ世の中にこうした本は無いのではないか、つまり、いま起こっている出来事をきっちりトレースしながらも、目には見えないその奥底の深層のアーキテクチャを想像させてくれるようなものを、自分は読みたいのではなかったか——そんなモチベーションが、リサーチの根底の駆動力になったと感じています。

そしてなにより、このような新しいテクノロジーとユーザーの動向と、そこから生成されてくるカルチャー全体を肯定的なまなざしで捉えたいという気持ちも大きかったように思います。ちょっと油断すると陥ってしまうテクノロジーフォビア（新しい情報技術は本来的な人間性を損なう！）や若者フォビア（イマドキの若い人は！）を超えて、肯定性に開かれた理論と物語をいかにつむげるのか。参考資料には載せていませんが、これは僕が強く影響を受けた社会学者の見田宗介のトーン＆マナーに近いのです。5―3でも少し触れましたが（p.202参照）、ここまでの成果を踏まえつつ、「発信する生活者」の視点から更に重要性を増すであろうインフルエンサーに関するさらなる調査も進展中です。より包括的にSNSと共に生きる私たちの複合的な情報環境を読み解く地図（ビッグ・ピクチャー）を描くべく、今後も精進してまいります。

本書は、帯にも書いてあるように、宣伝会議教育講座「インスタグラムマーケティング基礎講座」でお話していることを下敷きとしています。ただし講義の中では語り切れていない素材も数多く採録していること、インスタグラムに限定されない現代のビジュアルコミュニケーション環境全般の話をしていること、そしてこれまでの調査全般に関わるナレッジをつぎ込んでいることから、いわばこうしたテーマの集大成としての色彩を持つものと理解しています。また逆に補足すると、「インスタグラムマーケティング基礎講座」は、私以外の講師も登壇し、より実務的な視点からのレクチャーも交えた総合講座となっております。

その「インスタグラムマーケティング基礎講座」は、私と同じ部で共にリサーチをしていた設樂麻里子さんと共に取り組んでいました。「タグる」という本書のキーワードも、オフィスで何気なくディスカッションしているときに生まれたものです。そして、小椋尚太ディレクターにも日々数えきれないほどの示唆をいただいております。2015年のリサーチ時には、美和晃ディレクター、北原利行ディレクターにも心強いお力添えをいただきました。今回は私が執筆者として立っておりますが、この一冊はプロジェクトメンバーの皆さまからの学びによって成り立っています。謹んで感謝の意を表します。

そして、私が所属する株式会社電通MCプランニング局ソリューション開発室メディアイノベーション研究部のみなさま、調査をともに進めてくださった株式会社ビデオリサーチのみなさま、株式会社グラフィティのみなさま。いつも多大なるお力添えをいただいています！　まことにありがとうございます。

インタビュー調査を受けてくださった、Hana4さん、電通第5CRプランニング局＋第16営業局＋電通アイソバーのポカ写チームの眞鍋CD、塩見さん、水本さん、前原さん、貴重な知見をありがとうございました！

本書にも引用させていただいた、ウェブ電通報での連載企画にてお世話になったフェイスブックジャパンのみなさま、ドミニク・チェンさま、久保由香さま、夏川登志郎さま。対話の中から多くの学びと次なる目的地への羅針盤を与えていただきました。深く感謝いたします。

電通総研Bチームの倉成CD、能勢さんにも御礼申し上げます！　いつも啓発的なアドバイスとサポートをありがとうございます。

株式会社Morning Labo代表、撮影女子会ファウンダー&プロデューサーの中村朝紗子さんにも感謝を！インスタグラムのトレンドや新しいカメラについて、イベントの場で話したり、「赤から」で鍋をつついたりしつつ、詳しくご教示してくださって本当にありがたみしかないです。

本書の表紙を素敵にデザインしてくれた同期の電通第4CRプランニング局の小林萌枝アートディレクター、たき工房の瀧上さん、望月さんのお力添えにも御礼申し上げます！また盛り気味のイラストを描いてくれた、たき工房の大西さんにも感謝です！　そして本書の編集を担当してくださった宣伝会議の松本さん、講座から書籍出版にいたるまで、いつもありがとうございます！

ここにお名前を挙げきることはできませんが、社内外のさまざまな方々からのお力添え、そして触発によってここまで書き進めることができました。ありがとうございました！

最後に私事ながら、もう一人に向けて感謝の気持ちを伝えたいと思います。今年の7月、原稿執筆のラストスパートというタイミングで、祖父の訃報を受けました。享年95歳。天寿だったように感じます。横浜の実家に帰ったときも、いつも小説や文学書を読んでいたことを思い出します。小さいころの僕に本を読むことの楽しさを教えてくれた祖父に自著を届けられたらという願いは叶いませんでしたが、ここにささやかながら報告と感謝の一文を記させてください。

ＳＮＳとかビジュアルコミュニケーションとか流行りものド直球のようなテーマを扱いながらも、これが何年後かに読み返したときにも意義があるようなものになっていてほしいという気持ちを大切にして書きました。「はじめに」で述べたようなＷｈｙの志向性、現象の背後にあるメカニズムへの接近の試み。そんなチャレンジから生まれる普遍的に通じうる考察やメッセージを備えながら、同時にそこには鮮やかな同時代性が刻印されているといった読み継がれる本の要件をこの一冊は宿していたでしょうか。もし少しでもそんな読後感を残すことができていたとしたら、筆者として望外の幸せに他なりません。

２０１７年９月末　汐留にて　天野　彬

参考資料一覧

EYE SCREAM「新海 誠、その作品と人。」スペースシャワーネットワーク、2016年

東 浩紀『ゲンロン0 観光客の哲学』株式会社ゲンロン、２０１７年

Adam Alter, Irresistible: The rise of Addictive Technology and the Business of Keeping Us Hooked, Penguin Books, 2017

天野 彬「スマホの普及とＥｍｏｊｉ化するコミュニケーション」ウェブ電通報、２０１５年
https://dentsu-ho.com/articles/3474

Alice Daer, Rebecca F. Hoffman, Seth Goodman, Rhetorical Functions of Hashtag Forms Across Social Media Applications, 2015

石田英敬・吉見俊哉編『メディア表象』東京大学出版会、２０１５年

Will Jarvis, Hashtags' Boom in TV Commercials Is Over
http://adage.com/article/digital/study-shows-calls-action-strategies-national-tv-ads/309801/

大志摩丈嗣、下村佑貴子、三島英里、小椋尚太、天野 彬「フェイスブック × 電通総研「ＳＮＳってそういうことだったのか会議」（全2回連載）」ウェブ電通報、2017年
https://dentsu-ho.com/articles/5221

Kimberlee Morrison, Instagram Dominates Influencer Marketing , 2017
http://www.adweek.com/digital/Instagram-dominates-influencer-marketing-report/

久保友香、能勢哲司、天野 彬「テクノロジーの視点から日本文化の「盛る」DNAを考える（全２回連載）」ウェブ電通報、２０１６年
http://dentsu-ho.com/articles/4524

Christopher M. Schroeder, BuzzFeed wins the internet daily. Here's what its boss thinks is next.
https://www.recode.net/2016/12/19/14010044/buzzfeed-wins-internet-future-of-media-online-social

ケヴィン・ケリー『インターネットの次にくるもの THE INEVITABLE』ＮＨＫ出版、２０１６年

GENKING『しくじり先生』テレビ朝日、２０１７年5月28日放送

ジェイムズ・グリック『インフォメーション―情報技術の人類史―』新潮社、２０１３年

シェリー・タークル『つながっていても孤独？』（ＴＥＤトーク）
https://www.ted.com/talks/sherry_turkle_alone_together?language=ja

ジャン・ボードリヤール『シミュラークルとシミュレーション』法政大学出版局、２００８年

ジョーナ・バーガー『なぜ「あれ」は流行るのか？―強力に「伝染」するクチコミはこう作る！』日本経済新聞出版社、２０１３年

ジョン・バージャー『イメージ―視覚とメディア（ちくま学芸文庫）』伊藤俊治（翻訳）、筑摩書房、２０１３年

須田和博『使ってもらえる広告―「見てもらえない時代」の効くコミュニケーション―』アスキー・メディアワークス、２０１０年

スティーブン・クウォーツ『クール 脳はなぜ「かっこいい」を買ってしまうのか』日本経済新聞出版社、２０１６年

総務省「平成28年度情報通信白書」

総務省情報通信政策研究所（２０１５年）平成26年情報通信メディアの利用時間と情報行動に関する調査結果
http://www.soumu.go.jp/main_content/000357568.pdf

DIGIDAY「画像検索について知っておくべきこと:要点まとめ」
http://digiday.jp/brands/cheatsheet-know-visual-search/

DIGIDAY「ＳＮＳの投稿写真でターゲティングした、コカ・コーラの試み:その効果は通常の５～10倍」
http://digiday.jp/brands/how-coca-cola-targeted-ads-based-on-peoples-facebook-Instagram-photos/

DIGIDAY「インスタ映えするお酒、『アペロール』が米国の夏を席捲」
http://digiday.jp/brands/Instagram-friendly-aperol-spritz-became-drink-summer/amp/

電通・鬼ムービー「動画のヒット打率を上げるための『鬼メソッド10』（前編）―ＰＲとクリエーティブの視点から」
https://www.advertimes.com/20160915/article234195/

ドミニク・チェン『電脳のレリギオ ビッグデータ社会で心をつくる』ＮＴＴ出版、２０１５年

ドミニク・チェン、美和晃、北原利行、設樂麻里子、天野 彬「ドミニク・チェンさんと考えるビジュアルコミュニケーションの未来（全４回連載）」ウェブ電通報、２０１６年
http://dentsu-ho.com/articles/3519

鳥原 学『写真のなかの『わたし』――ポートレイトの歴史を読む』筑摩書房、２０１６年

夏川登志郎、能勢哲司、天野 彬「イケメン読モ・夏川登志郎に、イケメンなツイキャスの使い方を教えてもらいました（後編）」ウェブ電通報、２０１５年
https://dentsu-ho.com/articles/2940

日本財団「『海と日本』に関する意識調査の結果について」
http://www.nippon-foundation.or.jp/news/pr/2017/img/31/1.pdf

橋元良明、電通総研『ネオ・デジタルネイティブの誕生―日本独自の進化を遂げるネット世代』ダイヤモンド社、２０１０年

濱野智史『アーキテクチャの生態系――情報環境はいかに設計されてきたか』ＮＴＴ出版、２００８年

原宿可愛研（電通ギャルラボ&マイナビティーンズ）Ｖｏｌ・５ハロウィン調査、２０１３年
http://gallabo.com/kawaii_chosa/1291/

Hiérophante, Clichés (Official Music Video)
https://www.youtube.com/watch?v=XqwbqxzsA2g

Forbes Japan「『インスタ映えするビタミン剤』で急成長、Ritualが狙う４兆円市場」
https://forbesjapan.com/articles/detail/１７２５０

ミコワイ・ヤン・ピスコロスキ『ハーバード流ソーシャルメディア・プラットフォーム戦略』平野敦士カール（翻訳）朝日新聞出版、２０１４年

水野勝仁など『UI GRAPHICS ――世界の成功事例から学ぶ、スマホ以降のインターフェイスデザイン』ＢＮＮ新社、２０１５年

マイク・フェザーストン『消費文化とポストモダニズム』恒星社厚生閣、１９９９年

山本 晶『キーパーソン・マーケティング：なぜ、あの人のクチコミは影響力があるのか』東洋経済新報社、２０１４年

Richard Howells, Visual Culture, Polity, 2012

渡辺庸人、寺本花菜子、設楽麻里子、天野 彬、小泉健二「ＳＮＳ映え」の分析から見えてくる若者の情報行動「シミュラークルモデル」ウェブ電通報、２０１６年
http://dentsu-ho.com/articles/3747

「インスタ映え」で人気沸騰する場所の特徴とは？ ＳＮＳ分析データから見る、47都道府県別のベストフォトジェニックスポットはどこ？

https://prtimes.jp/main/html/rd/p/000000015.000018041.html

宣伝会議 の書籍

MEDIA MAKERS
社会が動く「影響力」の正体

田端信太郎 著

ビジネスパーソンに今、必要なメディア・リテラシーの身に付け方とは？「LINE」「livedoorニュース」「R25」など数々のメディア・ビジネスに関わってきた著者がその魔力を解き明かす。

■本体1600円＋税　ISBN 978-4-88335-270-8

【実践と応用シリーズ】テレビCMを科学する。

横山隆治 著

最先端のテクノロジーでテレビ視聴の実態に迫り、曖昧だったテレビCMの効果効率を科学的に分析。真のデジタルマーケティングに必要なデータ、動画コンテンツ、また、将来的なテレビCMのあり方について論じた一冊。

■本体1500円＋税　ISBN 978-4-88335-364-4

広告ビジネスに関わる人のメディアガイド2017

博報堂DYメディアパートナーズ 編

メディアの広告ビジネスに携わるすべての人のためのデータブック。最新版では、特別企画〈8人の若手メディアマンが読み解く2017年メディアビジネス大予測〉を収録。メディア選定や企画書作成に役立つ、「今すぐ使える」一冊。

■本体2500円＋税　ISBN 978-4-88335-395-8

広告制作料金基準表
アド・メニュー'17-'18

宣伝会議書籍編集部 編

広告制作に関する基準価格の確立を目指し、1974年に創刊。独自調査に基づいた最新の基準料金ほか、主要各社の料金表、各種団体の料金基準、見積などを収録。広告の受発注に関わるすべての方、必携の一冊。

■本体9500円＋税　ISBN 978-4-88335-385-9

詳しい内容についてはホームページをご覧ください　www.sendenkaigi.com

宣伝会議 マーケティング選書

デジタルで変わる マーケティング基礎

宣伝会議編集部 編

この1冊で現代のマーケティングの基礎と最先端がわかる！ デジタルテクノロジーが浸透した社会において、伝統的なマーケティングの解釈はどのように変わるのか。いまの時代に合わせて再編したマーケティングの新しい教科書。

■本体1800円＋税 ISBN 978-4-88335-373-6

デジタルで変わる 宣伝広告の基礎

宣伝会議編集部 編

この1冊で現代の宣伝広告の基礎と最先端がわかる！ 情報があふれ生活者側にその選択権が移った今、真の顧客視点発想が求められている。コミュニケーション手法も多様になった現代における宣伝広告の基礎をまとめた書籍です。

■本体1800円＋税 ISBN 978-4-88335-372-9

デジタルで変わる 広報コミュニケーション基礎

社会情報大学院大学 編

この1冊で現代の広報コミュニケーションの基礎と最先端がわかる！ グローバルに情報が高速で流通するデジタル時代において、企業広報や行政広報、多様なコミュニケーション活動に関わる広報パーソンのための入門書です。

■本体1800円＋税 ISBN 978-4-88335-375-0

デジタルで変わる セールスプロモーション基礎

販促会議編集部 編

この1冊で現代のセールスプロモーションの基礎と最先端がわかる！ 生活者の購買導線が可視化され、データ化される時代における販促のあり方をまとめ、売りの現場に必要な知識と情報を体系化した新しい時代のセールスプロモーションの教科書です！

■本体1800円＋税 ISBN 978-4-88335-374-3

シェアしたがる心理
～SNSの情報環境を読み解く7つの視点～

2017年10月30日　初版第一刷発行

著者　天野彬

発行者　東 英弥
発行所　株式会社宣伝会議
〒107-8550
東京都港区南青山3-11-13
TEL. 03-3475-7670（販売）
TEL. 03-3475-3010（代表）
http://www.sendenkaigi.com/

表紙デザイン　小林萌枝　瀧上ちひろ　望月睦美
イラスト　大西貴弘
本文デザイン　ISSHIKI
印刷・製本　中央精版印刷株式会社

ISBN978-4-88335-411-5 C2063